中学基礎がため100%

できた！中2英語

JN051816

KUMON

「文法」「単語・読解」を相互に関連づけられる2冊構成

本シリーズは，十分な学習量によるくり返し学習を大切にしているので，「文法」「単語・読解」の2冊構成となっています。「文法」を完全なものにするためにも2冊そろえての学習をおすすめします。

① 〈解説〉を読んで 重要事項を理解
各回の最初は，基本例文を交えた重要事項の説明になっています。まずはここを読んで大切なことをおさえておきましょう。

② 「最重要文の練習」で 基本例文を練習
重要な基本英文を書いて覚えましょう。うすい字はなぞります。ここだけ見直せば，重要英文集になります。

③ 「ポイント確認ドリル」で 基本の確認
基本中の基本を，やさしいドリルを通して確認します。できた問題は，□にチェックを入れましょう。

④ 〈書きこみ式ドリル〉で トレーニング
やさしい問題から難しい問題へ，くもん独自のステップで，文法の力がしっかり身につきます。

❶ 解説　❷ 最重要文の練習　❸ ポイント確認ドリル　❹ 〈書き込み式ドリル〉1回分は見開き2ページで100点満点

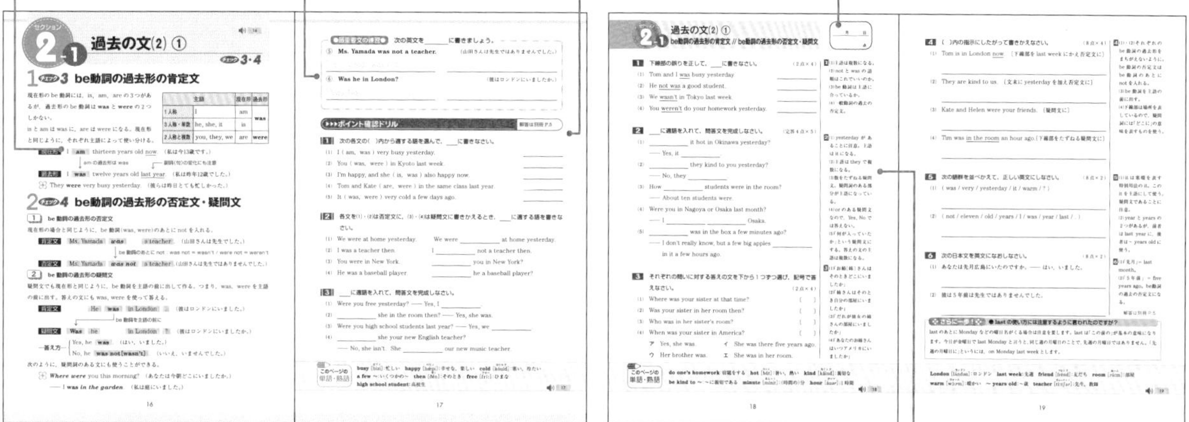

問題を解くためのヒントは，問題が解けない時や，答えがわからなかったときに，解答書と合わせて利用しましょう。

まとめのテスト ・・・1つ，もしくは複数のセクションをまとめて復習するテストです。

総合テスト ・・・1年分の確認テストです。1年間の成果を試しましょう。

〈解説〉の の英文と，「このページの単語・熟語」「単語・熟語」の音声を聞くことができます。

各ページを学習しながら，または学習した後に，音声を確認するようにしましょう。音声を聞くこと，さらに音読することで，学習効果が高まります。

※「②最重要文の練習」で学ぶ全①～66の英文も， 1 で聞くことができます。音声学習を加えることで，重要文がより身につくでしょう。

音声の聞き方

1. 音声アプリ きくもん をダウンロード
   ・くもん出版アプリガイドページへ → 各ストアからダウンロード
   シリアルコード 9784774331119

2. くもん出版のサイトから，音声ファイルをダウンロード

＼テスト前に，4択問題で最終チェック！／

テスト前 5科4択 **4択問題アプリ「中学基礎100」**

・くもん出版アプリガイドページへ → 各ストアからダウンロード

「中2英語 文法」パスワード 9648325

＊「きくもん」，「中学基礎100」アプリは無料ですが，ネット接続の際の通話料金は別途発生いたします。

もくじ 中2英語 文法

本書のマーク

チェック 1　重要な項目ごとに，1から43まで通し番号をつけ，問題のページや解答書，『中2 単語・読解』からフィードバックできるようになっています。

基本例文

参考　文法の内容に関連して覚えておいたほうがよいことです。

5　と このページの単語・熟語 では音声を聞くことができます。数字はページ番号です。

✓注　まちがえやすい点や注意すべきことです。

☞チェック 1　ほかのセクションにわたる文法事項も，このチェック番号から解説ページにもどって整理できます。復習に利用しましょう。

※重 要※　英語の表現で特に重要なことです。

「教科書との内容対応表」から、
自分の教科書の部分を切りとって
ここにはりつけ、勉強をするときの
ページ合わせに活用してください。

中1英語の復習テスト①

月　　日

点

解答は別冊 P.2

1 次の左端の語の下線部の発音と同じ発音を含むものを選び，その記号に○をつけなさい。

（2点×5）

1	homework	（ア	who	イ	mother	ウ	old	エ	college）
2	bread	（ア	teacher	イ	breakfast	ウ	sea	エ	eat）
3	write	（ア	bike	イ	swim	ウ	dinner	エ	listen）
4	tall	（ア	stamp	イ	baseball	ウ	map	エ	ball）
5	car	（ア	work	イ	guitar	ウ	word	エ	third）

2 次のＡＢとＣＤの関係がほぼ同じになるように，Ｄに適語を入れなさい。　（2点×6）

	A	B	C	D
1	see	sea	right	______
2	dog	dogs	class	______
3	I	mine	he	______
4	morning	breakfast	noon	______
5	small	large	new	______
6	read	reading	run	______

3 次の英文の下線部に適語を入れ，日本文に相当する英文を完成しなさい。　（完答4点×5）

1 彼は毎日一生けんめい英語を勉強します。

He ______ English hard ______ day.

2 ヘレンはプールで泳いでいます。

Helen ______ ______ in the pool.

3 私の母は中国語を話すことができます。

My mother ______ ______ Chinese.

4 今日の午後公園に行きましょう。

______ ______ to the park this afternoon.

5 彼らは昨日公園でテニスをしました。

They ______ tennis in the park ______.

4 次の英文の下線部に適語を入れ，問答文を完成しなさい。（完答4点×5）

1 ＿＿＿＿＿ you open the windows?

—— Yes, I did.

2 ＿＿＿＿＿ is your English teacher?

—— Ms. Kawasaki is.

3 ＿＿＿＿＿ ＿＿＿＿＿ is your grandfather?

—— He is just seventy.

4 ＿＿＿＿＿ fruit do you like?

—— I like apples and bananas.

5 ＿＿＿＿＿ is your birthday?

—— It's April 5.

5 次の英文を〔 〕内の指示にしたがって書きかえなさい。（5点×4）

1 Ken writes a letter. 〔文末に now を加えて現在進行形の文に〕

＿＿＿＿＿＿＿＿＿＿＿＿＿＿＿＿＿＿＿＿

2 This is an interesting <u>story</u>. 〔下線部を複数形にして〕

＿＿＿＿＿＿＿＿＿＿＿＿＿＿＿＿＿＿＿＿

3 He read the book yesterday. 〔否定文に〕

＿＿＿＿＿＿＿＿＿＿＿＿＿＿＿＿＿＿＿＿

4 Tom has <u>two hundred</u> stamps. 〔下線部をたずねる疑問文に〕

＿＿＿＿＿＿＿＿＿＿＿＿＿＿＿＿＿＿＿＿

6 次の日本文を英文になおしなさい。（6点×3）

1 ケート(Kate)は台所でお母さんを手伝っています。

＿＿＿＿＿＿＿＿＿＿＿＿＿＿＿＿＿＿＿＿

2 あなたはどこで勉強するのですか。—— 私はこの部屋で勉強します。

＿＿＿＿＿＿＿＿＿＿＿＿＿＿＿＿＿＿＿＿

3 彼は手に何を持っていましたか。—— 彼は1冊の本を持っていました。

＿＿＿＿＿＿＿＿＿＿＿＿＿＿＿＿＿＿＿＿

中1英語の復習テスト②

月　日

点

解答は別冊 P.2・3

1 次の左端の語の下線部の発音と同じ発音を含むものを選び，その記号に○をつけなさい。

（2点×5）

1	busy	（ア bus	イ building	ウ uncle	エ study ）
2	bird	（ア word	イ card	ウ party	エ car ）
3	many	（ア cake	イ table	ウ cap	エ any ）
4	helps	（ア opens	イ sings	ウ likes	エ comes ）
5	played	（ア cooked	イ watched	ウ studied	エ washed ）

2 次のＡＢとＣＤの関係がほぼ同じになるように，Ｄに適語を入れなさい。　（2点×6）

	A	B	C	D
1	boxes	box	children	＿＿＿＿＿＿
2	go	went	come	＿＿＿＿＿＿
3	cook	cooking	use	＿＿＿＿＿＿
4	brother	sister	uncle	＿＿＿＿＿＿
5	one	first	twelve	＿＿＿＿＿＿
6	spring	season	January	＿＿＿＿＿＿

3 次の英文の下線部に適語を入れ，日本文に相当する英文を完成しなさい。　（完答4点×5）

1 日本の夏は暑いですか。

Is ＿＿＿＿＿＿ hot ＿＿＿＿＿＿ summer in Japan?

2 私のラケットを使ってはいけません。

＿＿＿＿＿＿ ＿＿＿＿＿＿ my racket.

3 私は今歌っているのではありません。

I ＿＿＿＿＿＿ ＿＿＿＿＿＿ singing now.

4 私の弟は自分の名前を書くことができません。

My brother ＿＿＿＿＿＿ ＿＿＿＿＿＿ his name.

5 その先生がたは今忙しくありません。

＿＿＿＿＿＿ teachers ＿＿＿＿＿＿ not busy now.

4 次の英文の下線部に適語を入れ，問答文を完成しなさい。 （完答4点×5）

1 __________ __________ do you leave for school?

―― I leave for school at seven thirty.

2 __________ is your T-shirt?

―― That white one is mine.

3 __________ did you play baseball yesterday?

―― We played it in the park.

4 __________ do you go to school?

―― I go to school by bus.

5 __________ __________ is this dictionary?

―― It's just two thousand yen.

5 次の英文を〔　〕内の指示にしたがって書きかえなさい。 （5点×4）

1 He is a science <u>teacher</u>. 〔下線部を複数形にして〕

____

2 Junko went to the movies yesterday. 〔疑問文に〕

____

3 Tom is writing <u>a letter</u>. 〔下線部をたずねる疑問文に〕

____

4 It's Sunday today. 〔この文が答えとなる疑問文に〕

____

6 次の日本文を英文になおしなさい。 （6点×3）

1 彼はピアノが弾けますか。―― いいえ，弾けません。

____

2 だれが毎日窓を開けるのですか。―― 私です。

____

3 私は彼女を好きですが，彼女は私を好きではありません。

____

8

過去の文(1) ①

チェック 1

1 チェック 1 一般動詞の過去 ―規則動詞と不規則動詞―

1 規則動詞

英語では「〜した」というような過去のことを言うには，動詞を過去形にして表す。一般動詞の場合には，動詞の原形に **-ed** か **-d** をつけると過去形になる。このように，動詞の原形に -ed, -d をつけて過去形にするものを，**規則動詞**という。

肯定文 I **play** tennis ***every day***.（私は毎日テニスをします。）

↓ 原形に ed をつける　　↓ 副詞(句)の変化にも注意

過去形 I **played** tennis ***yesterday***.（私は昨日テニスをしました。）

↑ 規則動詞の過去形

＊ -ed のつけ方は，次の 4 通りに分類される。

① 原形に ed をつける	look（見る）— look**ed** visit（訪ねる）— visit**ed**
② 語尾が e のときは d だけをつける	live（住む）— live**d** use（使う）— use**d**
③〈子音字＋y〉は y を i にかえて ed	study（勉強する）— stud**ied** carry（運ぶ）— carr**ied**
④〈短母音＋子音字〉は子音字を重ねる	stop（とめる）— stop**ped** drop（落とす）— drop**ped**

＊ -ed の発音

① **[t]**：[k, p, s, f, ʃ, tʃ] の音のあと→looked [lúkt]
stopped [stápt]

② **[id]**：[t] [d]の音のあと
→visited [vízitid]
started [stá:rtid]

③ **[d]**：上記以外のすべて
→lived [lívd]
played [pléid]

2 不規則動詞

過去形が -ed の形ではなく，go（行く）— went，come（来る）— came，take（取る）— took のように不規則に変化する動詞を**不規則動詞**という。不規則動詞の中には，go — went のようにもとの動詞と大きく形のかわるものや，put（置く）— put のように同じ形のものもある。

We **went** to the park yesterday.（私たちは昨日公園へ行きました。）

↑ go の過去形：不規則に変化する

Tom **came** to Japan last month.（トムは先月日本に来ました。）

↑ come の過去形：不規則に変化する

＊本書11ページに過去を表す副詞(句)をまとめてある。よく使われるものばかりなので，しっかりと確認しておこう。

●最重要文の練習● 次の英文を______に書きましょう。

① **I played tennis yesterday.** （私は昨日テニスをしました。）

I played　　　yesterday. ______　______

② **We went to the park.** （私たちは公園に行きました。）

We went ______　______

▶▶▶ポイント確認ドリル

解答は別冊 P.3

1 表も参考にしながら，次の動詞の過去形を書きなさい。

おもな不規則動詞				
	go（行く）— went	take（取る）— took	come（来る）— came	
	see（見える）— saw	hear（聞こえる）— heard [hə́ːrd]（ハード）	put（置く）— put	
	say（言う）— said [séd]（セッド）	read（読む）— read [réd]（レッド）	get（得る）— got	
	write（書く）— wrote	have（持つ）— had	eat（食べる）— ate	
	make（作る）— made	do（する）— did	know（知っている）— knew	
	leave（去る）— left	cut（切る）— cut	sit（すわる）— sat	teach（教える）— taught

□(1) visit ______　　□(2) help ______

□(3) get ______　　□(4) use ______

□(5) stop ______　　□(6) study ______

□(7) carry ______　　□(8) write ______

□(9) live ______　　□(10) drop ______

□(11) go ______　　□(12) put ______

2 次の各文の（　）内から適する語句を選んで，____に書きなさい。

□(1) I (live, lived) in this city many years ago. ______

□(2) I like cats, and my sister (likes, liked) cats too. ______

□(3) She (has, had) two cute dogs last year. ______

□(4) She watched the baseball game (now, yesterday). ______

□(5) I called my mother about nine o'clock (now, last night). ______

このページの単語・熟語

yesterday [jéstərdi]（イェスタディ）:昨日　**visit** [vízit]（ヴィズィット）:訪ねる　**stop** [stáp]（スタップ）:とまる，とめる
carry [kǽri]（キャリィ）:運ぶ　**live in ～**:～に住む　**city** [síti]（スィティ）:市，町　**ago** [əgóu]（アゴウ）:～前に
last year:昨年　**last night**:昨夜

9

セクション 1-1

過去の文(1) ①
一般動詞の過去 ―規則動詞と不規則動詞―

月　日
点

1 下線部の誤りを正して，____に書きなさい。（2点×5）

(1) I study English and math hard yesterday. ______
(2) I droped the valuable cup last week. ______
(3) Kate comes to my house last night. ______
(4) We live in New York last year. ______
(5) I say nothing about it yesterday. ______

1 (1)語尾が〈子音字＋y〉。
(2)語尾が〈短母音＋子音字〉。
(3)不規則動詞。
(4)語尾がe。
(5)不規則動詞。

2 各組の語の下線部の発音が同じなら○，異なれば×を書きなさい。（2点×4）

(1) 〔　〕 { pushed / watched }
(2) 〔　〕 { wanted / stayed }
(3) 〔　〕 { started / needed }
(4) 〔　〕 { visited / looked }

2 (1) [ʃ]と[tʃ]の音で終わる語のあとのedの発音。
(2)上の[t]で終わる語のedの発音は[id]になる。
(3)下の[d]で終わる語のedの発音も[id]。
(4)下の[k]で終わる語のedの発音は[t]。

3 次の英文を日本文になおしなさい。（3点×2）

(1) I closed the door and windows at eleven last night.
(　　　　　　　　　　)
(2) Mr. Smith wrote this story about twenty years ago.
(　　　　　　　　　　)

3 (1) closed は close の過去形。
(2) wrote は write の過去形。

4 (　)内の語を適切な形にかえて，____に書きなさい。（2点×6）

(1) I (go) to the city library yesterday. ______
(2) I (see) Ken at the station last night. ______
(3) I (study) math and science hard last week. ______
(4) She (come) to my house many days ago. ______
(5) I (read) an interesting book last year. ______
(6) He (do) his homework last Sunday. ______

4 いずれも過去を表す語句があることに注意する。
(1)yesterday「昨日」
(2)last night「昨夜」
(3)last week「先週」
(4)many days ago「何日も前に」
(5)last year「昨年」
(6)last Sunday「この前の日曜日」

このページの単語・熟語

valuable [vǽljuəbl]（ヴァリュアブル）：貴重な　**nothing** [nʌ́θiŋ]（ナスィング）：何も～ない　**start** [stɑ́ːrt]（スタート）：始まる，始める
need [níːd]（ニード）：必要とする　**close** [klóuz]（クロウズ）：閉める　**ago** [əgóu]（アゴウ）：～前に

10

5 〔 〕内の指示にしたがって書きかえなさい。 (8点×4)

(1) I get up very early every day. 〔下線部を yesterday にかえて〕

______

(2) She eats some fruit for lunch. 〔last Monday を加えた文に〕

______

(3) Mr. Hara has a large house. 〔five years ago を加えた文に〕

______

(4) He read many interesting stories. 〔現在形の文に〕

______

5 (1)下線部の語句を yesterday にするということは，過去の文にするということ。get は不規則動詞。
(2) last Monday「この前の月曜日」。eat は不規則動詞。
(3) has も不規則動詞。
(4)主語が3人称・単数なので，もとの文の read は[réd]と発音する過去形の動詞である。

6 次の語群を並べかえて，正しい英文にしなさい。 (8点×2)

(1) (to / zoo / we / went / the / morning / yesterday / .)

______

(2) (took / lot / pictures / I / Nara / a / of / in / .)

______

6 (1)「私たちは昨日の午前中動物園へ行きました」という文を作る。
(2)「私は奈良でたくさんの写真を撮りました」という文を作る。

7 次の日本文を英文になおしなさい。 (8点×2)

(1) 私のおばは昨年京都に住んでいました。

______

(2) 私の弟は昨日10時に寝ました。

______

7 (1)「おば」= aunt。「昨年」= last year。
(2)「寝る」= go to bed。

解答は別冊 P.3・4

さらに一歩！ ●過去形に使われる過去を表す語句をまとめてくれませんか？

次のようなものを覚えておくと便利です。

- yesterday (昨日)　　・~ days[weeks, months, years] ago (~日〔週，月，年〕前に)
- last night (昨夜)　　・last week[month, year] (先週〔先月，昨年〕)

get up:起きる **early** [ə́ːrli](アーリィ):早く **eat** [íːt](イート):食べる **fruit** [frúːt](フルート):くだもの **for lunch**:昼食に
large [lάːrdʒ](ラーヂ):大きい **house** [háus](ハウス):家 **zoo** [zúː](ズー):動物園 **take a picture**:写真を撮る

11

過去の文(1) ②

チェック2

1 チェック2 一般動詞の過去の否定文・疑問文

1 一般動詞の過去の否定文

主語や規則動詞・不規則動詞に関係なく，**〈did not[didn't]＋動詞の原形〉**で表す。

肯定文 He ***went*** to school. （彼は学校へ行きました。）

↓ 動詞は原形にもどす

否定文 He **did not** ***go*** to school. （彼は学校へ行きませんでした。）

└ ＝ didn't：動詞の前に置く

- He **did not** ***play*** tennis yesterday. （彼は昨日テニスをしませんでした。）
- He ***wrote*** a letter to me, but I **didn't** ***read*** it.
  （彼は私に手紙を書いてよこしましたが，私はそれを読みませんでした。）

2 一般動詞の過去の疑問文

主語や規則動詞・不規則動詞に関係なく，**〈Did＋主語＋動詞の原形 ～?〉**の形になる。答えの文にも did を使う。

肯定文 He ***played*** tennis yesterday.

↓ 動詞は原形にもどす （彼は昨日テニスをしました。）

疑問文 **Did** he ***play*** tennis yesterday?

└ 主語の前に Did （彼は昨日テニスをしましたか。）

答え方
- Yes, he **did**. （はい，しました。）
- No, he **didn't[did not]**. （いいえ，しませんでした。）

who や what などの疑問詞で始まる疑問文にも過去の文を使うことができる。

- ***Who*** **went** to the park? （だれが公園へ行ったのですか。）
  —— ***Kate*** **did**. （ケートが行きました。）
- ***What*** **did** you **see** last night? （あなたは昨夜何を見たのですか。）
  —— I **saw** ***a strange animal***. （私は奇妙な動物を見ました。）
- ***Where*** **did** you **get** the book? （あなたはどこでその本を入手しましたか。）
  —— I **got** it ***in London***. （ロンドンで入手しました。）
- ***When*** **did** he **come** to Japan? （彼はいつ日本に来ましたか。）
  —— He **came** to Japan ***three years ago***. （彼は3年前に日本に来ました。）

●最重要文の練習● 次の英文を＿＿＿に書きましょう。

③ **He didn't read the letter.** （彼はその手紙を読みませんでした。）

He didn't read ＿＿＿＿＿＿＿＿＿＿

④ **Did he play tennis?** （彼はテニスをしましたか。）

Did he play ＿＿＿＿ ?

▶▶▶ポイント確認ドリル 解答は別冊 P.4

1 各文を(1)・(2)は否定文に，(3)・(4)は疑問文に書きかえるとき，＿＿に適する語を書きなさい。

(1) I played tennis. I ＿＿＿＿＿＿ not play tennis.

(2) We washed the dishes. We ＿＿＿＿＿＿ wash the dishes.

(3) She helped her mother. ＿＿＿＿＿＿ she help her mother?

(4) He studied English hard. Did he ＿＿＿＿＿＿ English hard?

2 ＿＿に適語を入れて，問答文を完成しなさい。

(1) Did you go to the library? —— Yes, I ＿＿＿＿＿＿.

(2) Did you read the story? —— No, I ＿＿＿＿＿＿ not.

(3) Did you play baseball? —— No, I ＿＿＿＿＿＿.

(4) ＿＿＿＿＿＿ opened the door? —— I did.

(5) ＿＿＿＿＿＿ did you watch the game? —— I watched it at Tokyo Dome.

3 次の語群を日本文に合うように並べかえて，全文を書きなさい。

(1) 彼女はそのオレンジを食べませんでした。 (didn't / eat / she) the orange.

＿＿＿＿＿＿＿＿＿＿＿＿＿＿＿＿＿＿＿＿

(2) あなたはアメリカに住んでいましたか。 (you / live / did) in America?

＿＿＿＿＿＿＿＿＿＿＿＿＿＿＿＿＿＿＿＿

このページの単語・熟語

read [ríːd]（リード）：読む **letter** [létər]（レタァ）：手紙 **wash** [wɑ́ʃ]（ワッシュ）：洗う **dish** [díʃ]（ディッシュ）：皿
library [láibrèri]（ライブレリィ）：図書館，図書室 **open** [óupən]（オウプン）：開ける **live in ～**：～に住んでいる

13

セクション 1-2

過去の文(1) ②
一般動詞の過去の否定文・疑問文

月　日

点

1 下線部の誤りを正して，＿＿に書きなさい。（2点×4）

(1) I <u>don't</u> like *natto* last year. ＿＿＿＿

(2) He <u>doesn't</u> write the letter last week. ＿＿＿＿

(3) She didn't <u>came</u> to Japan in 2020. ＿＿＿＿

(4) Ken didn't <u>did</u> his homework yesterday. ＿＿＿＿

1 (1) last year に注目。
(2) last week に注目。
(3)・(4) didn't のあとにくる動詞の形を考える。

2 ＿＿に適語を入れて，問答文を完成しなさい。（完答4点×5）

(1) ＿＿＿＿ you take the money?
—— ＿＿＿＿, I didn't.

(2) Did you get up late this morning?
—— Yes, I ＿＿＿＿.
I ＿＿＿＿ up at nine today.

(3) ＿＿＿＿ did you play today?
—— I ＿＿＿＿ soccer and baseball.

(4) Who made the doghouse?
—— My brother ＿＿＿＿.

(5) ＿＿＿＿ apple did Tom eat?
—— He ＿＿＿＿ the big one.

2 (1)答えの文のdidn't に注目する。
(2) Yes の答えである。最後の空所には get の過去形が入る。
(3)目的語にあたるものを「何」という語で表す。
(4) Who makes ...? なら My brother does. だが，過去の文ではどうなるのか。
(5)「どちらの」という語が入る。

3 それぞれの問いに対する答えの文を下から1つずつ選び，記号で答えなさい。（2点×4）

(1) When did you watch the game?〔　〕

(2) Did you watch the game yesterday?〔　〕

(3) Where did you watch the game?〔　〕

(4) How many boys watched the game?〔　〕

ア Yes, we did.　イ We watched it in the park.

ウ About fifty boys did.　エ We watched it yesterday.

3 疑問詞があればその疑問詞が何をたずねているかに注目する。
(1)「いつ？」
(2)見たかどうか？
(3)「どこで？」
(4)「何人が？」

このページの単語・熟語

last year:昨年，去年　**last week**:先週　**money** [mʌ́ni](マニィ):お金　**this morning**:今朝
doghouse [dɔ́ːghàus](ドーグハウス):犬小屋　**eat** [íːt](イート):食べる　**big** [bíg](ビッグ):大きい　**watch** [wátʃ](ワッチ):見る

14

4 〔　〕内の指示にしたがって書きかえなさい。　（8点×4）

(1) He wrote the short message. 〔否定文に〕

____

(2) I had some books about your country. 〔否定文に〕

____

(3) The girl made this cute doll. 〔疑問文に〕

____

(4) <u>Jane</u> went to London last year. 〔下線部をたずねる疑問文に〕

____

4 (1) wrote は，不規則動詞 write の過去形。
(2) had は have の過去形。肯定文の some は，否定文にしたときこのままでよいのか。
(3) made は make の過去形。
(4)下線部は主語にあたるので，「だれが」の意味の語を文頭に置いて疑問文を作る。

5 次の語群を並べかえて，正しい英文にしなさい。　（8点×2）

(1) (last / he / the / watch / didn't / program / night / .)

____

(2) (park / what / you / the / did / in / do / ?)

____

5 (1)「彼は昨夜その番組を見ませんでした」という文を作る。
(2)「あなたは公園で何をしましたか」という文を作る。

6 次の日本文を英文になおしなさい。　（8点×2）

(1) トムは今朝お父さんを手伝いませんでした。

____

(2) あなたは昨夜テレビを見ましたか。―― はい，見ました。

____

6 (1)「トム」= Tom。「今朝」= this morning。「手伝う」= help。
(2)「テレビを見る」= watch TV。

解答は別冊 P.4・5

さらに一歩！ ●過去形に使われる副詞(句)は11ページのほかにもありますか？

あります。次のようなものを覚えておくといいでしょう。then（そのとき），at that time（そのころ，その当時），in those days（その当時は），the other day（先日）など。

I didn't have many friends **in those days**.（その当時は私には友人は多くはいませんでした。）

short [ʃɔ́ːrt]（ショート）: 短い　**message** [mésidʒ]（メセッヂ）: 伝言　**cute** [kjúːt]（キュート）: かわいい　**doll** [dál]（ダル）: 人形
program [próugræm]（プロウグラム）: 番組　**last night**: 昨夜　**TV** [tìːvíː]（ティーヴィー）: テレビ

15

セクション 2-1 過去の文(2) ①

チェック 3・4

1 チェック3 be動詞の過去形の肯定文

現在形の be 動詞には，is，am，are の 3 つがあるが，過去形の be 動詞は **was** と **were** の 2 つしかない。

is と am は was に，are は were になる。現在形と同じように，それぞれ主語によって使い分ける。

主語		現在形	過去形
1 人称	I	am	**was**
3 人称・単数	he, she, it	is	
2 人称と複数	you, they, we	are	**were**

現在形 I **am** thirteen years old now. （私は今13歳です。）

↓ am の過去形は was　　副詞(句)の変化にも注意

過去形 I **was** twelve years old last year. （私は昨年12歳でした。）

They **were** very busy yesterday. （彼らは昨日とても忙しかった。）

2 チェック4 be動詞の過去形の否定文・疑問文

1 be 動詞の過去形の否定文

現在形の場合と同じように，be 動詞(was, were)のあとに not を入れる。

肯定文 Ms. Yamada ***was*** a teacher. （山田さんは先生でした。）

↓ be 動詞のあとに not：was not = wasn't / were not = weren't

否定文 Ms. Yamada ***was not*** a teacher.（山田さんは先生ではありませんでした。）

2 be 動詞の過去形の疑問文

疑問文でも現在形と同じように，be 動詞を主語の前に出して作る。つまり，was，were を主語の前に出す。答えの文にも was, were を使って答える。

肯定文 He **was** in London. （彼はロンドンにいました。）

↓ be 動詞を主語の前に

疑問文 **Was** he in London ? （彼はロンドンにいましたか。）

―答え方―
- Yes, he **was**. （はい，いました。）
- No, he **was not[wasn't]**. （いいえ，いませんでした。）

次のように，疑問詞のある文にも使うことができる。

Where were you this morning? （あなたは今朝どこにいましたか。）
―― I **was *in the garden***. （私は庭にいました。）

●最重要文の練習● 次の英文を＿＿＿に書きましょう。

⑤ **Ms. Yamada was not a teacher.** （山田さんは先生ではありませんでした。）

Ms. Yamada was not ＿＿＿＿ ＿＿＿＿

⑥ **Was he in London?** （彼はロンドンにいましたか。）

Was he ＿＿＿＿ ? ＿＿＿＿

▶▶▶ポイント確認ドリル

解答は別冊 P.5

1 次の各文の(　)内から適する語を選んで，＿＿に書きなさい。

□(1) I (am, was) very busy yesterday. ＿＿＿＿

□(2) You (was, were) in Kyoto last week. ＿＿＿＿

□(3) I'm happy, and she (is, was) also happy now. ＿＿＿＿

□(4) Tom and Kate (are, were) in the same class last year. ＿＿＿＿

□(5) It (was, were) very cold a few days ago. ＿＿＿＿

2 各文を(1)・(2)は否定文に，(3)・(4)は疑問文に書きかえるとき，＿＿に適する語を書きなさい。

□(1) We were at home yesterday. We were ＿＿＿＿ at home yesterday.

□(2) I was a teacher then. I ＿＿＿＿ not a teacher then.

□(3) You were in New York. ＿＿＿＿ you in New York?

□(4) He was a baseball player. ＿＿＿＿ he a baseball player?

3 ＿＿に適語を入れて，問答文を完成しなさい。

□(1) Were you free yesterday? —— Yes, I ＿＿＿＿.

□(2) ＿＿＿＿ she in the room then? —— Yes, she was.

□(3) Were you high school students last year? —— Yes, we ＿＿＿＿.

□(4) ＿＿＿＿ she your new English teacher?

—— No, she isn't. She ＿＿＿＿ our new music teacher.

このページの単語・熟語

busy [bízi]（ビズィ）：忙しい　**happy** [hǽpi]（ハピィ）：幸せな，楽しい　**cold** [kóuld]（コウルド）：寒い，冷たい
a few ～：いくつかの～　**then** [ðén]（ゼン）：そのとき　**free** [fríː]（フリー）：ひまな
high school student：高校生

17

過去の文(2) ①

be動詞の過去形の肯定文 // be動詞の過去形の否定文・疑問文

月　日
点

1 下線部の誤りを正して，＿＿に書きなさい。（2点×4）

(1) Tom and I was busy yesterday. ＿＿＿＿
(2) He not was a good student. ＿＿＿＿
(3) We wasn't in Tokyo last week. ＿＿＿＿
(4) You weren't do your homework yesterday. ＿＿＿＿

2 ＿＿に適語を入れて，問答文を完成しなさい。（完答4点×5）

(1) ＿＿＿＿ it hot in Okinawa yesterday?
—— Yes, it ＿＿＿＿.
(2) ＿＿＿＿ they kind to you yesterday?
—— No, they ＿＿＿＿.
(3) How ＿＿＿＿ students were in the room?
—— About ten students were.
(4) Were you in Nagoya or Osaka last month?
—— I ＿＿＿＿ ＿＿＿＿ Osaka.
(5) ＿＿＿＿ was in the box a few minutes ago?
—— I don't really know, but a few big apples ＿＿＿＿ in it a few hours ago.

3 それぞれの問いに対する答えの文を下から1つずつ選び，記号で答えなさい。（2点×4）

(1) Where was your sister at that time? 〔　〕
(2) Was your sister in her room then? 〔　〕
(3) Who was in her sister's room? 〔　〕
(4) When was your sister in America? 〔　〕

ア Yes, she was.　イ She was there five years ago.
ウ Her brother was.　エ She was in her room.

1 (1)主語は複数になる。
(2) not と was の語順はこれでいいのか。
(3) be動詞は主語に合っているか。
(4)一般動詞の過去の否定文。

2 (1) yesterday があることに注意。主語は it になる。
(2)主語は they で複数になる。
(3)数をたずねる疑問文。疑問詞のある部分が主語になっている。
(4) or のある疑問文なので，Yes, No では答えない。
(5)「何が入っていたか」という疑問文にする。答えの文の主語は複数になる。

3 (1)「お姉〔妹〕さんはそのときどこにいましたか」
(2)「姉さんはそのとき自分の部屋にいましたか」
(3)「だれが彼女の姉さんの部屋にいましたか」
(4)「あなたのお姉さんはいつアメリカにいましたか」

このページの単語・熟語

do one's homework：宿題をする　**hot** [hát]（ハット）：暑い，熱い　**kind** [káind]（カインド）：親切な
be kind to ～：～に親切である　**minute** [mínit]（ミニット）：(時間の)分　**hour** [áuər]（アウア）：1時間

18

4 〔　〕内の指示にしたがって書きかえなさい。（8点×4）

(1) Tom is in London now. 〔下線部を last week にかえ否定文に〕

____

(2) They are kind to us. 〔文末に yesterday を加え否定文に〕

____

(3) Kate and Helen were your friends. 〔疑問文に〕

____

(4) Tim was in the room an hour ago.〔下線部をたずねる疑問文に〕

____

4 (1)・(2)それぞれの be 動詞の過去形をまちがえないように。be 動詞の否定文は be 動詞のあとに not を入れる。
(3) be 動詞を主語の前に出す。
(4)下線部は場所を表しているので，疑問詞には「どこに」の意味を表すものを使う。

5 次の語群を並べかえて，正しい英文にしなさい。（8点×2）

(1) (was / very / yesterday / it / warm / ?)

____

(2) (not / eleven / old / years / I / was / year / last / .)

____

5 (1) it は寒暖を表す特別用法の it。この it を主語にして使う。疑問文であることに注意。
(2) year と years の 2つがあるが，前者は last year に，後者は～ years old に使う。

6 次の日本文を英文になおしなさい。（8点×2）

(1) あなたは先月広島にいたのですか。―― はい，いました。

____

(2) 彼は5年前は先生ではありませんでした。

____

6 (1)「先月」= last month。
(2)「5年前」= five years ago。be動詞の過去の否定文になる。

解答は別冊 P.5

さらに一歩！ ● **last の使い方には注意するように言われたのですが？**

last のあとに Monday などの曜日名がくる場合は注意を要します。last は「この前の」が基本の意味になります。今日が金曜日で last Monday と言うと，同じ週の月曜日のことで，先週の月曜日ではありません。「先週の月曜日に」というには，on Monday last week とします。

London [lʌ́ndən]（ランドン）：ロンドン **last week**：先週 **friend** [frénd]（フレンド）：友だち **room** [rú:m]（ルーム）：部屋
warm [wɔ́:rm]（ウォーム）：暖かい **～ years old**：～歳 **teacher** [tí:tʃər]（ティーチャァ）：先生，教師

19

セクション 2-2

過去の文(2) ②

20

チェック5

1 チェック5 過去進行形

1 過去進行形

ある動作について，現在進行中であることを表すには〈is[am, are]+～ing〉の形の現在進行形を使うが，**「～していた，～しているところだった」**と，ある動作が過去の時点で進行中であったことを表すには，be動詞を過去形にして，**〈was [were]＋～ing〉**の形にして表す。この形を**過去進行形**という。

現在進行形 He **is** ***walking*** in the park now. （今歩いています。）

↓ be動詞を過去形にする：be動詞は主語に合わせる

過去進行形 He **was** ***walking*** in the park then.（そのとき歩いていました。）

2 過去進行形の否定文

これまでのbe動詞のある文と同じように，be動詞のあとにnotを入れて，**〈was[were]＋not＋～ing〉**の形になる。

肯定文 I **was** **watching** TV. （私はテレビを見ていました。）

↓ be動詞のあとにnot［短縮形：was not → wasn't / were not → weren't］

否定文 I **was** ***not*** **watching** TV. （私はテレビを見ていませんでした。）

3 過去進行形の疑問文

過去進行形の疑問文は，同じようにbe動詞を主語の前に出して，**〈Was[Were]＋主語＋～ing ...?〉**の形になる。答えにもwas, wereを使う。

肯定文 He **was** **watching TV** . （彼はテレビを見ていました。）

↓ be動詞を主語の前に

疑問文 **Was** he **watching TV** ? （彼はテレビを見ていましたか。）

—答え方— Yes, he **was**. （はい，見ていました。）
No, he **was not[wasn't]**. （いいえ，見ていませんでした。）

疑問詞の疑問文もこれまでと同じようにして作ることができる。

- ***What*** **was** he **doing**? （彼は何をしていましたか。）
  —— He **was** ***reading a magazine***. （彼は雑誌を読んでいました。）
- ***Who*** **was singing** then? （そのとき歌っていたのはだれですか。）
  —— ***My sister*** **was**. （私の姉[妹]です。）

●最重要文の練習● 次の英文を______に書きましょう。

⑦ **He was walking then.** （彼はそのとき歩いていました。）

He was walking ______________________ ______________________

⑧ **Was he watching TV?** （彼はテレビを見ていましたか。）

Was he watching ______ ? ______________________

▶▶▶ポイント確認ドリル

解答は別冊 P.6

1 次の各文の（ ）内から適する語を選んで，____に書きなさい。

(1) I was (studied, studying) math then. ____________

(2) Kathy was (making, made) a cake this morning. ____________

(3) A lot of people (was, were) watching the program. ____________

(4) We (are, were) playing baseball together a few hours ago. ____________

(5) Ken and Mami (was, were) swimming in the sea. ____________

2 各文を(1)・(2)は否定文に，(3)・(4)は疑問文に書きかえるとき，____に適する語を書きなさい。

(1) Tom was washing the car. Tom was ____________ washing the car.

(2) I was listening to music. I ____________ listening to music.

(3) Judy was running then. ____________ Judy running then?

(4) They were singing the song. Were they ____________ the song?

3 次の語群を日本文に合うように並べかえて，全文を書きなさい。

(1) 私はその本を読んでいたのではありません。 I (not / reading / was) the book.

____

(2) あなたはその本を読んでいたのですか。 (reading / you / were) the book?

____

このページの単語・熟語

walk [wɔ́ːk]（ウォーク）：歩く **math** [mǽθ]（マス）：数学 **cake** [kéik]（ケイク）：ケーキ **a lot of ～**：たくさんの～
program [próugræm]（プロウグラム）：番組 **together** [təgéðər]（トゥゲザァ）：いっしょに **sea** [síː]（スィー）：海
listen to ～：～を聞く

21

セクション 2-2

過去の文(2) ②
過去進行形

月　日
点

1 下線部の誤りを正して，＿＿に書きなさい。（2点×4）

(1) A few students was talking in the room. ＿＿＿＿＿＿

(2) He isn't doing his homework at that time. ＿＿＿＿＿＿

(3) I'm not using your computer then. ＿＿＿＿＿＿

(4) The children was sleeping in the room. ＿＿＿＿＿＿

1 (1)主語は複数。
(2) at that time の意味を考える。
(3) then の意味を考える。children は単数か複数か。
(4) children は単数か複数か。

2 ＿＿に適語を入れて，問答文を完成しなさい。（完答4点×5）

(1) ＿＿＿＿＿＿ you writing a letter then?
—— Yes, I was.

(2) Was your brother reading a story?
—— No, he ＿＿＿＿＿＿.

(3) Was she walking or running in the park then?
—— She ＿＿＿＿＿＿ ＿＿＿＿＿＿.
She wasn't running then.

(4) ＿＿＿＿＿＿ were you studying then?
—— I ＿＿＿＿＿＿ studying English.

(5) ＿＿＿＿＿＿ book were you reading this morning?
—— I was ＿＿＿＿＿＿ this English book.

2 (1)質問の文の主語は you。
(2)短縮形が入る。
(3)答えの2つ目の文の内容から考える。
(4)「何」にあたるものをたずねる疑問文。
(5)「どちらの，どの」にあたるものをたずねる疑問文。

3 それぞれの問いに対する答えの文を下から1つずつ選び，記号で答えなさい。（2点×4）

(1) Was your sister cooking in the kitchen? 〔　　〕

(2) Where was your sister cooking then? 〔　　〕

(3) Who was cooking in the kitchen then? 〔　　〕

(4) When was she cooking in the kitchen? 〔　　〕

ア She was cooking in the kitchen.　イ Yes, she was.
ウ Kate and my sister were.　エ Early today.

3 (1)以外は Yes, No では答えない。
(2)場所をたずねている。
(3)「だれ」かをたずねている。
(4)時をたずねている。

このページの単語・熟語

a few ～：いくつかの～，数人の～　**at that time**：そのとき　**children** [tʃíldrən]（チルドゥレン）：child(子ども)の複数形　**sleep** [slíːp]（スリープ）：眠る　**story** [stɔ́ːri]（ストーリィ）：物語　**cook** [kúk]（クック）：料理する　**kitchen** [kítʃən]（キチン）：台所

22

4 〔　〕内の指示にしたがって書きかえなさい。（8点×4）

(1) I looked for my dictionary. 〔過去進行形の文に〕

______

(2) He was washing the car in the yard. 〔否定文に〕

______

(3) Tom and Jim were running in the park. 〔疑問文に〕

______

(4) Ken was reading a magazine then.〔下線部をたずねる疑問文に〕

______

4 (1)過去進行形の基本となる形は〈was [were]＋～ing〉。
(2)否定文はbe動詞のあとにnotを入れる。
(3)疑問文はbe動詞を主語の前に出す。
(4)readingの目的語になるa magazineをwhatにして文頭に置く。

5 次の語群を並べかえて，正しい英文にしなさい。（8点×2）

(1) (was / some / the / pictures / I / taking / park / in / .)

______

(2) (were / you / then / what / doing / ?)

______

5 それぞれ次の意味の文を作る。
(1)「私は公園で何枚か写真を撮っていました」
(2)「あなたはそのとき何をしていましたか」

6 次の日本文を英文になおしなさい。（8点×2）

(1) 私はそのとき新聞を読んでいたのではありません。

______

(2) 今朝の8時にあなたはどこで遊んでいましたか。

______

6 (1)「新聞」＝newspaper。「読む」＝read。
(2)「今朝」＝this morning。「遊ぶ」＝play。

解答は別冊 P.6

さらに一歩！ ●現在進行形には近い未来の予定を表す用法がありましたが，過去進行形には？

過去進行形にもあります。過去における近い未来の予定を表します。次の2文をみておきましょう。

Tom **is coming** here tomorrow.　（トムは明日ここに来る予定になっています。）

Tom **was coming** here the next day.　（トムはその翌日ここに来る予定になっていました。）

look for ～:～を探す　**dictionary** [díkʃənèri]（ディクショネリィ）:辞書　**yard** [já:rd]（ヤード）:庭，中庭
run [rʌ́n]（ラン）:走る　**take a picture**:写真を撮る　**newspaper** [n(j)ú:zpèipər]（ヌーズペイパァ）:新聞

23

セクション 3-1 比較の文 ①

チェック 6・7・8

1 チェック6 as ～ as ...

〈as＋～(形容詞)＋as ...〉の形で，**「…と同じくらい～」**の意味を表し，2つのもの〔人〕について同じ程度であることを表す。as と as の間にはもとの形**(原級)**が入る。

I am **as *tall* as** my father.（私は父と同じくらいの身長です。）

この形が否定文の**〈not as ～ as ...〉**になると，**「…ほど～でない」**の意味を表す。

I am ***not* as *tall* as** my father.（私は父ほど背が高くありません。）

✓注 否定文では〈not so ～ as ...〉の形になることもある。

2 チェック7 比較級の文

形容詞にはもとの形(原級)のほかに，**比較級**と**最上級**がある。比較級は原級に **-er**，最上級は **-est** をつけるのが原則だが，次のような規則がある。

① 原級の語尾に **er**, **est**：long（長い）― long**er** ― long**est**，tall（背が高い）― tall**er** ― tall**est**

② **e** で終わる語は **r**, **st** だけ：large（大きい）― large**r** ― large**st**，wide（広い）― wide**r** ― wide**st**

③ 〈子音字＋**y**〉で終わる語は **y** を **i** にかえる：happy（幸せな）― happ**ier** ― happ**iest**

④ 〈短母音＋子音字〉で終わる語は子音字を重ねる：big（大きい）― big**ger** ― big**gest**

◇**不規則に変化するもの**：good（よい）― better ― best

many（多数の）/ much（多量の）― more ― most

比較級は，**〈～er than ...〉**の形で**「…より～」**の意味を表す。

I am **taller than** Jim.（私はジムより背が高い。）

This bridge is *much* **longer than** that one.（この橋はあの橋よりずっと長い。）

✓注 「ずっと〔はるかに〕～」と比較級の意味を強めるには very ではなく much を使う。

3 チェック8 最上級の文

最上級は**〈the ～est in［of］...〉**の形で，**「…の中でいちばん〔最も〕～」**の意味を表す。of を使うのはあとに複数を表す語がくるときで，in を使うのは場所・範囲や団体などの単数名詞がくるときである。形容詞の最上級には the をつけて使う。

Tom is **the tallest of** the three.（トムは3人の中でいちばん背が高い。）

Tom is **the tallest in** his class.（トムはクラスの中でいちばん背が高い。）

●最重要文の練習● 次の英文を______に書きましょう。

⑨ **I am taller than Jim.** （私はジムより背が高い。）

taller than

________________ ________________

⑩ **Tom is the tallest of the three.** （トムは３人の中でいちばん背が高い。）

the tallest of

________________ ________________

▶▶▶ポイント確認ドリル

解答は別冊 P.6･7

1 ____に適語を補って，形容詞の原級ー比較級ー最上級の形にしなさい。

原級	比較級	最上級
(1) tall	________	________
(2) long	________	________
(3) small	________	________
(4) happy	________	________
(5) large	________	________
(6) big	________	________
(7) ________	better	best
(8) many[much]	________	most

2 次の各文の(　)内から適する語を選んで，____に書きなさい。

(1) I am as (old, older) as Kenji. ________

(2) This pencil is (short, shorter) than that one. ________

(3) Ken is the (taller, tallest) of the four boys. ________

(4) January is longer (as, than) February. ________

(5) Tom is always as busy (as, of) his father. ________

(6) Tokyo is the biggest (of, in) the five cities. ________

(7) Tokyo is the biggest city (of, in) Japan. ________

(8) Osaka isn't (as, much) big as Tokyo. ________

このページの単語・熟語

tall [tɔ́ːl]（トール）：背が高い　**long** [lɔ́ːŋ]（ローング）：長い　**small** [smɔ́ːl]（スモール）：小さい
happy [hǽpi]（ハピィ）：幸せな，うれしい　**large** [lɑ́ːrdʒ]（ラーヂ）：大きい　**big** [bíg]（ビッグ）：大きい
always [ɔ́ːlweiz]（オールウェイズ）：いつも　**busy** [bízi]（ビズィ）：忙しい

25

比較の文 ①
as ~ as ... // 比較級の文 // 最上級の文

月　日
点

1 下線部の誤りを正して，＿＿に書きなさい。（2点×4）

(1) Tom's dog is big than Jim's. ＿＿＿＿
(2) This book is easyer than that one. ＿＿＿＿
(3) This city is very older than that city. ＿＿＿＿
(4) This mountain is the highest of the world. ＿＿＿＿

2 右の絵の内容に合うように，次の英文の＿＿に **tall** か **short** の原級・比較級・最上級のいずれかを補いなさい。（3点×5）

(1) Jim is ＿＿＿＿ than Kate.
(2) Tom isn't as ＿＿＿＿ as Jim.
(3) Kate is the ＿＿＿＿ of the three.
(4) Kate is ＿＿＿＿ than Tom.
(5) Jim is the ＿＿＿＿ of the three.

3 次の各組の文の内容がほぼ同じになるように，＿＿に適語を入れなさい。（完答4点×5）

(1) Aki is thirteen years old. Jun is thirteen years old, too.
Aki is ＿＿＿＿ ＿＿＿＿ as Jun.

(2) Bob is 170 centimeters tall. Jim is 180 centimeters tall.
Bob is not as ＿＿＿＿ ＿＿＿＿ Jim.

(3) January is longer than February.
February is ＿＿＿＿ than January.

(4) Akemi is older than Emi.
Emi is ＿＿＿＿ as ＿＿＿＿ as Akemi.

(5) Mt. Fuji is higher than the other mountains in Japan.
Mt. Fuji is ＿＿＿＿ ＿＿＿＿ mountain in Japan.

1 (1) than があることに注意。
(2) easy の比較級の形は？
(3)比較級の意味を強めるのは？
(4) the world は場所・範囲を表している。

2 (1)「ジムはケートより〜」
(2)「トムはジムほど〜ではない」
(3)「ケートは3人の中で〜」
(4)「ケートはトムより〜」
(5)「ジムは3人の中で〜」

3 (1)程度が同じであることを表す文に。
(2) as がある否定文になっていることに注意する。
(3)主語が変わっているので，使う形容詞も反対の意味を表すものに。
(4)「…ほど〜ない」の意味の文にする。
(5)比較級の文を最上級にする。

このページの単語・熟語

easy [íːzi]（イーズィ）：簡単な　**city** [síti]（スィティ）：都市，市　**mountain** [máuntən]（マウンテン）：山　**high** [hái]（ハイ）：高い
world [wə́ːrld]（ワールド）：世界　**short** [ʃɔ́ːrt]（ショート）：背が低い，短い　**Mt.** [máunt]（マウント）：〜山

26

4 〔　〕内の指示にしたがって書きかえなさい。 （7点×3）

(1) Nancy is the prettiest girl in her class. 〔比較級で同じ内容に〕

____

(2) Helen is older than Judy.〔Judyを主語にして同じ内容を2通り〕

____

____

5 次の語群を並べかえて，正しい英文にしなさい。 （5点×3）

(1) His (as / as / mine / bag / not / is / heavy).

His ______________________________.

(2) This (is / bigger / that / much / box / one / than).

This ______________________________.

(3) He is (of / of / the / English / best / speaker) the three boys.

He is ______________________________ the three boys.

6 次の日本文を英文になおしなさい。 （7点×3）

(1) この問題はあの問題と同じくらい難しい。

____

(2) 太陽は月よりも大きい。

____

(3) これは世界でいちばん長い橋です。

____

4 (1) Nancyを主語にした文を考えてみよう。
(2)原級と比較級で表すことができる。

5 それぞれ次の意味の文にする。
(1)「彼のバッグは私のほど重くありません」
(2)「この箱はあの箱よりもずっと大きい」
(3)「彼は3人の少年の中でいちばん上手な英語の話し手です」

6 (1)「問題」
= problem, question。
「難しい」
= difficult, hard。
(2)「太陽」
= the sun。
「月」 = the moon。
「大きい」= large。
(3)「世界」= world。
「長い」= long。
「橋」= bridge。

解答は別冊 P.7

❖さらに一歩！❖ ●最上級に使われるのはofやinだけですか？

そうとはかぎりません。次の例文で確認しておきましょう。

He is the best **among** the five players. （5人の選手の中では彼が最高です。）

This park is the largest **around** here. （この公園はこのあたりでは最も広い。）

pretty [príti]（プリティ）:かわいらしい　**heavy** [hévi]（ヘヴィ）:重い　**box** [báks]（バックス）:箱　**speaker** [spíːkər]（スピーカァ）:話す人
problem [prábləm]（プラブレム）:問題　**difficult** [dífikəlt]（ディフィカルト）:難しい　**sun** [sʌ́n]（サン）:太陽　**moon** [múːn]（ムーン）:月

27

セクション 3-2

比較の文 ②

28

チェック 9・10

1 チェック 9 more ～, most ～の文

原級の前に more, most をつけて，**〈more＋原級＋than ...〉**で比較級を，**〈the most＋原級＋in［of］ ...〉**で最上級を作る形容詞がある。

● **more, most**で比較級・最上級を作るおもな形容詞：beautiful（美しい），famous（有名な），popular（人気のある），difficult（難しい），important（重要な），interesting（おもしろい），useful（役に立つ），dangerous（危険な），exciting（わくわくする），expensive（高価な）など。

- This picture is **more beautiful than** that one. （この絵はあの絵よりも美しい。）
- This picture is **the most beautiful of** the five.
  （この絵はその５枚の中ではいちばん美しい。）
- He is **more famous** in America **than** in Japan.
  （彼は日本よりもアメリカでより有名です。）
- He is **the most famous** person **in** the world.
  （彼は世界で最も有名な人物です。）

2 チェック 10 副詞の比較の文

形容詞だけでなく**副詞にも比較級・最上級**がある。-er, -est のつけ方は形容詞と同じだが，形容詞に -ly をつけた slowly, easily などは more, most をつけて作る（early は -er, -est で earlier, earliest）。well（上手に）は better — best と変化する。また，as ～ as ... の文にも使える。

- Ken can run **faster than** Tom. （健はトムより速く走ることができます。）
- I got up **(the) earliest in** my family this morning.
  （私は今朝家族の中でいちばん早く起きました。）

✓注 副詞の最上級には the をつけないこともある。

- I studied English ***as* hard *as*** Emi.
  （私は絵美と同じくらい熱心に英語を勉強しました。）

参考 比較級や最上級などの疑問文の作り方は be 動詞，一般動詞などの場合と同じになる。

- Is baseball more popular than soccer? （野球はサッカーよりも人気がありますか。）
- Do you get up the earliest in your family every morning?
  （あなたは毎朝家族の中でいちばん早く起きるのですか。）

●最重要文の練習● 次の英文を＿＿＿に書きましょう。

⑪ **This picture is more beautiful than that one.** （この絵はあの絵よりも美しい。）

more beautiful than ＿＿＿＿＿＿＿＿

⑫ **Ken can run faster than Tom.** （健はトムより速く走ることができます。）

faster than ＿＿＿＿＿＿＿＿ ＿＿＿＿＿＿＿＿

▶▶▶ポイント確認ドリル

解答は別冊 P.7

1 ＿＿に適語を補って，原級－比較級－最上級の形にしなさい。2語の場合もあります。

原級	比較級	最上級
(1) fast	＿＿＿＿＿	＿＿＿＿＿
(2) famous	＿＿＿＿＿	＿＿＿＿＿
(3) beautiful	＿＿＿＿＿	＿＿＿＿＿
(4) early	＿＿＿＿＿	＿＿＿＿＿
(5) interesting	＿＿＿＿＿	＿＿＿＿＿
(6) popular	＿＿＿＿＿	＿＿＿＿＿
(7) slowly	＿＿＿＿＿	＿＿＿＿＿
(8) well	＿＿＿＿＿	best

2 次の各文の(　)内から適する語句を選んで，＿＿に書きなさい。

(1) Tom can run (faster, fastest) than his brother. ＿＿＿＿＿

(2) This book is (more, most) interesting than that one. ＿＿＿＿＿

(3) I study English as (hard, harder) as Mayumi. ＿＿＿＿＿

(4) Baseball is the (more, most) popular sport in Japan. ＿＿＿＿＿

(5) I get up (earlier, more early) than my sister. ＿＿＿＿＿

(6) Kate plays the piano (more well, better) than Jane. ＿＿＿＿＿

(7) Kate plays the piano the (better, best) in her school. ＿＿＿＿＿

(8) This book is (difficulter, more difficult) than that one. ＿＿＿＿＿

このページの単語・熟語

beautiful [bjúːtəfəl]（ビューティフル）：美しい　**fast** [fǽst]（ファスト）：速く　**famous** [féiməs]（フェイマス）：有名な
early [ə́ːrli]（アーリィ）：早く　**popular** [pápjələr]（パピュラァ）：人気のある　**slowly** [slóuli]（スロウリィ）：ゆっくりと
well [wél]（ウェル）：上手に

29

比較の文 ②
more ～, most ～の文 // 副詞の比較の文

月　日
点

1 下線部の誤りを正して，____に書きなさい。 （3点×4）

(1) I got there the most early of all today. ____

(2) This story is the more interesting of all. ____

(3) This book is most useful than that one. ____

(4) Tom came here late than Ken this morning. ____

2 次の英文を日本文になおしなさい。 （2点×3）

(1) This problem is more important than that one.
（　　　　　　　　　　　　　　　　　　　　）

(2) Junko speaks English the best of all the students.
（　　　　　　　　　　　　　　　　　　　　）

(3) This book is the most expensive in this bookstore.
（　　　　　　　　　　　　　　　　　　　　）

3 次の各組の文の内容がほぼ同じになるように，____に適語を入れなさい。 （完答4点×5）

(1) Soccer isn't as popular as baseball here.
Baseball is ____ ____ than soccer here.

(2) This book is easier than that one.
That book is ____ ____ than this one.

(3) Ken walked faster than Bob.
Bob walked ____ ____ than Ken.

(4) Kate can run faster than Judy.
Judy can't run as ____ ____ Kate.

(5) Tom came here earlier than any other boy in the class.
Tom came here ____ ____ ____ all the boys in the class.

1 ※重要※
(1) **slowly**(ゆっくりと), **quickly**(すばやく), **easily**(簡単に)のような形容詞の語尾に **-ly** をつけて副詞にしたものは, **more**, **most** をつけて比較級・最上級を作るが, **early** は形容詞に **-ly** をつけたものではないので, **earlier**, **earliest** となる。なお, **early** は形容詞としても用いられる。

2 (2)この文の best は副詞 well の最上級。

3 もとの文の意味は次の通り。
(1)「ここではサッカーは野球ほど人気がありません」
(2)「この本はあの本より簡単です」
(3)「健はボブより速く歩きました」
(4)「ケートはジュディーより速く走れます」
(5)「トムはクラスのほかのどの少年よりも早くここに来ました」

このページの単語・熟語
interesting [íntrəstiŋ]（インタレスティング）：おもしろい　**useful** [júːsfəl]（ユースフル）：役に立つ　**late** [léit]（レイト）：遅く
important [impɔ́ːrtənt]（インポータント）：重要な　**expensive** [ikspénsiv]（イクスペンスィヴ）：高価な
bookstore [búkstɔ̀ːr]（ブックストーア）：本屋

30

4 〔　〕内の指示にしたがい，同じ内容に書きかえなさい。（7点×2）

(1) Jim can't run as fast as you. 〔You で始めて比較級で〕

____

(2) Tom came here earlier than Bob. 〔Bob で始めて比較級で〕

____

5 次の語群を並べかえて，正しい英文にしなさい。（8点×3）

(1) This picture (in / the / most / beautiful / is / the / world).

This picture ______________________________.

(2) Please (more / slowly / speak / English).

Please ______________________________.

(3) Tom can (play / the / piano / Helen / as / as / well).

Tom can ______________________________.

6 次の日本文を英文になおしなさい。（8点×3）

(1) この本はあの本よりもおもしろかった。

____

(2) 私の母は家族の中でいちばん早く起きます。

____

(3) 私はあなたほど上手に料理ができません。

____

4 (1)比較級 faster を使ってどう表すかを考える。
(2)earlier(← early)と反対の意味を表す副詞を考える。

5 (1)「この絵は世界中でいちばん美しい」の意味の文に。
(2)「もっとゆっくり英語を話してください」の意味の文に。
(3)「トムはヘレンと同じくらい上手にピアノが弾けます」の意味の文に。

6 (1)「おもしろい」= interesting。過去の文になる。
(2)「家族」= family。「早く」= early。「起きる」= get up。
(3)「料理をする」= cook。「上手に」= well。

解答は別冊 P.7・8

さらに一歩！ ● -er, -est の形か more, most の形かの判断は？

more, most を使うのは，形容詞では，2音節語の大部分と3音節以上の語，-ful(useful), -less(careless), -ish(selfish), -ive(active), -ous(famous)などで終わる語です。diligent(勤勉な), interesting(おもしろい)は3音節以上の語になります。-ly で終わる副詞については30ページの右の欄を参考にしましょう。

family [fǽməli]（ファミリィ）：家族　**get up**：起きる　**cook** [kúk]（クック）：料理する　**careless** [kéərləs]（ケアレス）：不注意な
selfish [sélfiʃ]（セルフィッシュ）：わがままな　**active** [ǽktiv]（アクティヴ）：活動的な

31

比較の文 ③

🔊 32

チェック 11・12

1 チェック 11 like ~ better [the best]

人やものについて，**「(…よりも)～のほうが好きだ」**というときは，**〈like ～ better (than ...)〉**という形にする。また，**「(…の中で)～がいちばん好きだ」**というときは，**〈like ～ (the) best (of / in ...)〉**という形にする。

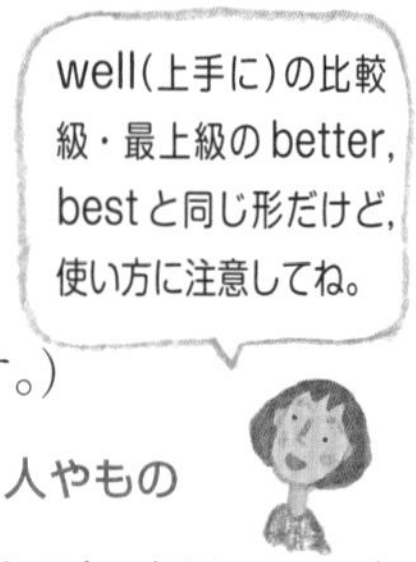

well(上手に)の比較級・最上級のbetter, bestと同じ形だけど，使い方に注意してね。

もとの文　I **like** summer.　(私は夏が好きです。)

比較級 ↓

比較級の文　I **like** summer **better**.　(私は夏のほうが好きです。)

↓ than 以下に比較する人やもの

I **like** summer **better** **than** winter.(私は冬より夏が好きです。)

最上級の文　I **like** summer **(the) best**.　(夏がいちばん好きです。)

最上級 ↓　　↓ of〔in〕以下に範囲や場所など

I **like** summer **(the) best** **of** the four seasons.

(四季の中で夏がいちばん好きです。)

like ～ the bestのbestも副詞だから，theは省略できるね。

- I **like** Tokyo **better than** New York or London.
  (私はニューヨークやロンドンよりも東京が好きです。)
- I **like** Tokyo **better than** any other city in the world.
  (私は世界のほかのどの都市よりも東京が好きです。)
- I **like** Tokyo **the best of** all the cities in the world.
  (私は世界中のすべての都市で東京がいちばん好きです。)

2 チェック 12 疑問詞で始まる比較の文

これまでの比較級・最上級を用いて，次のような疑問詞で始まる疑問文を作ることができる。

- ***Which*** do you **like better**, summer or winter? (夏と冬ではどちらが好きですか。)
  ── I **like** ***summer*** **better**.　(夏のほうが好きです。)
- ***Which*** season do you **like the best**?　(あなたはどの季節がいちばん好きですか。)
  ── I **like** ***summer*** **the best**.　(夏がいちばん好きです。)
- ***Who*** can run **the fastest in** the class? (クラスでだれがいちばん速く走れますか。)
  ── ***Bob*** can.　(ボブです。)

●最重要文の練習● 次の英文を＿＿＿に書きましょう。

⑬ **I like summer better than winter.** （私は冬より夏が好きです。）

like　　better than

＿＿＿＿＿＿＿＿＿＿＿＿＿＿＿＿＿＿＿＿

⑭ **I like summer the best.** （私は夏がいちばん好きです。）

like　　the best.

＿＿＿＿＿＿＿＿＿＿＿＿＿＿＿＿＿＿＿＿

▶▶▶ポイント確認ドリル

解答は別冊 P.8

1 次の各文の( )内から適する語句を選んで，＿＿に書きなさい。

(1) I like English (better, the best) than math. ＿＿＿＿＿＿

(2) I like math and English very (much, better). ＿＿＿＿＿＿

(3) I like soccer (better, the best) of all sports. ＿＿＿＿＿＿

(4) I like Tokyo (better, the best) than London. ＿＿＿＿＿＿

(5) I like Tokyo (better, the best) in the world. ＿＿＿＿＿＿

(6) I like Tokyo better (than, in) the other cities in Japan. ＿＿＿＿＿＿

2 ＿＿に適語を入れて，問答文を完成しなさい。

(1) Which do you like ＿＿＿＿＿＿, dogs or cats?

―― I like dogs better.

(2) Which month do you like the best?

―― I like May the ＿＿＿＿＿＿. We have many holidays in that month.

3 次の語群を日本文に合うように並べかえて，全文を書きなさい。

(1) だれがあなたより上手に踊れますか。 Who can (than / dance / better) you?

＿＿＿＿＿＿＿＿＿＿＿＿＿＿＿＿＿＿＿＿＿＿＿＿＿＿＿＿

(2) 私は日曜日より土曜日が好きです。 I like (Saturday / than / better / Sunday).

＿＿＿＿＿＿＿＿＿＿＿＿＿＿＿＿＿＿＿＿＿＿＿＿＿＿＿＿

このページの単語・熟語

summer [sʌ́mər]（サマァ）:夏　**winter** [wíntər]（ウィンタァ）:冬　**math** [mæθ]（マス）:数学　**sport** [spɔ́ːrt]（スポート）:スポーツ
city [síti]（スィティ）:都市　**month** [mʌ́nθ]（マンス）:(暦の)月　**holiday** [hɑ́lədèi]（ハリデイ）:休日　**dance** [dǽns]（ダンス）:踊る

33

比較の文 ③
like ~ better[the best] // 疑問詞で始まる比較の文

月　日
点

1 下線部の誤りを正して，____に書きなさい。（2点×4）

(1) I like tennis best than baseball. ____________
(2) I like winter the best in the four seasons. ____________
(3) I like this picture the better of them all. ____________
(4) What is more important, this or that? ____________

2 次の英文の下線部に適語を入れ，日本文に相当する英文を完成しなさい。（完答4点×5）

(1) 5人の中ではだれがいちばん年上ですか。
____________ is the oldest ____________ the five?
(2) 私は世界中であなたがいちばん好きです。
I like you ____________ ____________ in the world.
(3) あなたは何の花がいちばん好きですか。
____________ flower do you like the ____________?
(4) 当地で最も有名な人はだれですか。
____________ is the ____________ famous person here?
(5) 私は魚より肉のほうがずっと好きです。
I like meat ____________ ____________ than fish.

3 それぞれの問いに対する答えの文を下から1つずつ選び，記号で答えなさい。（2点×4）

(1) Who can run faster, you or Ken? 〔　　〕
(2) Which do you like better, tennis or soccer? 〔　　〕
(3) Which is more useful, iron or gold? 〔　　〕
(4) What color do you like the best? 〔　　〕

ア I like blue the best.　　イ Ken can.
ウ I like soccer better.　　エ Iron is.

1 (1) than があるから比較級に。
(2) あとに the four ... と続いていることに注意。
(3) the, of があるので最上級に。
(4) 不特定のものには What を使うが，限定されたものには Which を使う。

2 (1)「だれ？」とあることに注目。
(2) 最上級の文。
(3)「何の？」とあることに注意。これは不特定なものになる。
(4) famous には more, most を使う。
(5) 比較級の意味を強めるのは very ではない。

3 重要
(2)・(4)のように，疑問詞のあとに like ~ better[the best] が続く疑問文では，答えの文でも，like ~ better[the best] とし，better や the best は省略しないのがふつう。ただし，than 以下や of[in] 以下は省略してよい。

このページの単語・熟語

season [sí:zn]（スィーズン）：季節　person [pə́:rsn]（パースン）：人　meat [mí:t]（ミート）：肉　fish [fíʃ]（フィッシュ）：魚
useful [jú:sfəl]（ユースフル）：役に立つ　iron [áiərn]（アイアン）：鉄　gold [góuld]（ゴウルド）：金　color [kʌ́lər]（カラァ）：色

34

4 〔　〕内の指示にしたがって書きかえなさい。（8点×2）

(1) He likes <u>this</u> picture better. 〔下線部をたずねる疑問文に〕

＿＿＿＿＿＿＿＿＿＿＿＿＿＿＿＿＿＿＿＿＿＿＿＿

(2) You like <u>baseball</u> the best. 〔下線部をたずねる疑問文に〕

＿＿＿＿＿＿＿＿＿＿＿＿＿＿＿＿＿＿＿＿＿＿＿＿

5 次の語群を並べかえて，正しい英文にしなさい。（8点×3）

(1) Do (than / dogs / like / you / better) cats?

Do ＿＿＿＿＿＿＿＿＿＿＿＿＿＿＿＿＿＿＿＿ cats?

(2) (the / came / earliest / who / to / school) today?

＿＿＿＿＿＿＿＿＿＿＿＿＿＿＿＿＿＿＿＿＿＿ today?

(3) What (best / subject / the / do / like / you)?

What ＿＿＿＿＿＿＿＿＿＿＿＿＿＿＿＿＿＿＿＿＿?

6 次の日本文を英文になおしなさい。（8点×3）

(1) あなたは花より動物のほうが好きだったのですか。

＿＿＿＿＿＿＿＿＿＿＿＿＿＿＿＿＿＿＿＿＿＿＿＿

(2) あなたのクラスでだれがいちばん背が高いですか。―― 健です。

＿＿＿＿＿＿＿＿＿＿＿＿＿＿＿＿＿＿＿＿＿＿＿＿

(3) 地球上でいちばん大きな動物は何ですか。―― クジラです。

＿＿＿＿＿＿＿＿＿＿＿＿＿＿＿＿＿＿＿＿＿＿＿＿

4 (1)「どちらの絵」で始まる疑問文にする。
(2)「何のスポーツ」で始まる疑問文にする。

5 次の意味の文を作る。
(1)「あなたはネコより犬のほうが好きなのですか」
(2)「だれが今日学校にいちばん早く来ましたか」
(3)「あなたは何の教科がいちばん好きですか」

6 (1)比較級を用いた一般動詞過去の疑問文になる。「花」「動物」は複数形に。「動物」＝animal。

チェック2

(2)「クラス」＝class。最上級を使う。
(3)「地球上で」＝on the earth。
「クジラ」＝whale。
質問の文，答えの文ともに単数形で考える。

解答は別冊 P.8・9

さらに一歩！ ●比較の文の否定文はどうなりますか？

作り方はこれまでと同じです。ただし，最上級は「いちばん～というわけではない」の意味になります。

His car **isn't newer** than mine.　（彼の車は私のより新しくありません。）

His car **isn't the newest**.　（彼の車がいちばん新しいというわけではありません。）

picture [píktʃər]：絵，写真　**baseball** [béisbɔ̀ːl]：野球　**cat** [kǽt]：ネコ　**came** [kéim]：come(来る)の過去形

today [tədéi]：今日　**subject** [sʌ́bdʒikt]：学科，科目　**earth** [ə́ːrθ]：(the をつけて)地球

35

過去の文(1) / 過去の文(2) / 比較の文

1 正しい英文になるように，(　)内から適切な語句を選び，その記号に○をつけなさい。

(3点×5)

1 I (ア am　イ was) very busy yesterday.

2 He (ア goes　イ went) to the zoo last week.

3 We were (ア swimming　イ swim) in the pool yesterday morning.

4 Who can sing the (ア better　イ best) in your class?

5 Come to school (ア earlier　イ more early) tomorrow.

2 次の英文を日本文になおしなさい。 (5点×2)

1 Jane was not speaking English. She was speaking French.

(　　　　　　　　　　)

2 My brother got up the latest in my family this morning.

(　　　　　　　　　　)

3 次の英文の下線部に適語を入れ，問答文を完成しなさい。 (完答3点×5)

1 ＿＿＿＿＿ you swim in the river yesterday?

── No, I didn't.

2 ＿＿＿＿＿ you busy yesterday evening?

── Yes, I was.

3 ＿＿＿＿＿ were you studying this morning?

── I was studying in my room.

4 ＿＿＿＿＿ is longer, the Shinano River or the Tone River?

── The Shinano River is.

5 ＿＿＿＿＿ sport do you like the best?

── I like baseball the ＿＿＿＿＿.

このページの単語・熟語

busy [bízi]（ビズィ）：忙しい　**zoo** [zúː]（ズー）：動物園　**pool** [púːl]（プール）：プール　**sing** [síŋ]（スィング）：歌う
speak [spíːk]（スピーク）：話す　**French** [fréntʃ]（フレンチ）：フランス語　**get up**：起きる　**late** [léit]（レイト）：遅く
river [rívər]（リヴァ）：川

36

4 次の英文を〔　〕内の指示にしたがって書きかえなさい。 （6点×4）

1 Helen had a pretty doll. 〔疑問文に〕

2 They were <u>playing tennis</u> in the park. 〔下線部をたずねる疑問文に〕

3 Mt. Fuji is more beautiful than any other mountain in Japan.
〔最上級でほぼ同じ内容の文に〕

4 Mary is older than Kate. 〔Kate を主語にして，ほぼ同じ内容の文に〕

5 次の語群を並べかえて，日本文に合う英文にしなさい。ただし，不要な語が1つずつあります。 （8点×2）

1 私はほかのどの教科よりも英語が好きです。
(like / subject / English / I / than / best / any / other / better / .)

2 私は3年前にはずっと背が低かった。
(was / very / much / I / three / ago / shorter / years / .)

6 次の日本文を英文になおしなさい。 （10点×2）

1 だれが川で泳いでいましたか。―― 純子(じゅんこ)と真知子(まちこ)です。

2 私は久美(くみ)ほど上手に英語を話せませんが，和夫(かずお)と同じくらいにうまく話せます。

pretty [príti](プリティ):かわいらしい **doll** [dál](ダル):人形 **mountain** [máuntən](マウンテン):山
subject [sʌ́bdʒikt](サブヂェクト):学科，科目 **ago** [əgóu](アゴウ):～前に **well** [wél](ウェル):上手に，うまく

37

過去の文(1) / 過去の文(2) / 比較の文

1 正しい英文になるように，(　)内から適切な語句を選び，その記号に○をつけなさい。（3点×5）

1 They were washing the car (ア now　イ then).
2 Jim (ア was　イ were) in Japan five years ago.
3 Ken is (ア taller　イ more tall) than his brother.
4 This story is the most interesting (ア in　イ of) all.
5 I can run as (ア fast　イ fastest) as my father.

2 次の英文を日本文になおしなさい。（5点×2）

1 I didn't know his name, but he knew my name.
(　　　　　　　　　　　　　　　　　　　　　　)
2 You can see the scene better from here.
(　　　　　　　　　　　　　　　　　　　　　　)

3 次の英文の下線部に適語を入れ，問答文を完成しなさい。（完答3点×5）

1 Was he a college student three years ago?
—— No, he ________.
2 Did you ________ this book?
—— No, I didn't.　I wrote that one.
3 ________ is older, you or Jane?
—— Jane is.
4 ________ do you like better, lilies or roses?
—— I like roses ________.
5 ________ this hat more expensive ________ that one?
—— Yes, it is.

このページの単語・熟語
knew [n(j)ú:]：know(知っている)の過去形　**scene** [sí:n]：景色，ながめ
from here：ここから　**college student**：大学生　**wrote** [róut]：write(書く)の過去形
expensive [ikspénsiv]：高価な
38

4 次の英文を〔 〕内の指示にしたがって書きかえなさい。 （6点×4）

1 His brothers were very kind to you. 〔疑問文に〕

2 I came here by bus. 〔否定文に〕

3 Jane likes this flower the best. 〔下線部をたずねる疑問文に〕

4 Jim can't run as fast as you.

〔You を主語にして，比較級を用いてほぼ同じ内容の文に〕

5 次の語群を並べかえて，日本文に合う英文にしなさい。ただし，不要な語が1つずつあります。 （8点×2）

1 あなたは昨夜よく眠りましたか。

(sleep / were / you / night / well / did / last / ?)

2 彼女は世界で最も人気のある歌手です。

(she / singer / more / the / in / most / popular / world / the / is / .)

6 次の日本文を英文になおしなさい。 （10点×2）

1 私は今朝朝食を食べませんでした。

2 昨夜あなたの家族でだれがいちばん早く寝ましたか。―― 私です。

came [kéim]（ケイム）:come(来る)の過去形 **by bus**:バスで **fast** [fǽst]（ファスト）:速く **sleep** [slíːp]（スリープ）:眠る
well [wél]（ウェル）:よく，十分に **breakfast** [brékfəst]（ブレックファスト）:朝食 **go to bed**:寝る

39

セクション 4

40

There is[are]～. の文

チェック 13・14

1 チェック 13 There is[are]～. の肯定文

「～がある〔いる〕」という場合，不特定の(「私の～」とか「その～」とかのつかない)ものについては，**〈There is[are]～.〉**という形を使う。過去形なら was, were を使う。～にくる語が単数形なら is[was]を，複数形なら are[were]になる。この表現では場所を表す語句とともに使われる。

単数形 **There** **is** ***a desk*** in the room.（部屋に机が1つあります。）

↑ 単数形 ↓ 複数形　　↕ 場所を表す語句

複数形 **There** **are** ***two parks*** in my town.(私の町には公園が2つあります。)

✓注 特定のものが「ある〔いる〕」という場合は，その語句を主語にして be 動詞を続け，そのあとに場所を表す語句がくる。My pen is on the desk. のようになる。

2 チェック 14 There is[are]～. の否定文・疑問文

1 There is[are]～. の否定文

これまでの be 動詞の文と同じように，be 動詞のあとに not を入れる。名詞の前に no を置いて否定の意味にすることもある。

- **There is not** a bed in my room. （私の部屋にベッドはありません。）
- **There were not** any flowers here.(= There were ***no*** flowers here.)
  (ここには花が1本もありませんでした。)

2 There is[are]～. の疑問文

疑問文は be 動詞を there の前に出し，答えの文にも there を使う。

- **Are there** any boys in the park? （公園に少年たちはいますか。）

—答え方— Yes, **there are**. （はい，います。）
No, **there are not[aren't]**. （いいえ，いません。）

「～がいくつありますか」と数をたずねるには**〈How many＋名詞の複数形＋are there ...?〉**の形に，「何がある〔いる〕か」をたずねるには**〈What is ＋場所を表す語句 ?〉**の形にする。

- ***How many colleges*** **are there** in the city? （その市には大学がいくつありますか。）
  —— **There are** ***two*** (***colleges***).(2つあります。) 〔数字のあとの名詞は省略可能〕
- **What is** in the box? [← What are とはしない] （箱の中には何がありますか。）
  —— **There is** a ball. / **There are** two balls. (ボールが1こ〔2こ〕あります。)

●最重要文の練習● 次の英文を＿＿＿＿に書きましょう。

⑮ **There is a pen in the box.** （箱の中にペンが1本あります。）

There is ＿＿＿＿＿＿＿＿＿＿＿＿ ＿＿＿＿＿＿＿＿＿＿＿＿

⑯ **Is there a book on the desk?** （机の上に本がありますか。）

Is there ＿＿＿＿＿＿＿＿＿＿ ? ＿＿＿＿＿＿＿＿＿＿＿＿

▶▶▶ポイント確認ドリル

解答は別冊 P.10

1 次の各文の＿＿に is か are のいずれかを書きなさい。

(1) There ＿＿＿＿＿＿ a map on the wall.

(2) There ＿＿＿＿＿＿ some children in the house.

(3) There ＿＿＿＿＿＿ three books in my bag.

(4) There ＿＿＿＿＿＿ an apple on the table.

(5) There ＿＿＿＿＿＿ a cat under the tree.

(6) There ＿＿＿＿＿＿ a lot of books in this room.

2 各文を(1)・(2)は否定文に，(3)・(4)は疑問文に書きかえるとき，＿＿に適する語を書きなさい。

(1) There is a book on the desk. There is ＿＿＿＿＿＿ a book on the desk.

(2) There are many books here. There ＿＿＿＿＿＿ not many books here.

(3) There is an apple on the table. ＿＿＿＿＿＿ there an apple on the table?

(4) There are two balls in the box. Are ＿＿＿＿＿＿ two balls in the box?

3 次の英文を日本文になおしなさい。

(1) There is an English book under the table.

（　　　　　　　　　　　　　　　　　　　　　　）

(2) Your English book is under the table.

（　　　　　　　　　　　　　　　　　　　　　　）

このページの単語・熟語

in [ín]：〜の中に　**on** [án]：〜の上に，〜に接して　**map** [mǽp]：地図　**wall** [wɔ́:l]：壁，へい
children [tʃíldrən]：child（子ども）の複数形　**under** [ʌ́ndər]：〜の下に　**tree** [trí:]：木

41

There is[are]～. の文

There is[are] ～. の肯定文 // There is[are] ～. の否定文・疑問文

月　　日

点

1 絵に合うように，＿＿に適する前置詞を書きなさい。　（２点×４）

(1) There is a dog
＿＿＿＿＿ the table.

(2) There are two apples
＿＿＿＿＿ the table.

(3) There are some flowers
＿＿＿＿＿ the vase.

(4) There are two pictures
＿＿＿＿＿ the wall.

1 (1)「テーブルの下に犬がいます」
(2)「テーブルの上にリンゴが２こあります」
(3)「花びん中に数本の花があります」
(4)「壁に２枚の絵がかかっています」

2 次の各組の文の内容がほぼ同じになるように，＿＿に適語を入れなさい。　（４点×３）

(1) { A week has seven days.
There ＿＿＿＿＿ seven days in a week.

(2) { We had a concert in our school yesterday.
There ＿＿＿＿＿ a concert in our school yesterday.

(3) { We don't have any foreign students in our school.
There ＿＿＿＿＿ any foreign students in our school.

2 (1)下の文の in a week の in にも注意する。
(2) had は have の過去形。There is ～. の文を過去形にすることを考える。
☞チェック 3
(3)この空所には短縮形が入る。上の文は否定文であることに注意。

3 それぞれの問いに対する答えの文を下から１つずつ選び，記号で答えなさい。　（４点×４）

(1) Are there any bookstores around here?　〔　　〕
(2) Was there a pencil on the desk?　〔　　〕
(3) How many lions are there in the zoo?　〔　　〕
(4) What is on the table?　〔　　〕

ア There are five.　　イ Yes, there are.
ウ There are some apples.　　エ No, there wasn't.

3 質問の意味は次の通り。
(1)「このあたりに本屋はありますか」
(2)「机の上にえんぴつがありましたか」
(3)「その動物園には何頭のライオンがいますか」
(4)「テーブルの上に何がありますか」

このページの単語・熟語

vase (ヴェイス) [véis]：花びん　**week** (ウィーク) [wí:k]：週，１週間　**day** (デイ) [déi]：日，１日
concert (カンサァト) [kánsərt]：コンサート　**foreign** (フォーリン) [fɔ́:rin]：外国の　**around** (アラウンド) [əráund]：～の近くに
lion (ライオン) [láiən]：ライオン

42

4 〔　〕内の指示にしたがって書きかえなさい。　（8点×4）

(1) There is a college in my city. 〔否定文に〕

____

(2) There were some pictures on the wall. 〔否定文に〕

____

(3) There are some glasses on the table. 〔疑問文に〕

____

(4) There are <u>four</u> koalas in the zoo. 〔下線部をたずねる疑問文に〕

____

4 (1) be動詞のある文を否定文にするには，be動詞のあとにnotを入れる。
(2) someを何にかえればよいか。wereはareの過去形。
チェック 3・4
(3)疑問文はbe動詞をthereの前に出す。someの取り扱いに注意する。
(4)数をたずねる疑問文になる。

5 次の語群を並べかえて，正しい英文にしなさい。　（8点×2）

(1) (on / a / hill / the / there / was / church) five years ago.

________________________________ five years ago.

(2) (many / in / there / balls / box / are / the / ?)

____

5 それぞれ次の意味の文にする。
(1)「5年前には丘の上に教会がありました」
(2)「箱の中にたくさんのボールがありますか」

6 次の日本文を英文になおしなさい。　（8点×2）

(1) 京都には多くの美しい寺があります。

____

(2) あなたの学校には何人の生徒がいますか。―― 500人います。

____

6 (1)「多くの」＝a lot of ～, many ～。「寺」＝temple。
(2)「生徒」＝student。「500(の)」＝five hundred。

解答は別冊 P.10・11

●覚えよう● 場所を表す語句

- **in ～**（～の中に）：***in*** the box, in America
- **on ～**（～の上に）：***on*** the desk, ***on*** the wall（壁に(接して)）
- **near ～**（～の近くに）：***near*** the park
- **by ～**（～のそばに）：***by*** the table
- **at ～**（～のところに）：***at*** the door
- **under ～**（～の下に）：***under*** the table
- **here**（ここに）
- **over there**（向こうに）

college [kálidʒ]（カレッヂ）：大学　**city** [síti]（スィティ）：都市，市　**glass** [glǽs]（グラス）：グラス，コップ　**koala** [kouáːlə]（コウアーラ）：コアラ
hill [híl]（ヒル）：丘　**church** [tʃə́ːrtʃ]（チャーチ）：教会　**temple** [témpl]（テンプル）：寺　**hundred** [hʌ́ndrəd]（ハンドゥレッド）：100(の)

43

未来の文 ①

チェック 15

1 チェック 15 be going to ～ —肯定文・否定文・疑問文—

1 be going to ～の肯定文

現在の状態や習慣を表すには，動詞を現在形にして使うが，未来のことについて**「～するつもりだ」「～する予定だ」「～するだろう」**と言うときには，動詞の原形の前に be going to を使い，**〈be going to ～(動詞の原形)〉**の形にする。be 動詞は主語に合わせて使い分ける。

現在の文 I ***wash*** the car *every day*.

（主語に合わせる） （動詞の原形） （私は毎日その車を洗います。）

未来の文 I **am going to** ***wash*** the car *tomorrow*.

（私は明日その車を洗うつもりです。）

My brother **is going to *be*** an English teacher.

（私の兄〔弟〕は英語の先生になるつもりです。）

2 be going to ～の否定文

be 動詞のあとに not を入れて，**〈be not going to ～〉**の形になる。

I'**m not going to *play*** baseball this afternoon.

（私は今日の午後野球をするつもりはありません。）

Tom **isn't going to *watch*** the game tomorrow.

（トムは明日その試合を見るつもりはありません。）

be 動詞の原形はすべて be になるんだね。
be 動詞のある文の否定文は，どれも be 動詞のあとに not を入れるのね。

3 be going to ～の疑問文

be 動詞を主語の前に出し，**〈Be動詞＋主語＋going to ～?〉**の形にする。答えにも be 動詞を使う。

Is he **going to *visit*** Kyoto today? （彼は今日京都を訪ねるつもりですか。）

—答え方— Yes, he **is**. （はい，そのつもりです。）
No, he **isn't[is not]**. （いいえ，そのつもりはありません。）

次のような疑問詞で始まる疑問文も作ることができる。

What **are** you **going to** do tomorrow? （あなたは明日何をするつもりですか。）

— I'**m going to *visit my uncle***. （おじを訪ねるつもりです。）

未来の文によく使われる語句	tomorrow（明日） tomorrow morning[afternoon]（明日の朝〔午後〕） next Sunday（今度の日曜日） next week[month, year]（来週〔来月，来年〕） some day（いつか） soon（間もなく，すぐに） in the future（将来）

●最重要文の練習● 次の英文を＿＿＿に書きましょう。

⑰ **I am going to wash the car.** （私はその車を洗うつもりです。）

I am going to wash ＿＿＿＿＿＿＿＿

⑱ **He is going to be a teacher.** （彼は先生になるつもりです。）

He is going to be ＿＿＿＿＿＿＿＿

▶▶▶ポイント確認ドリル

解答は別冊 P.11

1 次の各文の＿＿に is, am, are のいずれかを書きなさい。

□(1) He ＿＿＿＿＿＿ going to visit you tomorrow.

□(2) I ＿＿＿＿＿＿ going to go to the park.

□(3) They ＿＿＿＿＿＿ going to help your mother.

□(4) We ＿＿＿＿＿＿ going to climb the mountain.

□(5) The children ＿＿＿＿＿＿ going to stay here tonight.

2 各文を(1)・(2)は否定文に，(3)・(4)は疑問文に書きかえるとき，＿＿に適する語を書きなさい。

□(1) I'm going to wash my bike. I'm ＿＿＿＿＿＿ going to wash my bike.

□(2) He is going to read the book. He ＿＿＿＿＿＿ going to read the book.

□(3) You are going to buy the car. ＿＿＿＿＿＿ you going to buy the car?

□(4) She is going to play tennis. Is ＿＿＿＿＿＿ going to play tennis?

3 次の語群を日本文に合うように並べかえて，全文を書きなさい。

□(1) 私は今日その試合を見るつもりです。 (am / to / I / going) watch the game today.

＿＿＿＿＿＿＿＿＿＿＿＿＿＿＿＿＿＿＿＿

□(2) あなたは川で泳ぐつもりですか。 (you / going / to / are) swim in the river?

＿＿＿＿＿＿＿＿＿＿＿＿＿＿＿＿＿＿＿＿

このページの単語・熟語

visit [vízit]（ヴィズィット）：訪ねる **climb** [kláim]（クライム）：登る **mountain** [máuntən]（マウンテン）：山
stay [stéi]（ステイ）：滞在する **tonight** [tənáit]（トゥナイト）：今夜は **buy** [bái]（バイ）：買う **watch** [wátʃ]（ワッチ）：見る
game [géim]（ゲイム）：試合

45

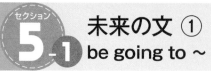

未来の文 ①
be going to ～ ―肯定文・否定文・疑問文―

月　日　点

1 下線部の誤りを正して，＿に書きなさい。（2点×4）

(1) Tom is going to <u>writes</u> a letter. ＿＿＿＿

(2) Kate is going to <u>is</u> a teacher. ＿＿＿＿

(3) I <u>don't am</u> going to stay here. ＿＿＿＿

(4) <u>Do you are</u> going to buy the book? ＿＿＿＿

2 次の英文を日本文になおしなさい。（2点×2）

(1) I'm not going to help you with your homework.

(　　　　　　　　　　)

(2) It's going to rain this afternoon.

(　　　　　　　　　　)

3 ＿に適語を入れて，問答文を完成しなさい。（完答4点×2）

(1) Is your brother going to work in your office?

― No, he ＿＿＿＿.

＿＿＿＿ going to work in Ken's office.

(2) ＿＿＿＿ is going to teach English this year?

― Ms. Yamada is.

4 それぞれの問いに対する答えの文を下から1つずつ選び，記号で答えなさい。（4点×4）

(1) Are you going to stay in America?〔　〕

(2) Where are you going to stay this summer?〔　〕

(3) How are you going to come here tomorrow?〔　〕

(4) Is it going to snow this evening?〔　〕

ア Yes, it is.　イ In Canada.

ウ No, I'm not.　エ I'm going to walk.

1 (1) to のあとは動詞の原形。
(2) be 動詞の原形は何か。
(3) be going to の否定文に。
(4) be going to の疑問文に。

2 (1)否定文になっている。help ～ with ... の表現にも注意しておこう。
(2)「雨が降るつもりです」ではおかしい。

3 (1)「あなたの弟さんはあなたの会社で働くつもりですか」―「いいえ。彼は健の会社で働くつもりです」
(2)「今年はだれが英語を教える予定ですか」―「山田先生です」

4 (1)「あなたはアメリカに滞在するつもりですか」
(2)「あなたはこの夏どこに滞在するつもりですか」
(3)「明日どうやってここに来るつもりですか」
(4)「今晩雪になりそうですか」

このページの単語・熟語

letter [létər]（レタァ）：手紙　**help ～ with ...**：～の…を手伝う　**rain** [réin]（レイン）：雨が降る
this afternoon：今日の午後　**work** [wə́ːrk]（ワーク）：働く　**office** [ɔ́ːfis]（オーフィス）：会社，事務所
this year：今年　**snow** [snóu]（スノウ）：雪が降る

46

5 〔　〕内の指示にしたがって書きかえなさい。　（8点×4）

(1) Jane washes her bike. 〔this afternoon を加えて未来の文に〕

____

(2) He is going to talk about the novel. 〔否定文に〕

____

(3) You are going to meet him at the station. 〔疑問文に〕

____

(4) She is going to see Ken <u>this week</u>. 〔下線部をたずねる疑問文に〕

____

6 次の語群を並べかえて，正しい英文にしなさい。　（8点×2）

(1) What (you / up / time / going / to / get / are) tomorrow?

What ______________________ tomorrow?

(2) (I / not / drive / am / to / going) the car.

______________________ the car.

7 次の日本文を英文になおしなさい。　（8点×2）

(1) 私は今日の午後彼女に手紙を書くつもりです。

____

(2) あなたは明日何をするつもりですか。―― 勉強するつもりです。

____

5 (1)be going to の文に。to のあとは原形。
(2)否定文は be 動詞のあとに not。
(3)疑問文は be 動詞を主語の前に出す。
(4)「彼女はいつ健に会うつもりですか」という文を作る。時をたずねるには何を使うのかを考える。

6 次の意味の文を作る。
(1)「あなたは明日何時に起きるつもりですか」
「起きる」= get up。
(2)「私はその車を運転するつもりはありません」
「運転する」= drive。

7 (1)「～に手紙を書く」= write (a letter) to ～。
(2)「～をする」= do。What で始める。

解答は別冊 P.11・12

さらに一歩！ ● **be going to は「～するつもり」以外の意味はないのですか？**

単純に未来を表したり，状況からみた予想を表すこともあります。どれかは前後関係から判断します。

I'm going to be fifteen next month.　(私は来月15歳になります。)〈単純な未来〉

It'**s going to** rain this afternoon.　(今日の午後は雨になりそうです。)〈予想〉

talk about ～:～について話す　**novel** [nάvl](ノヴル):小説　**meet** [míːt](ミート):会う　**station** [stéiʃən](ステイション):駅
get up:起きる　**drive** [dráiv](ドゥライヴ):運転する　**write to ～**:～に手紙を書く

47

セクション 5-2

未来の文 ②

48

チェック 16

1 チェック16 will —肯定文・否定文・疑問文—

1 willの肯定文

未来のことを表すのに，be going to のほかに will を使って**〈will＋動詞の原形〉**でも表すことができる。will は can と同じ助動詞なので，主語によってこの形が変わることはない。

- I **will** ***take*** you to the park tomorrow.（明日公園へ連れて行ってあげましょう。）
  └ 主語に関係なく〈will ＋動詞の原形〉
- My brother **will** ***be*** just ten next month. （弟は来月ちょうど10歳になります。）

＊**will の短縮形**：I will → I'll　we will → we'll　you will → you'll　he will → he'll　she will → she'll　it will → it'll　they will → they'll

参考 will の文でも be going to の文でも，「～するつもりだ」と主語の意志を含むものを「意志未来」，「～だろう」と単なる未来を表すものを「単純未来」という。上の 2 つの文では，上の文が意志未来，下の文が単純未来の文である。

2 willの否定文

will のあとに not を入れて，**〈will not＋動詞の原形〉**の形になる。
will not の短縮形は won't（発音は［wóunt］（ウォウント））となる。

- I **will not［won't］** ***be*** busy tomorrow afternoon.
  （私は明日の午後は忙しくないでしょう。）
- I **won't** ***go*** to the party tonight. （私は今夜パーティーに行かないつもりです。）

3 willの疑問文

will を主語の前に出して，**〈Will＋主語＋動詞の原形 ～?〉**の形になる。答えにも will を使う。

- **Will** he ***come*** to the party? （彼はパーティーに来るでしょうか。）

—答え方—
- Yes, he **will**. （はい，来るでしょう。）
- No, he **will not［won't］**. （いいえ，来ないでしょう。）

be going to と同じように，疑問詞で始まる疑問文も作ることができる。

- ***Where*** **will** they play tennis?（彼らはどこでテニスをするつもりですか〔でしょうか〕。）
  —— They**'ll** play tennis ***in the park***. （公園でするつもりです〔でしょう〕。）
- ***Who*** **will** come to the party? （だれがパーティーに来る予定ですか。）
  —— ***My friends*** **will**. （私の友だちです。）

●最重要文の練習● 次の英文を______に書きましょう。

⑲ **I will take you to the park.** （あなたを公園に連れて行ってあげましょう。）

I will take you

⑳ **I will not be busy tomorrow.** （私は明日忙しくないでしょう。）

I will not be

▶▶▶ポイント確認ドリル

解答は別冊 P.12

1 次の各文の( )内から適する語を選んで，____に書きなさい。

(1) I will (go, went) to the zoo tomorrow. ________

(2) She (will, wills) write a letter to me. ________

(3) Tom will (stay, stays) in New York next week. ________

(4) We will (are, be) free this evening. ________

(5) It (is, will) rain this afternoon. ________

2 各文を(1)・(2)は否定文に，(3)・(4)は疑問文に書きかえるとき，____に適する語を書きなさい。

(1) I will help you today. I will ________ help you today.

(2) He will go to the store. He ________ go to the store.

(3) She will come here today. ________ she come here today?

(4) It will be cloudy tomorrow. Will ________ be cloudy tomorrow?

3 次の語群を日本文に合うように並べかえて，全文を書きなさい。

(1) 私は明日その新しい本を買うつもりです。 (will / buy / I) the new book tomorrow.

(2) 私は今度の土曜日は忙しくないでしょう。 (not / be / I / will) busy next Saturday.

このページの単語・熟語

busy ビズィ [bízi]：忙しい **zoo** ズー [zúː]：動物園 **stay** ステイ [stéi]：滞在する **next week**：来週
free フリー [fríː]：ひまな **this evening**：今晩 **rain** レイン [réin]：雨が降る **cloudy** クラウディ [kláudi]：くもった

49

セクション 5-2

未来の文 ②

will —肯定文・否定文・疑問文—

月　日

点

1 下線部の誤りを正して，＿＿に書きなさい。（2点×4）

(1) My father will <u>is</u> very busy tomorrow. ＿＿＿＿＿＿

(2) I will <u>took</u> you to the library now. ＿＿＿＿＿＿

(3) I <u>don't will</u> go there tomorrow. ＿＿＿＿＿＿

(4) How many people will <u>came</u> to the party? ＿＿＿＿＿＿

1 (1) be動詞の原形は何か。
(2) tookは原形か。
(3) willの否定文はどのような形になるのか。
(4) cameは原形か。

2 次の英文を日本文になおしなさい。（2点×2）

(1) How old will you be next month?

(　　　　　　　　　　　　　　　　　　　　)

(2) I will not go to the library after school today.

(　　　　　　　　　　　　　　　　　　　　)

2 (1)疑問詞の部分にHow old(何歳)がきたもの。
(2)話者の意志を表す意志未来の否定文である。

3 次の各組の文の内容がほぼ同じになるように，＿＿に適語を入れなさい。（4点×2）

(1) I'm going to wash the car tomorrow.
I ＿＿＿＿＿＿ wash the car tomorrow.

(2) He isn't going to visit England next year.
He ＿＿＿＿＿＿ visit England next year.

3 (1) be going toをwillに置きかえる。
(2)上の文は否定文なので，下の文の空所にはwill notの短縮形が入る。

4 それぞれの問いに対する答えの文を下から1つずつ選び，記号で答えなさい。（4点×4）

(1) Will he come to the party? 〔　　〕

(2) Will it be fine tomorrow? 〔　　〕

(3) Who will buy the expensive car? 〔　　〕

(4) Where will they have the party? 〔　　〕

ア At Tom's house.　　イ Yes, he will.

ウ Mr. Smith will.　　エ No, it won't.

4 (1)「彼はパーティーに来るでしょうか」
(2)「明日は晴れるでしょうか」
(3)「だれがその高価な車を買うのでしょうか」
(4)「彼らはどこでパーティーを開くのでしょうか」

このページの単語・熟語

library [láibrèri]（ライブレリィ）：図書館　**there** [ðéər]（ゼア）：そこへ，そこに　**party** [pάːrti]（パーティ）：パーティー
next month：来月　**after school**：放課後　**England** [íŋglənd]（イングランド）：イングランド
expensive [ikspénsiv]（イクスペンスィヴ）：高価な

50

5 〔　〕内の指示にしたがって書きかえなさい。　（8点×4）

(1) Ken is an astronaut. 〔will を加えた文に〕

____

(2) He will visit me tomorrow. 〔否定文に〕

____

(3) They will arrive on time. 〔疑問文に〕

____

(4) Kate will come again <u>on Saturday</u>.〔下線部をたずねる疑問文に〕

____

5 ※重要※
(1) **will のあとに be 動詞の原形が続くと，多くの場合，日本語で「〜になる」となるので，書きかえた文は「健は宇宙飛行士になるでしょう〔つもりです〕」の意味になる。50ページの 2 の(1)の問題も参考にしよう。**
(4)下線部は時を表しているので When で始まる疑問文にする。

6 次の語群を並べかえて，正しい英文にしなさい。　（8点×2）

(1) My brother (twelve / be / month / will / next).

My brother ______________________________.

(2) He (climb / not / will / next / mountain / the) year.

He ______________________________ year.

6 次の意味の文を作る。
(1)「私の弟は来月12歳になります」
(2)「彼は来年はその山に登らないでしょう」

7 次の日本文を **will** を使って英文になおしなさい。　（8点×2）

(1) 私は明日は忙しくないでしょう。

____

(2) 彼は私を手伝ってくれるでしょうか。―― はい，手伝うでしょう。

____

7 (1)「忙しい」= busy。形容詞なので，be 動詞が必要になる。
(2)「手伝う」= help。答えの文は3語で表してみよう。

解答は別冊 P.12

さらに一歩！ ● **be going to と will に何か違いはありますか？**

意志を表すとき，be going to はあらかじめ予定されたことに，will は未来の意志以外にその場での意志決定を表します。急にかかってきた電話に「私が出ましょう」は I will answer the phone. と言いますが，電話があるとわかっているときは現在の時点で，I'm going to answer the phone. とふつう言います。

astronaut [ǽstrənɔ̀ːt]（アストゥロノート）：宇宙飛行士　**visit** [vízit]（ヴィズィット）：訪ねる　**arrive** [əráiv]（アライヴ）：着く　**on time**：時間通りに
again [əgén]（アゲン）：再び，また　**climb** [kláim]（クライム）：登る　**help** [hélp]（ヘルプ）：手伝う，助ける

51

52

セクション 6-1 助動詞 ①

チェック 17

1 チェック 17 may / must

動詞の前に置いて，その動詞にある意味をつけ加えるものを**助動詞**という。can，will のほかに may や must，shall などがある。

1 **may**：**「～してもよい」**の意味を表し，相手に許可を与えるときに使う。

- You **may** ***use*** my car.（あなたは私の車を使ってもよい。）
  ↑ 動詞の原形

疑問文は may を主語の前に出して，**May I[we] ～?** の形で**「～してもいいですか」**と相手に許可を求める言い方になる。答えの文にも may を使う。

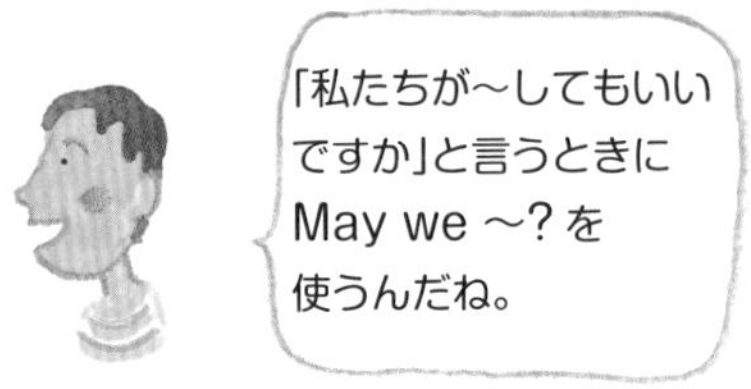
「私たちが～してもいいですか」と言うときに May we ～? を使うんだね。

- **May I *go*** out?（出かけてもいいですか。）
  — Yes, you **may**.（はい，いいですよ。）
  — No, you **may not**.（いいえ，いけません。）

参考 Yes の場合は，Sure.（いいとも），Yes, of course.（はい，もちろん）とも答える。

may には「～かもしれない」の意味もある。否定文では「～ではないかもしれない」の意味を表す。

- The news **may *be*** true.
  （そのニュースは本当かもしれません。）
- She **may not *be*** at home now.
  （彼女は今家にいないかもしれません。）

may には「～かもしれない」の意味もあるんだね。

2 **must**：**「～しなければならない」**という意味で，義務を表す言い方になる。

- You **must *study*** harder.（あなたはもっと熱心に勉強しなければいけません。）

疑問文は must を主語の前に出して作る。

- **Must I *play*** the piano?（私はピアノを弾かなくてはいけませんか。）
  — Yes, you **must**.（はい，弾かなければなりません。）
  — No, you **don't have to**.（いいえ，その必要はありません。） ☞チェック 20

must の否定文 must not（短縮形は mustn't）は，「～してはいけない」と禁止の意味を表す。

- You **must not *swim*** here.（あなたはここで泳いではいけません。）
  [= Don't swim here.]

must には「～にちがいない」の意味もある。

- The story **must *be*** true.（その話は本当にちがいない。）

●最重要文の練習● 次の英文を＿＿＿に書きましょう。

㉑ **You may use my car.** （あなたは私の車を使ってもよい。）

You may use

㉒ **You must study harder.** （あなたはもっと熱心に勉強しなければいけません。）

You must study

▶▶▶ポイント確認ドリル

解答は別冊 P.12・13

1 次の各文の（　）内から適する語を選んで，＿＿に書きなさい。

(1) You may (use, used) my computer today. ＿＿＿＿

(2) She may (is, be) Ken's sister. ＿＿＿＿

(3) You must (go, went) there today. ＿＿＿＿

(4) He (must, musts) meet her parents today. ＿＿＿＿

2 次の各文の下線部に適語を入れ，日本文に相当する英文を完成しなさい。

(1) あなたは明日の朝早く起きなければいけません。

You ＿＿＿＿ get up early tomorrow morning.

(2) あなたは今日泳ぎに行ってもよい。

You ＿＿＿＿ go swimming today.

(3) 彼は明日忙しいかもしれません。

He ＿＿＿＿ be busy tomorrow.

3 次の語群を日本文に合うように並べかえて，全文を書きなさい。

(1) あなたはその車を洗わなければなりません。 (wash / must / you) the car.

＿＿＿＿＿＿＿＿＿＿＿＿＿＿＿＿

(2) あなたはこの本を読んでもいいですよ。 (you / read / may) this book.

＿＿＿＿＿＿＿＿＿＿＿＿＿＿＿＿

このページの単語・熟語

use [júːz]（ユーズ）:使う　**computer** [kəmpjúːtər]（コンピュータァ）:コンピュータ
parent [péərənt]（ペアレント）:親(複数形で「両親」)　**get up**:起きる　**early** [ə́ːrli]（アーリィ）:早く
go swimming:泳ぎに行く　**busy** [bízi]（ビズィ）:忙しい

53

セクション 6-1

助動詞 ①
may / must

月　日

点

1 下線部の誤りを正して，____に書きなさい。 （2点×4）

(1) You may swimming here. ____________

(2) You must are kind to old people. ____________

(3) He must studies French this year. ____________

(4) You not must sit on that chair. ____________

1 (1)〜(3) may や must にかぎらず，助動詞のあとには動詞の原形が続く。
(4)「〜してはいけません」という禁止を表す言い方にする。

2 次の英文を日本文になおしなさい。 （2点×2）

(1) You may go out, but you must come back by six.

(　　　　　　　　　　　　　　　　　　　　)

(2) This news may be true, but that news may not be.

(　　　　　　　　　　　　　　　　　　　　)

2 (1) may は許可を，must は義務を表す。by の意味にも注意。
(2)推量（〜かもしれない）の肯定文と否定文。

3 次の各組の文の内容がほぼ同じになるように，____に適語を入れなさい。 （完答4点×2）

(1) Study English every day.
You ____________ study English every day.

(2) Don't touch my computer.
You ____________ ____________ touch my computer.

3 (1)「〜しなさい」を義務を表すものと考える。
(2)どちらも禁止を表す言い方になる。

4 ____に適語を入れて，問答文を完成しなさい。 （完答4点×4）

(1) ____________ I start now?
—— Yes, you must.

(2) ____________ I go home now?
—— Yes, you may.

(3) May I stay here with you?
—— No, you ____________ ____________.

(4) Must I speak English in this class?
—— No, you don't ____________ to.

4 (1)答えの文の must に注目する。
(2)答えの文の may に注目する。
(3) No なので may のあとに何がくるのかを考える。
(4)答えの文の意味は「いいえ，その必要はありません」となる。

このページの単語・熟語

kind [káind]：親切な　**French** [fréntʃ]：フランス語　**sit** [sít]：すわる
go out：出かける，外出する　**come back**：もどる　**by** [bái]：(時間を表して)〜までに
true [trú:]：本当の　**touch** [tʌ́tʃ]：さわる

54

5 〔 〕内の指示にしたがって書きかえなさい。 (8点×4)

(1) You are very careful. 〔must を加えた文に〕

(2) He may come here today. 〔否定文に〕

(3) I must wash the dishes. 〔疑問文に〕

(4) Yes, you may. You may drive the car.〔これが答えとなる疑問文に〕

6 次の語群を並べかえて，正しい英文にしなさい。 (8点×2)

(1) You (not / swim / in / must / river / the).

You ＿＿＿＿＿＿＿＿＿＿＿＿＿＿＿＿.

(2) Helen's (mother / sick / may / be).

Helen's ＿＿＿＿＿＿＿＿＿＿＿＿＿＿＿＿.

7 次の日本文を英文になおしなさい。 (8点×2)

(1) あなたは毎日自分の部屋をそうじしなければなりません。

(2) (私は)この本を読んでいいですか。―― はい，いいですよ。

5 (1) must は動詞の前に入り，動詞は原形になる。be 動詞の原形は何か。
(2)助動詞のある文を否定文にするには，助動詞のあとに not を入れる。
(3)助動詞のある文を疑問文にするには，助動詞を主語の前に出す。
(4)「(私は)その車を運転していいですか」という文を作る。

6 (1) must を使って禁止を表す言い方にする。
(2) may には「〜してもよい」のほかに「〜かもしれない」の意味もある。

7 (1)「毎日」＝ every day。「部屋」＝ room。「そうじする」＝ clean。
(2)許可を求める言い方になる。
「読む」＝ read。

解答は別冊 P.13

❖さらに一歩！❖ ● may や must の否定文について整理してくれませんか？

may not は親から子などへの「不許可」を，must not は一般に「禁止」を表します。

You **may not** go out today. (〔親が子に〕今日は外出してはいけません。)

You **must not** enter this room. (〔だれでも〕この部屋に入ってはいけません。)

careful [kéərfəl] (ケアフル)：注意深い，用心深い　**wash** [wɑ́ʃ] (ワッシュ)：洗う　**dish** [díʃ] (ディッシュ)：皿　**drive** [dráiv] (ドゥライヴ)：運転する

sick [sík] (スィック)：病気の，具合の悪い　**room** [rú:m] (ルーム)：部屋　**clean** [klí:n] (クリーン)：そうじする，きれいにする

55

助動詞 ②

チェック 18

1 チェック 18 Will you ~? / Shall I ~? / Shall we ~?

1 Will you ~?

Will you ~? は「~するつもりですか，~しますか」という未来の疑問文のほかに，**「~してくれませんか」**と相手に何かを依頼するときにも使う。

- **Will you *help*** me with my homework?　(私の宿題を手伝ってくれませんか。)

　— All right. / O.K. / Sure. / Certainly. (もちろん。)
　— No, I won't. / I'm sorry, but I'm busy now. (すみません，今忙しいのです。)

未来の疑問文と区別するために，Will you のあとや文末に please を置くことがある。

- **Will you *please close*** the door?　(= **Will you *close*** the door, ***please***?)
　(ドアを閉めてくれませんか。)

Will you ~? には**「~しませんか」**と相手を誘ったり，物をすすめたりする場合にも使う。

- **Will you *have*** dinner with us?　(いっしょに夕食を食べませんか。)
- **Will you *have*** some more tea?　(お茶をもう少しいかがですか。)

2 Shall I ~? / Shall we ~?

shall も助動詞の１つで，**Shall I ~?** の形で，**「(私が)~しましょうか」**と相手の意向をたずねる言い方になる。答え方にも注意しておこう。

- **Shall I *close*** the door?　(ドアを閉めましょうか。)

　— Yes, please.　(はい，お願いします。)
　— No, thank you.　(いいえ，けっこうです。)

次のような疑問詞の疑問文にも使うことができる。

- ***What* shall I *do*** next?　(次に何をしましょうか。)
　— Clean the kitchen, please.　(台所をそうじしてください。)

Shall we ~? は**「(私たちが)~しましょうか」**の意味で，Let's ~. とほぼ同じ意味になる。

- **Shall we *go*** to the movies after school?　(放課後映画を見に行きましょうか。)

　— Yes, let's.　(ええ，そうしましょう。)
　— No, let's not.　(いや，よしましょう。)

- ***Where* shall we *meet*** next time?　(次回はどこで会いましょうか。)
　— Let's meet here again.　(またここで会いましょう。)

●最重要文の練習● 次の英文を＿＿＿に書きましょう。

㉓ **Will you help me?** （私を手伝ってくれませんか。）

Will you ?

＿＿＿＿＿＿＿＿＿＿＿＿＿＿ ＿＿＿＿＿＿＿＿＿＿＿＿＿＿

㉔ **Shall I close the door?** （ドアを閉めましょうか。）

Shall I ?

＿＿＿＿＿＿＿＿＿＿＿＿＿＿ ＿＿＿＿＿＿＿＿＿＿＿＿＿＿

▶▶▶ポイント確認ドリル

解答は別冊 P.13・14

1 次の各文の(　)内から適する語を選んで，＿＿に書きなさい。

(1) Will (I, you) help me today? ＿＿＿＿＿

(2) Shall (I, you) come with you? ＿＿＿＿＿

(3) (Will, Shall) we go there together? ＿＿＿＿＿

(4) (Will, Shall) you have some coffee? ＿＿＿＿＿

2 次の各文の下線部に適語を入れ，日本文に相当する英文を完成しなさい。

(1) (私が)部屋のそうじをしましょうか。

＿＿＿＿＿ ＿＿＿＿＿ clean the room?

(2) 来週私の家へ来てくれませんか。

＿＿＿＿＿ ＿＿＿＿＿ please come to my house next week?

(3) 紅茶を１杯いかがですか。

＿＿＿＿＿ ＿＿＿＿＿ have a cup of tea?

3 次の語群を日本文に合うように並べかえて，全文を書きなさい。

(1) その皿を洗ってくれませんか。 (you / will / wash) the dishes?

＿＿＿＿＿＿＿＿＿＿＿＿＿＿＿＿＿＿＿＿＿＿＿＿＿＿＿＿＿＿

(2) 私が車を運転しましょうか。 (I / drive / shall) the car?

＿＿＿＿＿＿＿＿＿＿＿＿＿＿＿＿＿＿＿＿＿＿＿＿＿＿＿＿＿＿

このページの単語・熟語

help [hélp]（ヘルプ）：手伝う，助ける　**close** [klóuz]（クロウズ）：閉める　**together** [təgéðər]（トゥゲザァ）：いっしょに

coffee [kɔ́ːfi]（コーフィ）：コーヒー　**clean** [klíːn]（クリーン）：そうじする　**a cup of ～**：(カップ)1杯の～

57

セクション 6-2
助動詞 ②
Will you ~? / Shall I ~? / Shall we ~?

月　日
点

1 次の各組の①・②の意味の違いがわかるようにして，日本文になおしなさい。（3点×4）

(1) ① Will he go to the movies tomorrow?
(　　　　　　　　　　　　　　　　)
② Will you please go to the movies with me tomorrow?
(　　　　　　　　　　　　　　　　)

(2) ① Shall I open the windows? —— Yes, please.
(　　　　　　　　　　　　　　　　)
② Shall we play tennis after school? —— Yes, let's.
(　　　　　　　　　　　　　　　　)

1 (1)①単純未来の疑問文。
②please があるので，依頼する文だとわかる。
(2)①相手の意向をたずねる文になる。
②相手を誘う言い方になる。

2 次の各組の文の内容がほぼ同じになるように，＿＿に適語を入れなさい。（4点×2）

(1) Please look for my umbrella.
＿＿＿＿＿ you look for my umbrella?

(2) Let's go to the party tonight.
＿＿＿＿＿ we go to the party tonight?

2 (1)ていねいな命令文を，依頼を表す言い方にする。
(2)Let's ～. は「～しましょう」と誘う言い方。下は疑問文になっていることにも注意する。

3 ＿＿に適語を入れて，問答文を完成しなさい。（完答4点×4）

(1) ＿＿＿＿＿ I play the piano for you?
—— Thank you. Please do.

(2) ＿＿＿＿＿ shall I do next?
—— Well, please clear the table.

(3) ＿＿＿＿＿ shall we go tomorrow?
—— ＿＿＿＿＿ go to the park.

(4) Will ＿＿＿＿＿ read the letter for me?
—— Oh, I'm very sorry. I can't read French.

3 答えの文の意味は次の通り。
(1)「ありがとう，お願いします」
(2)「そうですね，食事のあと片づけをお願いします」
(3)「その公園に行きましょう」
(4)「ああ本当にすみません，フランス語は読めないのです」

このページの単語・熟語

go to the movies:映画を見に行く　**after school**:放課後　**look for ～**:～を探す
umbrella [ʌmbrélə]（アンブレラ）:かさ　**tonight** [tənáit]（トゥナイト）:今夜(は)　**next** [nékst]（ネクスト）:次に
clear the table:食事のあと片づけをする

58

4 次のような場合英語ではどう言うか，(　)内の語を使って英文で書きなさい。　(8点×2)

(1) 相手にもっと早く来てほしいと依頼する場合。(you, earlier)

____

(2) 自分が夕食を作ろうと相手に申し出る場合。(I, dinner)

____

5 次の語群を並べかえて，正しい英文にしなさい。　(8点×3)

(1) (me / will / take / you) to the park?

______________________________ to the park?

(2) (read / story / shall / the / I) to you?

______________________________ to you?

(3) (do / I / what / shall) for you?

______________________________ for you?

6 次の日本文を英文になおしなさい。　(8点×3)

(1) 私の母を手伝ってくれませんか。―― いいですよ。

____

(2) (私が)写真を撮りましょうか。―― はい，お願いします。

____

(3) (私たちが)川で泳ぎましょうか。―― ええ，そうしましょう。

____

4 (1)依頼するのはWill you ～?
(2)申し出て相手の意向を聞くのはShall I ～?

5 次の意味の文にする。
(1)「私を公園に連れて行ってくれませんか」
(2)「あなたにその物語を読んであげましょうか」
(3)「あなたのために何をしましょうか」

6 (1)「手伝う」= help。「いいですよ」は何通りかあるので，考えてみよう。
(2)「写真を撮る」= take a picture。picture は複数でもよい。
(3)「川」= river。「泳ぐ」= swim。

解答は別冊 P.14

さらに一歩！ ● Won't you ～? という形を見たことがありますが？

はい。これも勧誘(かんゆう)や物をすすめるときに使います。命令的な意味合いが強いときは文末を下げ調子にします。

Won't you *come* in?　(中のほうへお入りになりませんか。)

Won't you *have* some more coffee?　(コーヒーをもう少しいかがですか。)

earlier：early(早く)の比較級　**dinner** [dínər](ディナァ)：夕食，ディナー　**take ～ to ...**：～を…に連れて行く
story [stɔ́ːri](ストーリィ)：物語，話　**take a picture**：写真を撮る　**river** [rívər](リヴァ)：川　**swim** [swím](スウィム)：泳ぐ

59

セクション 6-3 助動詞 ③

チェック 19・20

1 チェック 19 could / should

1 could

could は can の過去形で，**「〜することができた」**の意味を表す。否定文・疑問文の作り方は can と同じようにしてよい。

- He **could *swim*** well ten years ago.　(彼は10年前は上手に泳げました。)

注 could をこの意味で使うときは，過去を表す語句といっしょに使うことが多い。

- I **could not[couldn't] *sleep*** well last night.　(私は昨夜よく眠れませんでした。)
- **Could** you ***get*** the book yesterday?　(昨日その本を入手できましたか。)

　—— Yes, I **could**. / No, I **could not[couldn't]**.

2 should

should は**「〜すべきである」**の意味で，義務を表す言い方になる。

- You **should *stay*** here.　(あなたはここにいるべきです。)
- You **should not[shouldn't] *stay*** here.(あなたはここにいるべきではありません。)
- **Should I *stay*** here?　(私はここにいるべきでしょうか。)

　—— Yes, you **should**. / No, you **should not[shouldn't]**.

2 チェック 20 have to / be able to

have[has] to 〜は**「〜しなければならない」**の意味で，助動詞ではないが助動詞の働きをする。過去や未来の文では，**had to** 〜，**will have to** 〜の形で使う。また，**否定文**では**「〜する必要はない，〜しなくてもよい」**の意味になる。

このほかに助動詞の働きをするもので，**be able to** 〜は**「〜することができる」**の意味を表す。過去や未来の文では，**was[were] able to** 〜，**will be able to** 〜の形で使う。

- I **(don't) have to *go*** out now.　(私は今外出しなければなりません〔外出しなくてもよい〕。)
- I **had to *start*** early yesterday.　(私は昨日早く出発しなければなりませんでした。)
- You **will have to *see*** him again.(あなたはまた彼に会わなければならないでしょう。)
- Cats **are able to *see*** in the dark.　(ネコは暗闇でも見えます。)
- **Were** you **able to *catch*** the train?　(その列車に乗ることができましたか。)
- Tom **will be able to *swim*** soon.　(トムはすぐに泳げるようになるでしょう。)

●最重要文の練習● 次の英文を＿＿＿に書きましょう。

㉕ **I couldn't sleep well.** （私はよく眠れませんでした。）

I couldn't

㉖ **I have to go out.** （私は外出しなければなりません。）

I have to go

▶▶▶ポイント確認ドリル

解答は別冊 P.14

1 次の各文の(　)内から適する語を選んで，＿＿に書きなさい。

□(1) We (can, could) see many stars last night. ＿＿＿＿

□(2) Everybody should (is, be) careful about this problem. ＿＿＿＿

□(3) He (is, can) able to answer the question. ＿＿＿＿

□(4) I have to (see, saw) Ms. Hamada today. ＿＿＿＿

□(5) He (have, has) to come back by four. ＿＿＿＿

□(6) You will (have, had) to go there tomorrow. ＿＿＿＿

2 次の各文の下線部に適語を入れ，日本文に相当する英文を完成しなさい。

□(1) あなたはここにいる必要はありません。

You don't ＿＿＿＿ ＿＿＿＿ stay here.

□(2) 私はその日の夕方に彼女に電話をしなければなりませんでした。

I ＿＿＿＿ ＿＿＿＿ call her that evening.

3 次の語群を日本文に合うように並べかえて，全文を書きなさい。

□(1) 彼女はフランス語を話せます。　She (able / speak / is / to) French.

＿＿＿＿＿＿＿＿＿＿＿＿＿＿＿＿

□(2) その日だれも帰ることができませんでした。No one (back / come / could) that day.

＿＿＿＿＿＿＿＿＿＿＿＿＿＿＿＿

このページの単語・熟語

sleep [slíːp]（スリープ）：眠る　**go out**：外出する　**star** [stáːr]（スター）：星　**everybody** [évribɑ̀di]（エヴリバディ）：みんな

come back：もどる　**by** [bái]（バイ）：～までに　**call** [kɔ́ːl]（コール）：電話をかける　**no one**：だれも～ない

61

助動詞 ③ could / should // have to / be able to

月　日
点

1 下線部の誤りを正して，＿＿に書きなさい。（2点×4）

(1) We can see many stars last night. ＿＿＿＿

(2) Jane has to stay home yesterday. ＿＿＿＿

(3) Bats is able to fly in the dark. ＿＿＿＿

(4) He is able to cross the river yesterday. ＿＿＿＿

1 (1)canの過去の文にする。
(2)yesterdayがあることに注意。
(3)BatsはBatの複数形。
(4)yesterdayがあることに注意。

2 次の英文を日本文になおしなさい。（2点×2）

(1) You didn't have to wash the car today.
(　　　　　　　　　　)

(2) He was able to speak seven languages in those days.
(　　　　　　　　　　)

2 (1)don't have toの過去の文になる。
(2)be able toのbe動詞が過去になっていることに注意。

3 次の各組の文の内容がほぼ同じになるように，＿＿に適語を入れなさい。（完答4点×2）

(1) Can you solve the problem?
＿＿＿＿ you ＿＿＿＿ to solve the problem?

(2) You must send this by e-mail.
You ＿＿＿＿ ＿＿＿＿ send this by e-mail.

3 (1)「あなたはその問題を解くことができますか」
(2)「あなたはこれを電子メールで送らなければなりません」

4 ＿＿に適語を入れて，問答文を完成しなさい。（完答4点×4）

(1) ＿＿＿＿ you have to learn French?
— Yes, I do. I have ＿＿＿＿ learn German too.

(2) ＿＿＿＿ you see the stars last night?
— No, we ＿＿＿＿. But we could see the moon.

(3) Should I say anything to her?
— No! You ＿＿＿＿ say anything to her.

(4) ＿＿＿＿ you able to catch the train?
— Yes, I was. I was just in time.

4 (1)have toのhaveは一般動詞として扱う。
(2)But we couldのcouldに注目する。
(3)短縮形が入る。
(4)答えのYes, I was.のwasに注目する。in timeで「間に合って」の意味。

このページの単語・熟語

bat [bǽt]（バット）：コウモリ　**fly** [flái]（フライ）：飛ぶ　**dark** [dɑ́ːrk]（ダーク）：暗闇（くらやみ）　**cross** [krɔ́ːs]（クロース）：渡る，横切る
language [lǽŋgwidʒ]（ラングウィッヂ）：言語　**in those days**：当時　**solve** [sɑ́lv]（サルヴ）：解く　**send** [sénd]（センド）：送る

62

5 〔 〕内の指示にしたがって書きかえなさい。（8点×4）

(1) The baby is able to walk. 〔will と soon を加えた文に〕

____

(2) My mother has to get up early. 〔will を加えた文に〕

____

(3) Tom was able to swim across the river. 〔否定文に〕

____

(4) Ken has to take care of the children. 〔疑問文に〕

____

5 (1)助動詞 (will) のあとには動詞の原形が続く。be 動詞の原形は何か。
(2) has は原形ではない。
(3)ふつうの be 動詞の過去形の否定文と同じように考える。 ☞チェック4
(4)主語は3人称・単数である。ふつうの一般動詞の疑問文と同じように考える。

6 次の語群を並べかえて，正しい英文にしなさい。（8点×2）

(1) You (be / to / kind / should) old people.

You ______________________________ old people.

(2) (able / you / were / to / get) the ticket?

______________________________ the ticket?

6 (1) should も助動詞なので，動詞の原形が続く。
(2) be 動詞の疑問文と同じように考える。

7 次の日本文を英文になおしなさい。（8点×2）

(1) 健は来年は泳げるようになるでしょう。

____

(2) あなたは明日早く起きる必要はありません。

____

7 (1)「泳ぐ」= swim。「来年」= next year。be able to を使って表す。
(2)「～する必要はない」をどう表すか。「早く」= early。「起きる」= get up。

解答は別冊 P.14・15

❖さらに一歩！❖ ● must と should は似た意味ですが，違いはありますか？

must のほうが，should よりも強い義務の意味を表します。これらと似た表現で，had better ～(～したほうがいい)がありますが，日本語よりは強い意味になるので，年上の人には使わないほうがいいでしょう。

You **had better *say*** nothing about it. （それについては何も言わないほうがいい。）

soon [sú:n]（スーン）：すぐに，間もなく　**early** [ə́:rli]（アーリィ）：早く　**swim across ～**：～を泳いで渡る
take care of ～：～の世話をする　**be kind to ～**：～に親切である　**ticket** [tíkit]（ティケット）：切符

63

セクション 7-1 不定詞・動名詞 ①

チェック 21

1 チェック 21 不定詞の名詞的用法

〈to＋動詞の原形〉の形を**不定詞**といい，文中で名詞の働きをし，動詞の目的語や主語，補語になる。不定詞のこの用法を名詞的用法という。この用法の不定詞はふつう「～すること」という意味を表す。

1 動詞の目的語として

I like **to cook**. （私は料理をすることが好きだ→私は料理をするのが好きです。）
　└〈to＋動詞の原形〉

I want **to be** a doctor. （私は医者であることを欲する→私は医者になりたい。）

不定詞は主語や，現在・過去に関係なくいつも同じ形（〈to＋動詞の原形〉）になる。また，不定詞が目的語などを伴うこともある。これは，否定文や疑問文でも同じことである。

He likes **to cook *fish***. （彼は魚を料理するのが好きです。）
　└〈to＋動詞の原形〉の形は同じ：fish は cook の目的語

I wanted **to see *him***. （私は彼に会いたかった。）
　└過去形や疑問文でも〈to＋動詞の原形〉の形は同じ

不定詞が動詞の目的語になる形	like to ～（～するのが好きだ），want to ～（～したい），begin[start] to ～（～し始める），try to ～（～しようとする），need to ～（～する必要がある）

参考 **would like to ～は「～したい（のだが）」**の意味で，want to ～の控え目な表現になる。

I'd[I would] like to see Ms. Sano. （佐野さんにお会いしたいのですが。）

2 主語として

名詞の働きをすることから，不定詞が文の主語として用いられることがある。

To eat too much is bad for your health. （食べすぎは健康に悪い。）
　└文の主語

To get up early is good for your health. （早起きは健康によい。）

3 補語として

名詞の働きをすることから，不定詞が文の補語として用いられることがある。

Our plan is **to go** abroad. （私たちの計画は外国へ行くことです。）
　└文の補語（主語を説明している）

My dream is **to be** a doctor. （私の夢は医者になることです。）

●最重要文の練習● 次の英文を＿＿＿に書きましょう。

㉗ **I like to cook.** （私は料理をするのが好きです。）

to cook.

＿＿＿＿＿＿＿＿＿＿＿＿＿＿＿＿＿＿＿＿

㉘ **I want to be a doctor.** （私は医者になりたい。）

I want to be

＿＿＿＿＿＿＿＿＿＿＿＿　＿＿＿＿＿＿＿＿＿＿＿＿

▶▶▶ポイント確認ドリル

解答は別冊 P.15

1 次の各文の(　)内から適する語を選んで，＿＿に書きなさい。

□(1) I like to (play, playing) baseball with friends. ＿＿＿＿

□(2) He wants to (is, be) a basketball player. ＿＿＿＿

□(3) She started to (play, plays) the piano. ＿＿＿＿

□(4) To (speak, speaking) English is not easy. ＿＿＿＿

2 次の各文の下線部に適語を入れ，日本文に相当する英文を完成しなさい。

□(1) 私はあなたの家族についてもっと知りたい。

I ＿＿＿＿＿＿ to know more about your family.

□(2) 夕方には雨が降り始めるでしょう。

It will ＿＿＿＿＿＿ to rain in the evening.

□(3) あなたは2，3日ここにとどまる必要があります。

You ＿＿＿＿＿＿ to stay here for a few days.

3 次の語群を日本文に合うように並べかえて，全文を書きなさい。

□(1) 私はその写真を見たくありません。 I (want / see / to / don't) the picture.

＿＿＿＿＿＿＿＿＿＿＿＿＿＿＿＿＿＿＿＿＿＿＿＿

□(2) その場所へひとりで行くのは危険です。(to / to / go) the place alone is dangerous.

＿＿＿＿＿＿＿＿＿＿＿＿＿＿＿＿＿＿＿＿＿＿＿＿

このページの単語・熟語

cook [kúk]（クック）:料理する　**basketball** [bǽskitbɔ̀ːl]（バスケットボール）:バスケットボール

start [stάːrt]（スタート）:始まる，始める　**speak** [spíːk]（スピーク）:話す　**a few** 〜:2，3の〜

alone [əlóun]（アロウン）:ひとりで　**dangerous** [déindʒərəs]（デインヂャラス）:危険な

65

セクション 7-1 不定詞・動名詞 ①
不定詞の名詞的用法

月　日
点

1 下線部の誤りを正して，＿＿に書きなさい。 （3点×4）

(1) Do you want to <u>saw</u> her today? ＿＿＿＿

(2) I like to <u>am</u> alone in my room. ＿＿＿＿

(3) I wanted to <u>talked</u> with you yesterday. ＿＿＿＿

(4) Who wants to <u>goes</u> to the movies? ＿＿＿＿

1 toのあとは動詞の原形。
(1) sawは過去形。
(2) be動詞の原形は何か。
(3)過去の文でもto～の形に変化はない。

2 次の英文を日本文になおしなさい。 （3点×3）

(1) I tried to stand up, but I couldn't.
(　　　　　　　　　　)

(2) My aim in life is to become a doctor.
(　　　　　　　　　　)

(3) To climb the mountain is not easy for me.
(　　　　　　　　　　)

2 (1) try to ～で「～しようとする，～しようと努力する」の意味。
(2)この不定詞は文中で補語になっている。
(3)文中で主語になっている。for meは「私にとって」の意味。

3 各文の **to** ～の用法に最も近いものを下のア～ウから選んで，記号を書きなさい。 （3点×3）

(1) My sister suddenly started <u>to cry</u> around midnight. 〔　〕

(2) <u>To find</u> the restaurant was very difficult. 〔　〕

(3) My plan is <u>to build</u> my own house. 〔　〕

ア His job is <u>to collect and deliver</u> mail.

イ Please try <u>to do</u> it better next time.

ウ <u>To tell</u> the truth is often difficult.

3 すべて名詞的用法の不定詞。
(1)目的語になる。
(2)主語になる。
(3)補語になる。

4 ＿＿に適語を入れて，問答文を完成しなさい。 （4点×2）

(1) ＿＿＿＿ do you want to be in the future?
── I want to be an English teacher.

(2) Did you finish your homework yesterday?
── No. I tried ＿＿＿＿ finish, but I couldn't.

4 (1)「あなたは将来何になりたいですか」が質問の意味。
(2)「終わらせようとしましたが，できませんでした」の意味にする。

このページの単語・熟語

aim [éim]（エイム）：目標　**life** [láif]（ライフ）：人生　**become** [bikʌ́m]（ビカム）：～になる　**suddenly** [sʌ́dnli]（サドゥンリィ）：突然
cry [krái]（クライ）：泣く　**around** [əráund]（アラウンド）：～ごろ　**collect** [kəlékt]（コレクト）：集める
deliver [dilívər]（ディリヴァ）：配達する　**in the future**：将来

66

5 (1)～(5)と内容的に最もうまくつながるものを下のア～オから選んで，記号を書きなさい。同じものは２度使わないこと。（６点×５）

(1) The job of a doctor is 〔　　〕

(2) To be kind to your friends 〔　　〕

(3) He tried to write a letter to her, 〔　　〕

(4) It began 〔　　〕

(5) I didn't want 〔　　〕

ア is always good.

イ to climb the mountain in winter.

ウ to rain about thirty minutes ago.

エ to help sick people together with nurses.

オ but he couldn't.

5 (1)「医者の仕事は看護師とともに病人を助けることです」
(2)「友だちに親切にすることはいつでもいいことです」
(3)「彼は彼女に手紙を書こうとしましたが，できませんでした」
(4)「30分ほど前に雨が降り始めました」
(5)「私は冬にその山に登りたくなかった」

6 次の語群を並べかえて，正しい英文にしなさい。（８点×２）

(1) I (like / to / her / see / would) again.

I ________________________________ again.

(2) When (you / did / to / begin / study) French?

When ________________________________ French?

6 (1) would like to の文にする。
(2) 疑問詞 When で始まる一般動詞の過去の疑問文になる。

7 次の日本文を不定詞を使って英文になおしなさい。（８点×２）

(1) あなたはテニスをするのが好きですか。

____

(2) あなたは最善を尽くすように努めなければいけません。

____

7 (1) like のあとに不定詞を続ける。
(2)「最善を尽くす」＝ do one's best。「～するように努める」＝ try to ～。

解答は別冊 P.15･16

さらに一歩！ ● **would like to ～が疑問文で使われるのを見たことがあるのですが？**

Would you like to ～? の形で，「～したいですか，～しませんか」という意味を表します。

Would you like to see the sights of the city?（市内見物をなさりたいですか。）

Would you like to come with us?（私たちといっしょにいらっしゃいませんか。）

job [dʒάb]（チャブ）：仕事　**together with ～**：～といっしょに　**climb** [kláim]（クライム）：登る　**winter** [wíntər]（ウィンタァ）：冬
rain [réin]（レイン）：雨が降る　**again** [əgén]（アゲン）：もう一度　**French** [fréntʃ]（フレンチ）：フランス語　**do one's best**：最善を尽くす

67

不定詞・動名詞 ②

チェック22

1 チェック22 不定詞の副詞的用法

1 目的を表す副詞的用法

〈to＋動詞の原形〉の不定詞は，文中で名詞の働きをするだけでなく，「〜するために，〜しに」という**目的**を表して，前に出ている動詞を修飾する副詞の働きをすることがある。このような不定詞を（目的を表す）副詞的用法の不定詞という。

- He **went** to Paris **to study** art.（彼は芸術を勉強するためにパリへ行きました。）
  動詞 went を修飾：（「勉強するために」→「行った」）
- He **came** here **to see** me.（彼は私に会いにここへ来ました。）
  動詞 came を修飾：（「会うために」→「来た」）

動詞 go や come のすぐあとにこの副詞的用法の不定詞が続くことがある。**go to** 〜で**「〜しに行く」**，**come to** 〜で**「〜しに来る」**の意味を表す。

- I'll **go to see** Jane this evening.（今晩ジェーンに会いに行きます。）
- Please **come to see** me tomorrow morning.（明朝私に会いに来てください。）

参考 come to see は話し言葉では come and see の形で and を使った形になることが多い。

- **Come and see** me again.（また会いに〔遊びに〕来てください。）

2 原因を表す副詞的用法

不定詞が「〜して」という意味で，**原因**を表すことがある。このとき，不定詞は形容詞のあとに続くことが多く，その形容詞はおもに happy, glad など感情を表すものになる。

- I am very **happy** **to see** you.（私はあなたに会えてとてもうれしい。）
  to see が happy の原因：（「うれしい」←「会えたので」）
- I am very **sorry** **to hear** that.（私はそれを聞いてとても気の毒に思います。）
  to hear が sorry の原因：（「気の毒」←「聞いたので」）

原因を表す不定詞の表現	be happy to 〜（〜してうれしい），be glad to 〜（〜してうれしい）， be sorry to 〜（〜して気の毒〔残念〕だ），be sad to 〜（〜して悲しい）， be surprised to 〜（〜して驚く），be angry to 〜（〜して怒る）

参考 「原因」を表す不定詞は次のような会話の決まり文句としても使われることがある。

- Nice to meet you.（はじめまして〔←お会いできてうれしいです〕。）
- Pleased to meet you.（はじめまして〔←お会いできてうれしいです〕。）

●最重要文の練習● 次の英文を＿＿＿に書きましょう。

㉙ **I went there to study art.** （私は芸術を勉強するためにそこへ行きました。）

to study

＿＿＿＿＿＿＿＿＿＿＿＿＿＿＿＿ ＿＿＿＿＿＿＿＿＿＿＿＿＿＿＿＿

㉚ **I am happy to see you.** （私はあなたに会えてうれしい。）

to see

＿＿＿＿＿＿＿＿＿＿＿＿＿＿＿＿ ＿＿＿＿＿＿＿＿＿＿＿＿＿＿＿＿

▶▶▶ポイント確認ドリル

解答は別冊 P.16

1 次の各文の(　)内から適する語を選んで，＿＿に書きなさい。

□(1) I went to the park to (take, took) some pictures. ＿＿＿＿＿＿

□(2) Practice every day to (are, be) a good player. ＿＿＿＿＿＿

□(3) I am very happy to (see, seeing) her again. ＿＿＿＿＿＿

□(4) I was sad to (hear, heard) the news. ＿＿＿＿＿＿

2 次の各文の下線部に適語を入れ，日本文に相当する英文を完成しなさい。

□(1) 私は宿題をするために早く起きました。

I got up early ＿＿＿＿＿＿ do my homework.

□(2) 私は彼女の手紙を受け取ってうれしかった。

I ＿＿＿＿＿＿ happy to ＿＿＿＿＿＿ her letter.

□(3) 私はそれを聞いてとても残念に思います。

I'm very ＿＿＿＿＿＿ ＿＿＿＿＿＿ hear that.

3 次の語群を日本文に合うように並べかえて，全文を書きなさい。

□(1) 彼は彼女に会うためにそこへ行きました。 He (there / to / went / see) her.

＿＿＿＿＿＿＿＿＿＿＿＿＿＿＿＿＿＿＿＿＿＿＿＿＿＿＿＿＿＿

□(2) 私はそれを知って悲しかった。 I (sad / know / was / to) that.

＿＿＿＿＿＿＿＿＿＿＿＿＿＿＿＿＿＿＿＿＿＿＿＿＿＿＿＿＿＿

このページの単語・熟語

art [ɑ́ːrt]（アート）:芸術，美術　**happy** [hǽpi]（ハピィ）:うれしい，幸せな　**again** [əgén]（アゲン）:再び，もう一度

sad [sǽd]（サッド）:悲しい　**hear** [híər]（ヒア）:聞く　**news** [n(j)úːz]（ヌーズ）:ニュース，知らせ

69

不定詞・動名詞 ②
不定詞の副詞的用法

月　日
点

1 次の英文を日本文になおしなさい。（3点×3）

(1) He returned from Brazil to see his old parents.

(　　　　　　　　　　　　　　　　)

(2) She was surprised to know the truth.

(　　　　　　　　　　　　　　　　)

(3) Everybody was sorry to hear her sad story.

(　　　　　　　　　　　　　　　　)

2 各文の **to** ～の用法に最も近いものを下のア～ウから選んで，記号を書きなさい。（3点×3）

(1) She wants to work in his office.　〔　　〕

(2) He went to America to study American history.　〔　　〕

(3) I was very happy to meet Helen.　〔　　〕

ア　We came here to talk with you.

イ　She was so angry to hear his talk.

ウ　I don't like to be alone in my room.

3 ＿＿に適語を入れて，問答文を完成しなさい。（5点×2）

(1) ＿＿＿＿ you happy or sad to hear the news?

── I was very sad. It was terrible news.

(2) Why did you go to the park yesterday?

── ＿＿＿＿ take some pictures of flowers.

4 次の各組の文の内容がほぼ同じになるように，＿＿に適語を入れなさい。（完答5点×2）

(1) { He came here and borrowed this book.
He came here ＿＿＿＿ ＿＿＿＿ this book.

(2) { She heard the news and was happy.
She was happy ＿＿＿＿ ＿＿＿＿ the news.

1 (1) to　see が目的を表す副詞的用法の不定詞。
(2)・(3) to know, to hear が原因を表す副詞的用法の不定詞。

2 (1) wants の目的語になる名詞的用法。
(2)「～するために」という目的を表す副詞的用法。
(3)「～して」という原因を表す副詞的用法。

3 (1) happy や sad が形容詞であることを考える。

重要
(2)　**理由をたずねるWhy の疑問文に「～するために」と答えるときは，目的を表す副詞的用法の To ～. を使って答えることができる。**

4 (1)目的を表す副詞的用法の不定詞を使う。
(2)原因を表す副詞的用法の不定詞を使う。

このページの単語・熟語

return [ritə́:rn]（リターン）：もどる　**be surprised**：驚く　**truth** [trú:θ]（トゥルース）：真実
everybody [évribὰdi]（エヴリバディ）：みんな　**office** [ɔ́:fis]（オーフィス）：会社，事務所　**history** [hístəri]（ヒストリィ）：歴史
talk [tɔ́:k]（トーク）：話　**terrible** [térəbl]（テリブル）：ひどい

70

5 (1)〜(5)と内容的に最もうまくつながるものを下のア〜オから選んで，記号を書きなさい。同じものは 2 度使わないこと。（6 点× 5）

(1) Children go to school 〔　　〕

(2) We took a taxi 〔　　〕

(3) I'm very happy 〔　　〕

(4) He will be very sorry 〔　　〕

(5) She opened her lips 〔　　〕

ア to hear of your engagement.

イ to hear the bad news.

ウ to learn a lot of things.

エ to say something important.

オ to get to the station in time.

5 (1)「子どもたちはいろいろなことを学ぶために学校へ行きます」
(2)「私たちは駅に間に合って着くようにタクシーに乗りました」
(3)「あなたの婚約のことを聞いて私はとてもうれしい」
(4)「その悪い知らせを聞くと彼はとても残念に思うでしょう」
(5)「彼女は何か重要なことを言うために口を開きました」

6 次の語群を並べかえて，正しい英文にしなさい。（8 点× 2）

(1) She (went / to / to / buy / store / the) some apples.

She ＿＿＿＿＿＿＿＿＿＿＿＿＿＿＿＿ some apples.

(2) She (glad / son / to / was / her / see) again.

She ＿＿＿＿＿＿＿＿＿＿＿＿＿＿＿＿＿＿＿ again.

6 (1)目的を表す副詞的用法の不定詞。
(2)原因を表す副詞的用法の不定詞。

7 次の日本文を不定詞を使って英文になおしなさい。（8 点× 2）

(1) 彼はこの光景を見て驚くでしょう。

＿＿＿＿＿＿＿＿＿＿＿＿＿＿＿＿＿＿＿＿＿＿＿＿

(2) 彼はそのパンダの写真を撮るために動物園へ行きました。

＿＿＿＿＿＿＿＿＿＿＿＿＿＿＿＿＿＿＿＿＿＿＿＿

7 (1)「光景」＝ sight。「驚く」＝ be surprised。
(2)「パンダ」＝ panda。「写真を撮る」＝ take pictures。「動物園」＝ zoo。

解答は別冊 P.16・17

さらに一歩！ ●「〜するために」ではなく,「〜しないように」はどう言えばいいのですか？

「〜するために」の意味を強調するために in order to 〜や so as to 〜が使われることがあります。「〜しないように」の意味にするには，これを使って so as[in order] not to 〜の形にします。

He took a taxi **so as not to** be late. （彼は遅れないようにタクシーに乗りました。）

taxi [tǽksi]（タクスィ）：タクシー　**lip** [líp]（リップ）：くちびる　**hear of 〜**：〜を耳にする　**engagement** [ingéidʒmənt]（インゲイヂメント）：婚約
get to 〜：〜に着く　**station** [stéiʃən]（ステイション）：駅　**in time**：間に合って　**sight** [sáit]（サイト）：光景，景色

71

不定詞・動名詞 ③

チェック 23

1 チェック23 不定詞の形容詞的用法

不定詞が「～するための…」,「～すべき…」の意味で，直前の名詞や代名詞を修飾する形容詞の働きをすることがある。

- I want ***a book*** **to read** *on the train*. （私は電車の中で読む本がほしい。）
  名詞 a book を修飾：（「読むための」→「本」＝「読む本」）
- I want ***something*** **to eat**. （私は何か食べるものがほしい。）
  代名詞 something を修飾：（「食べるための」→「何か」＝「何か食べるもの」）

✓注 something や anything に形容詞がつくときは〈**something＋形容詞＋to ～**〉の語順になる。

- I want ***something cold*** **to drink**. （私は何か冷たい飲み物がほしい。）

参考 形容詞的用法の不定詞は,「～しなければならない…, ～したい…」などの日本語があてはまる場合もある。

- I have some work **to do** today. （今日しなければいけない仕事があります。）
- I have a book **to show** you. （あなたに見せたい本があります。）

次のような訳文にも注意しておこう。

- I have no time **to visit** Tokyo. （私には東京を訪れる時間がありません。）
- I have something **to tell** you. （あなたに話す〔話したい〕ことがあります。）

■不定詞の3用法のまとめ■

① 名詞的用法：「～すること」の意味で，動詞の目的語，文の主語・補語になる。

I want **to be** a teacher. （私は教師になりたい。） 〈動詞の目的語〉
To go there alone is dangerous. （そこへひとりで行くのは危険です。）〈主語〉
Our plan is **to go** abroad. （私たちの計画は外国へ行くことです。）〈補語〉

② 副詞的用法：「するために」の意味で目的を,「～して」の意味で原因を表す。

He came here **to see** me. （彼は私に会いにここへ来ました。） 〈目的〉
I'm very happy **to see** you. （私はあなたに会えてとてもうれしい。）〈原因〉

③ 形容詞的用法：「～するための…, ～すべき…」の意味で，直前の(代)名詞を修飾する。

I want a book **to read** on the train. （私は電車で読む本がほしい。）〈名詞を修飾〉
I want something **to eat**. （私は何か食べるものがほしい。） 〈代名詞を修飾〉

●最重要文の練習● 次の英文を＿＿＿に書きましょう。

㉛ **I want something to eat.** （私は何か食べるものがほしい。）

something to eat.

＿＿＿＿＿＿＿＿＿＿＿＿＿＿＿＿＿＿＿＿＿＿＿＿＿＿＿＿＿＿

㉜ **I want something cold to drink.** （私は何か冷たい飲み物がほしい。）

something cold to

＿＿＿＿＿＿＿＿＿＿＿＿＿＿＿＿＿＿＿＿＿＿＿＿＿＿＿＿＿＿

▶▶▶ポイント確認ドリル

解答は別冊 P.17

1 下線部が形容詞的用法の文を２つ選び，記号を書いて日本文になおしなさい。

ア He went to Tokyo to see his uncle.

イ I need time to read books.

ウ I want to use this new computer.

エ Do you want anything to eat?

□〔　　〕（　　　　　　　　　　　　　　　　　　　　　　）

□〔　　〕（　　　　　　　　　　　　　　　　　　　　　　）

2 （　）を参考に次の各文の下線部に適語を入れ，日本文に相当する英文を完成しなさい。

□(1) あなたに見せたい(←見せるための)写真があります。

I have a picture ＿＿＿＿ ＿＿＿＿ you.

□(2) 彼には今日何もすること(←すべきこと)がありません。

He has nothing ＿＿＿＿ ＿＿＿＿ today.

3 次の語群を日本文に合うように並べかえて，全文を書きなさい。

□(1) 私は何か飲むものがほしい。 I (something / to / want) drink.

＿＿＿＿＿＿＿＿＿＿＿＿＿＿＿＿＿＿＿＿＿＿＿＿＿＿＿＿＿＿

□(2) 私は今日すべきたくさんの仕事があります。 I (much / to / have / work) do today.

＿＿＿＿＿＿＿＿＿＿＿＿＿＿＿＿＿＿＿＿＿＿＿＿＿＿＿＿＿＿

このページの単語・熟語

something [sʌ́mθiŋ]（サムスィング）:何か **cold** [kóuld]（コウルド）:冷たい **drink** [dríŋk]（ドゥリンク）:飲む **uncle** [ʌ́ŋkl]（アンクル）:おじ
anything [éniθiŋ]（エニィスィング）:(疑問文で)何か **show** [ʃóu]（ショウ）:見せる **nothing** [nʌ́θiŋ]（ナスィング）:何も～ない

73

不定詞・動名詞 ③
不定詞の形容詞的用法

月　日
点

1 次の各組の①・②の意味の違いがわかるようにして，日本文になおしなさい。（3点×4）

(1)
① Tom has to do the work.
(　　　　)
② Tom has a lot of work to do.
(　　　　)

(2)
① Ken has no friends to help.
(　　　　)
② Ken has no friends to help him.
(　　　　)

1 (1)① has[have] to ～の意味を思い出そう。☞チェック20
② to doはwork を修飾している。
(2)① help するのはKen で，されるのはfriends と考える。
② help するのはfriends で，されるのは Ken と考える。

2 下線部の不定詞が名詞的用法なら **A** を，副詞的用法なら **B** を，形容詞的用法なら **C** を書きなさい。（2点×8）

(1) I'm going there <u>to buy</u> some stamps.〔　〕
(2) I want something <u>to eat</u>.〔　〕
(3) I was very happy <u>to see</u> you.〔　〕
(4) Please try <u>to do</u> better next time.〔　〕
(5) I have a lot of letters <u>to write</u> today.〔　〕
(6) To do good is <u>to be</u> happy.〔　〕
(7) I didn't have time <u>to play</u> with you.〔　〕
(8) He decided <u>to go</u> to the meeting.〔　〕

2 (1)目的を表す。
(2) something を修飾している。
(3)原因を表す。
(4) try の目的語になっている。
(5) letters を修飾している。
(6)補語になっている。
(7) time を修飾している。
(8) decided の目的語になっている。

3 ＿＿に適語を入れて，問答文を完成しなさい。（完答4点×2）

(1) Are you busy now?
—— No. I have nothing ＿＿＿＿ ＿＿＿＿ now.
(2) Are you hungry?
—— Yes, very much. I need something to ＿＿＿＿.

3 (1)「忙しくない」という内容に合うようにする。
(2)「空腹だ」という内容に合うようにする。

このページの単語・熟語
work [wə́ːrk]（ワーク）:仕事　**buy** [bái]（バイ）:買う　**stamp** [stǽmp]（スタンプ）:切手　**next time**:今度
play with ～:～と遊ぶ　**decide** [disáid]（ディサイド）:決心する　**meeting** [míːtiŋ]（ミーティング）:集会
hungry [hʌ́ŋgri]（ハングリィ）:空腹の

74

4 次の各組の文の内容がほぼ同じになるように，____に適語を入れなさい。 （完答8点×2）

(1) { I want to drink something.
I want something ____________ ____________.

(2) { I must do a lot of homework.
I have a lot of homework ____________ ____________.

5 次の語群を並べかえて，正しい英文にしなさい。 （8点×3）

(1) Do you (anything / cold / have / to) drink?

Do you ________________________________ drink?

(2) I didn't (have / to / time / visit) Tokyo.

I didn't ________________________________ Tokyo.

(3) I (of / a / books / lot / to / have) read.

I ________________________________ read.

6 次の日本文を不定詞を使って英文になおしなさい。 （8点×3）

(1) 彼は昨日何もすることがありませんでした。

____

(2) 京都には見るところがたくさんあります。

____

(3) あなたは何か言うことがありますか。

____

4 (1)上の名詞的用法の不定詞を形容詞的用法にして使う。
(2) mustは「～しなければならない」の意。下の文は「すべき宿題がたくさんある」と考える。

5 (1)〈anything＋形容詞＋不定詞〉の語順に注意する。
(2)不定詞が time を修飾するようにする。
(3) a lot of ～で「たくさんの～」。不定詞が books を修飾するようにする。

6 (1) nothing を had の目的語として使い，nothing のあとに不定詞を続ける。
(2) There で始める。「ところ」= place。「見る」= see。
(3)この場合の「言う」には say を使ってみよう。

解答は別冊 P.17・18

さらに一歩！ ●形容詞的用法の不定詞で何か注意すべきことはありますか？

もともと動詞が前置詞を伴っているとき，その前置詞が不定詞のあとに残ります。

He has no house **to live *in***. （彼には住む家がありません。← live in ～〔～に住む〕）

I have no friends **to play *with***. （私にはいっしょに遊ぶ友人がいません。← play with ～〔～と遊ぶ〕）

drink [drínk]：飲む　**anything** [éniθiŋ]：(疑問文で)何か　**cold** [kóuld]：冷たい　**time** [táim]：時間
visit [vízit]：訪れる　**nothing** [nʌ́θiŋ]：何も～ない　**place** [pléis]：場所　**say** [séi]：言う

75

1 チェック24 疑問詞+to ～ / It ... (for －) to ～.

1 疑問詞+to ～

〈疑問詞+to ～〉が〈S+V+O〉のOの位置や，〈S+V+O+O〉のあとのOの位置にくる表現。

〈疑問詞+to ～〉が表す意味	how to ～（～のしかた，～する方法，どう～したらよいか） what to ～（何を～したらよいか〔すべきか〕） when to ～（いつ～したらよいか〔すべきか〕） where to ～（どこで〔に〕～したらよいか〔すべきか〕） which (...) to ～（どちら〔の…〕を～したらよいか〔すべきか〕）

☞チェック29

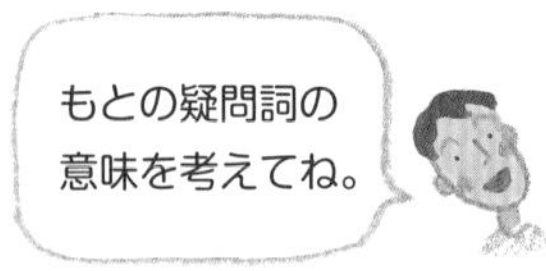

I know **how to use this machine**.（私はこの機械の使い方を知っています。）
S V O(動詞knowの目的語)

I asked him **how to use this machine**.（私は彼にこの機械の使い方をたずねました。）
S V O(「～に」=人) O(疑問詞+to ～「～を」=もの)

I don't know **what to say**.（私は何を言ってよいのかわかりません。）

Please tell me **when to go there**.（いつそこへ行ったらよいのか私に教えてください。）

I'll tell him **where to go**.（彼にどこに行けばいいのか教えてあげましょう。）

I want to know **which (book) to read**.（どちら〔の本〕を読んだらいいのか私は知りたい。）

✓注 疑問詞の why にはこの用法はないので注意。× why to ～

2 It ... (for －) to ～.

〈It is ... to ～.〉の形で，「～することは…である」の意味を表す。It は to 以下の不定詞を指す。このit を**形式主語**という。To ～ (is) ... の長い主語を避けるためによく使われる。

It is dangerous **to swim in this river**.（この川で泳ぐことは危険です。）
→形式主語 →It は to 以下を指す：It = to swim in this river

It was easy **to answer the question**.（その質問に答えるのは簡単でした。）

to ～の不定詞の行為者，つまり不定詞の意味上の主語をはっきりさせたいときは，to ～の前に**〈for+人〉**を置けばよい。「人」が代名詞の場合は目的格にする。「－が〔－にとって〕～することは…だ」の意味になる。

It is easy ***for me*** **to swim**.（私が泳ぐのは簡単なことです。）
↑to swim の意味上の主語

It was easy ***for me*** **to answer the question**.（私がその質問に答えるのは簡単でした。）

●最重要文の練習● 次の英文を＿＿＿に書きましょう。

㉝ **I know how to use this machine.** （私はこの機械の使い方を知っています。）

how to use

＿＿＿＿＿＿＿＿＿＿＿＿＿＿＿＿ ＿＿＿＿＿＿＿＿＿＿＿＿＿＿＿＿

㉞ **It is dangerous to swim in this river.** （この川で泳ぐことは危険です。）

It to swim

＿＿＿＿＿＿＿＿＿＿＿＿＿＿＿＿ ＿＿＿＿＿＿＿＿＿＿＿＿＿＿＿＿

▶▶▶ポイント確認ドリル

解答は別冊 P.18

1 次のような場合英語でどう言えばよいか，＿＿に適する語を書きなさい。

□(1) 相手に車の運転のしかたがわかないことを伝える場合。

I don't know ＿＿＿＿＿＿ to drive a car.

□(2) 今何をすればいいかを知りたい場合。

I want to know ＿＿＿＿＿＿ to do now.

□(3) 明日行くべき場所を知りたい場合。

I want to know ＿＿＿＿＿＿ to go tomorrow.

2 各文の( )内から適する語を選んで，＿＿に書きなさい。

□(1) (It, This) is interesting to play soccer. ＿＿＿＿＿＿

□(2) (It, It's) easy to read this book. ＿＿＿＿＿＿

□(3) It (is, was) not easy to get there yesterday. ＿＿＿＿＿＿

□(4) It is difficult (of, for) us to stay here. ＿＿＿＿＿＿

3 次の語群を日本文に合うように並べかえて，全文を書きなさい。

□(1) 私はこのカメラの使い方を知っています。 I know (use / this / how / to) camera.

＿＿＿＿＿＿＿＿＿＿＿＿＿＿＿＿＿＿＿＿＿＿＿＿＿＿＿＿＿＿

□(2) この通りを歩くのは危険です。 (walk / dangerous / to / is / it) along this street.

＿＿＿＿＿＿＿＿＿＿＿＿＿＿＿＿＿＿＿＿＿＿＿＿＿＿＿＿＿＿

このページの単語・熟語

dangerous [déindʒərəs]（デインヂャラス）：危険な **drive** [dráiv]（ドゥライヴ）：運転する
interesting [íntərəstiŋ]（インタレスティング）：おもしろい **difficult** [dífikəlt]（ディフィカルト）：難しい
camera [kǽmərə]（キャメラ）：カメラ **street** [stríːt]（ストゥリート）：通り

77

不定詞・動名詞 ④
疑問詞+to ～ / It ... (for －) to ～.

月　日
点

1 次の各文の下線部に適語を入れ，日本文に相当する英文を完成しなさい。（完答4点×3）

(1) あなたはこの電話の使い方を知っていますか。
Do you know ＿＿＿＿ ＿＿＿＿ use this phone?

(2) 私がカレーを料理するのは簡単です。
＿＿＿＿ easy ＿＿＿＿ me to cook curry.

(3) 私は次に何をすればいいのか知りたい。
I want to know ＿＿＿＿ ＿＿＿＿ do next.

1 (1)(3)〈疑問詞+to ～〉の形になる。疑問詞に何を使うのかをまず考える。
(2)空所の数から短縮形を使う。不定詞の意味上の主語はどう表すのか。

2 次の英文を日本文になおしなさい。（3点×4）

(1) Is it so dangerous to climb this mountain?
(　　　　　　　　　　　　　　　　)

(2) I want to know where to get off the bus.
(　　　　　　　　　　　　　　　　)

(3) Please advise me which shirt to buy.
(　　　　　　　　　　　　　　　　)

(4) It wasn't easy for me to read this English book.
(　　　　　　　　　　　　　　　　)

2 (1) it は to 以下を指す形式主語。
(2) where to ～の意味を考える。
(3) me が「～に」，which 以下が「～を」にあたる。
(4)不定詞の意味上の主語が for ～で表されている。

3 次の(1)～(3)に続けるのに最も適するものをア～ウから１つずつ選び，記号で答えなさい。（4点×3）

(1) It was very difficult 〔　　〕
(2) I will explain 〔　　〕
(3) It will not be so easy 〔　　〕

ア for you to finish the work by next Friday.
イ to read this book without a dictionary yesterday.
ウ how to use this new computer.

3 (1)(3)いずれも It ... (for －) to ～. の文になる。過去や未来の時制に注意する。
(2) explain の意味をまず考える。

このページの単語・熟語
phone [fóun]（フォウン）：電話　**next** [nékst]（ネクスト）：次に，次の　**get off** ～：～を降りる
advise [ædváiz]（アドゥヴァイズ）：助言する　**explain** [ikspléin]（イクスプレイン）：説明する
dictionary [díkʃənèri]（ディクショネリィ）：辞書

78

4 次の語群を並べかえて，正しい英文にしなさい。ただし，不要な語が１つずつあります。 （８点×４）

(1) Do (where / buy / to / you / know / what) the ticket?

Do ______________________________ the ticket?

(2) (study / you / of / it's / important / for / to) English every day.

______________________________ English every day.

(3) I want (to / to / home / what / leave / know / when).

I want ______________________________.

(4) (it / to / watch / is / for / exciting / soccer games) at the stadium?

______________________________ at the stadium?

4 (1)「どこでチケットを買ったらいいかあなたは知っていますか」
(2)「あなたが毎日英語を勉強するのは大切なことです」
(3)「私はいつ家を出たらいいのか知りたい」
(4)「スタジアムでサッカーの試合を見るのはわくわくしますか」

5 次の日本文を英文になおしなさい。 （８点×４）

(1) 私は何を言ったらよいかわかりませんでした。

____

(2) あなたにとって早く起きるのは簡単ですか。

____

(3) 私は図書館へどう行ったらいいのか知りたい。

____

(4) 夜にそこへ行くのは危険です。

____

5 (1)「何を言ったらよいか」の「言う」には say を使う。
(2)「早く」= early。「起きる」= get up。
(3)疑問詞には how を使う。「図書館」= library。
(4)「夜に」= at night。「危険な」= dangerous。

解答は別冊 P.18・19

さらに一歩！ ●〈疑問詞＋to ～〉で何か便利な使い方はありますか？

〈疑問詞＋to ～〉は動詞の目的語として多く使われますが，次のように主語として使われることもあります。

How to live is the most important thing. （どう生きるかが人生で最も重要なことです。）

ticket [tíkit]（ティケット）:チケット，切符　**important** [impɔ́ːrtənt]（インポータント）:大切な，重要な　**exciting** [iksáitiŋ]（イクサイティング）:わくわくさせる
get up:起きる　**at night**:夜に

79

セクション 7-5 不定詞・動名詞 ⑤

チェック25

1 チェック25 動名詞

1 動名詞

動詞の～ing 形が文中で名詞と同じ働きをすることがある。動詞の目的語，主語，補語，前置詞の目的語として用いられる。この～ing 形のことを**動名詞**という。

■ 動詞の目的語

- I enjoy **reading**. （私は読書を楽しみます。）
- I like **swimming** in the sea. （私は海で泳ぐのが好きです。）

■ 主語

- **Walking** is good exercise. （散歩はよい運動です。）
- **Sleeping** is necessary to health. （睡眠は健康のために必要です。）

■ 補語：be 動詞のあとに～ing が続くと進行形と同じ形になるので，注意が必要。

- My hobby is **collecting** stamps. （私の趣味は切手を集めることです。）
- Her work was **typing** letters. （彼女の仕事は手紙をタイプすることでした。）

■ 前置詞の目的語：前置詞の目的語に不定詞を使うことはできない。

- He is good at **swimming**. （彼は水泳が得意です。）〔× at **to swim**〕
- He went out without **saying** a word. （彼はひと言（こと）も言わずに出て行きました。）

参考 How about ～ing?（～するのはどうですか），look forward to ～ing（～するのを楽しみに待つ）など動名詞を使った成句もある。

2 動名詞と不定詞

動詞によって目的語に不定詞だけをとるもの，動名詞だけをとるもの，両方とるものがある。

① 不定詞だけ：want to ～（～したい） hope to ～（～を望む） decide to ～（～と決心する）

② 動名詞だけ：enjoy ～ing（～して楽しむ） stop ～ing（～するのをやめる） finish ～ing（～するのを終える） give up ～ing（～をやめる，あきらめる）

③ 両方とるもの：begin・start（始める） like（好む） continue（続ける）

次の２つの区別は大切なのでしっかり覚えておこう。

- He stopped ***talking***. （彼は話すのをやめました。）〈目的語の動名詞〉
- He stopped ***to talk*** with her. （彼は彼女と話すために立ちどまりました。）〈目的を表す副詞的用法の不定詞〉

●最重要文の練習● 次の英文を＿＿＿に書きましょう。

㉟ **I enjoy reading.** （私は読書を楽しみます。）

enjoy reading.

㊱ **He stopped talking.** （彼は話すのをやめました。）

stopped talking.

▶▶▶ポイント確認ドリル

解答は別冊 P.19

1 下線部が動名詞の文を 2 つ選び，記号を書いて日本文になおしなさい。

ア My sister is playing the piano in her room.

イ Did you finish playing the piano?

ウ Playing baseball is a lot of fun.

エ A lot of children were playing in the park.

□〔　　〕（　　　　　　　　　　　　　　　　）

□〔　　〕（　　　　　　　　　　　　　　　　）

2 次の各文の下線部に適語を入れ，日本文に相当する英文を完成しなさい。

□(1) 私は毎日たくさんの歌を歌って楽しんでいます。

I ＿＿＿＿＿＿ ＿＿＿＿＿＿ many songs every day.

□(2) 私の趣味は古い人形を集めることです。

My hobby ＿＿＿＿＿＿ ＿＿＿＿＿＿ old dolls.

3 次の語群を日本文に合うように並べかえて，全文を書きなさい。

□(1) 彼はその本を読むのをやめました。 He (reading / the / stopped / book).

□(2) 彼は走るのが得意です。 He (at / running / is / good).

このページの単語・熟語

enjoy [indʒɔ́i]（インヂョイ）：楽しむ **finish** [fíniʃ]（フィニッシュ）：終える **a lot of fun**：（形容詞のように用いて）とても楽しい **sing** [síŋ]（スィング）：歌う **collect** [kəlékt]（コレクト）：集める **be good at ～**：～が得意である

81

セクション 7-5

不定詞・動名詞 ⑤

動名詞

月　日

点

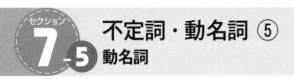

1 各文の(　)内の語を動名詞か不定詞にして，＿＿に書きなさい。

（3点×6）

(1) We enjoy (watch) TV every day. ＿＿＿＿

(2) I want (see) you again very soon. ＿＿＿＿

(3) He is poor at (play) soccer. ＿＿＿＿

(4) Stop (talk) and listen to me. ＿＿＿＿

(5) I hope (study) history at college. ＿＿＿＿

(6) You should give up (eat) too much. ＿＿＿＿

2 次の各組の①・②の意味の違いがわかるようにして，日本文になおしなさい。 （3点×4）

(1) ① She stopped looking at the map.

(　　　　　　　　)

② She stopped to look at the map.

(　　　　　　　　)

(2) ① He went into the room to say goodbye.

(　　　　　　　　)

② He left the room without saying goodbye.

(　　　　　　　　)

3 ＿＿に適語を入れて，問答文を完成しなさい。(　)があるものはその中の日本語を参考にすること。 （完答4点×3）

(1) What's your hobby, Jane?

—— It's ＿＿＿＿ old coins. (古い硬貨を集めること)

(2) It's raining hard.

—— Yes. It ＿＿＿＿ ＿＿＿＿ an hour ago.

(3) You walk every morning, right?

—— Yes. ＿＿＿＿ fast is good exercise. (速く歩くこと)

1 enjoy, stop, give up などの動詞は不定詞を目的語にすることはできない。
want, hope などは動名詞を目的語にすることはできない。

2 (1) stop のあとの～ing 形は stop の目的語。to ～は目的を表す副詞的用法の不定詞になる。
look at ～で「～を見る」の意味。
(2) ①の to say は目的を表す副詞的用法の不定詞。
②の saying は前置詞 without のあとに続く動名詞。
left は leave の過去形。

3 いずれも動名詞を補う。
(1)「集める」＝collect。
(2) an hour ago から内容を考える。
(3) 動名詞が副詞(fast)を伴う形になる。

このページの単語・熟語

be poor at ～:～がへたである　**listen to ～**:～を聞く　**map** [mǽp]（マップ）:地図
go into ～:～へ入る　**left**:leave(去る)の過去形　**coin** [kɔ́in]（コイン）:硬貨　**right** [ráit]（ライト）:正しい
exercise [éksərsàiz]（エクササイズ）:運動

82

4 次の各組の文の内容がほぼ同じになるように，＿＿に適語を入れなさい。 （完答４点×５）

(1) { She likes to run in the park.
She is fond of ＿＿＿＿＿ in the park.

(2) { He began reading the book.
He began ＿＿＿＿＿ ＿＿＿＿＿ the book.

(3) { Kate can play tennis well.
Kate is good at ＿＿＿＿＿ tennis.

(4) { Tom talked with Jane. Tom enjoyed it very much.
Tom enjoyed ＿＿＿＿＿ with Jane very much.

(5) { Ken stopped talking and listened to music.
Ken stopped talking ＿＿＿＿＿ listen to music.

5 次の語群を並べかえて，正しい英文にしなさい。 （９点×２）

(1) (not / good / is / speaking / English) easy.

＿＿＿＿＿＿＿＿＿＿＿＿＿＿＿＿＿＿ easy.

(2) (on / to / I / listening / music / enjoy) Sundays.

＿＿＿＿＿＿＿＿＿＿＿＿＿＿＿＿＿＿ Sundays.

6 次の日本文を英文になおしなさい。 （10点×２）

(1) 彼はその難しい本を読み終えました。

＿＿＿＿＿＿＿＿＿＿＿＿＿＿＿＿＿＿＿＿

(2) 私の兄は医者になる決心をしました。

＿＿＿＿＿＿＿＿＿＿＿＿＿＿＿＿＿＿＿＿

4 (1) be fond of ～は「～が好き」で like と同じ意味。of は前置詞なので動名詞が続く。
(2) begin は不定詞も動名詞も目的語にすることができる。
(3)「～を上手にできる」を「～が得意だ」と考える。
(4) enjoy は不定詞を目的語にすることはできない。
(5) listen が原形であることに注意する。

5 (1)「正しい英語を話すのは簡単ではありません」
(2)「私は日曜日には音楽を聞いて楽しみます」

6 (1)「難しい」＝ difficult。動詞の目的語に動名詞を使う。
(2)「医者」＝ doctor。「決心する」＝ decide。decide は不定詞を目的語にする。

解答は別冊 P.19･20

❖さらに一歩！❖ ● to のあとにはいつも原形がきて不定詞になるのではないのですか？

to は，不定詞の to なのか，前置詞の to なのかを区別して考えなければいけません。不定詞を作る to のあとは動詞の原形で，前置詞 to のあとには名詞，あるいは名詞相当語句（動名詞など）が続きます。

I'm looking forward **to *seeing*** you soon. （すぐに会えることを楽しみにしています。）

be fond of ～:～が好きである　**talk with ～**:～と話す　**speak** [spíːk]（スピーク）:話す
easy [íːzi]（イーズィ）:簡単な　**difficult** [dífikəlt]（ディフィカルト）:難しい　**doctor** [dáktər]（ダクタァ）:医者　**decide** [disáid]（ディサイド）:決心する

83

There is[are] ~.の文 / 未来の文 / 助動詞 / 不定詞·動名詞

1 正しい英文になるように，(　)内から適切な語句を選び，その記号に○をつけなさい。（3点×5）

1 There (ア is　イ are) only one apple in the basket.

2 You must (ア are　イ be) kind to your friends.

3 Did you finish (ア writing　イ to write) the letter?

4 I want (ア winning　イ to win) the game.

5 I hope (ア seeing　イ to see) you again soon.

2 次の英文を日本文になおしなさい。（5点×2）

1 You may stay here, but you must not speak.

(　　　　　　　　　　　　　　　　　　　　)

2 Do you know how to open the fridge?

(　　　　　　　　　　　　　　　　　　　　)

3 次の英文の下線部に適語を入れ，問答文を完成しなさい。（完答3点×5）

1 ＿＿＿＿＿ I open the windows?

— Yes, please do.

2 ＿＿＿＿＿ your brother going to study music in Germany?

— Yes, he is.

3 Is ＿＿＿＿＿ a college in your city?

— Yes, there is.

4 Are you busy now?

— Yes, I am. I have a lot of things ＿＿＿＿＿ ＿＿＿＿＿ now.

5 Are you thirsty now?

— Yes, very much. I need something ＿＿＿＿＿ ＿＿＿＿＿.

このページの単語・熟語

only オウンリィ [óunli]：ただ～だけ　**basket** バスケト [bǽskit]：かご　**win** ウィン [wín]：勝つ
open オウプン [óupən]：あける　**fridge** フリッヂ [frídʒ]：冷蔵庫　**Germany** ヂャーマニィ [dʒə́ːrməni]：ドイツ
thirsty サースティ [θə́ːrsti]：のどがかわいた

84

4 次の英文を〔　〕内の指示にしたがって書きかえなさい。　（6点×4）

1　There are some students in the room.　〔否定文に〕

2　I will do my best.　〔be 動詞を用いてほぼ同じ内容の文に〕

3　Tom can swim well.　〔be good at を使ってほぼ同じ内容の文に〕

4　Jim had a lot of homework yesterday.　He had to do it.

〔形容詞的用法の不定詞を使ってほぼ同じ内容を1つの文で〕

5 次の語群を，日本文に合うように並べかえなさい。ただし，不要な語が1つずつあります。

（8点×2）

1　あなたたちは川で泳いではいけません。

(not / the / swim / have / you / river / in / must / .)

2　彼はその知らせを聞いてとても驚くでしょう。

(very / news / he / be / hearing / to / hear / surprised / will / the / .)

6 次の日本文を英文になおしなさい。1には there を使うこと。　（10点×2）

1　8月は何日ありますか。―― 31日あります。

2　英語の先生になるためには，あなたは一生けんめい勉強しなければいけません。

do one's best:最善を尽くす　**swim** [swím]:泳ぐ　**homework** [hóumwə:rk]:宿題

have to 〜:〜しなければならない　**be surprised**:驚く　**hard** [há:rd]:一生けんめい

85

まとめのテスト ④

解答は別冊 P.21

月　日　点

There is[are] ～. の文 / 未来の文 / 助動詞 / 不定詞・動名詞

1 正しい英文になるように，(　)内から適切な語句を選び，その記号に○をつけなさい。

（3点×5）

1 (ア Will　イ Shall) you come to my house tomorrow?

2 (ア Will　イ Are) you going to wash the car?

3 We all enjoyed (ア playing　イ to play) tennis.

4 I would like (ア coming　イ to come) to your party.

5 Kate is interested in (ア making　イ to make) dolls.

2 次の英文を日本文になおしなさい。（5点×2）

1 My brother stopped walking and began to eat something.

(　　　　　　　　　　　　　　　　　　　　)

2 We study foreign languages to understand each other in this small world.

(　　　　　　　　　　　　　　　　　　　　)

3 次の英文の下線部に適語を入れ，問答文を完成しなさい。（完答3点×5）

1 ＿＿＿＿＿ I stay here all day?

―― No, you don't have to.

2 ＿＿＿＿＿ you have to come by car?

―― Yes, I did.

3 How ＿＿＿＿＿ days are there in February this year?

―― There ＿＿＿＿＿ 29 days.

4 ＿＿＿＿＿ are you going to have the concert?

―― We ＿＿＿＿＿ going to have it at the gym.

5 ＿＿＿＿＿ we go to the movies this evening?

―― Oh, that's a good idea. Let's do that.

このページの単語・熟語

party [pɑ́ːrti]（パーティ）：パーティー　**be interested in ～**：～に興味がある　**doll** [dɑ́l]（ダル）：人形

foreign language：外国語　**understand** [ʌ̀ndərstǽnd]（アンダスタンド）：理解する　**each other**：お互い

all day：一日中

86

4 次の英文を〔　〕内の指示にしたがって書きかえなさい。（6点×4）

1 He is able to walk across the desert. 〔will を加えた文に〕

2 Must I clean the room? 〔have を用いてほぼ同じ内容の文に〕

3 He has two letters to write today. 〔must を用いてほぼ同じ内容の文に〕

4 Bob went to the library. He read the book there.

〔副詞的用法の不定詞を使ってほぼ同じ内容を１つの文で〕

5 次の語群を，日本文に合うように並べかえなさい。ただし，不要な語が１つずつあります。（8点×2）

1 来月コンサートがある予定です。

(concert / shall / a / month / there / be / next / will / .)

2 トムは彼女と話すのをやめませんでした。

(not / her / Tom / of / stop / did / talking / with / .)

6 次の日本文を英文になおしなさい。（10点×2）

1 健は公園で走って楽しみました。

2 あなたは次に何をするつもりですか。―― 私は彼女に会うつもりです。

walk across ～：～を歩いて渡る　**desert** [dézərt]（デザァト）：砂漠（さばく）　**clean** [klíːn]（クリーン）：そうじをする
library [láibrèri]（ライブレリィ）：図書館　**next month**：来月　**talk with ～**：～と話す　**next** [nékst]（ネクスト）：次に

87

セクション 8

会話表現・命令文

88

チェック 26・27

1 チェック26 会話表現

日常の会話 **What's up?** 「どうしたの？」 **Have a good time.** 「楽しくお過ごしを」

That's all right[OK]. 「いいんですよ」 **How are things?** 「元気かい？」

Why don't you ～? 「～したらどうですか」 **So so.** 「まあまあです」

Could you tell me the way to ～? 「～へ行く道を教えていただけませんか」

How long will[does] it take to ～? 「～へはどのくらいの時間がかかりますか」

How＋形容詞〔副詞〕(＋主語＋動詞)! 「なんて～なんだろう」

What(＋a[an])＋形容詞＋名詞(＋主語＋動詞)! 「なんて～な…なんだろう」

店などで **I'll take it.**「それをいただきます」 **Here's your change.** 「おつりです」

May I order now?「注文していいですか」 **Please show me another.**「別のを見せてください」

電話で **Who's calling?**「どちらさまですか」 **May I speak to ～?** 「～さんをお願いします」

Hold on. 「そのままお待ちください」 **Can I take a message?**「伝言を承(うけたまわ)ります」

I'll call (you) back (later).「かけなおします」 **This is he[she].** 「私です」

2 チェック27 命令文

1 Be で始まる命令文

一般動詞ではなく be 動詞の文を命令文にするには，be 動詞の原形の **Be** で始める。禁止を表すには，Don't を be の前に置けばよい。

be 動詞の原形はどれも be なんだね。

- **Be** kind to old people. （お年寄りには親切にしなさい。）
  └ be 動詞の原形の be　[← You *are* kind to old people.]
- **Don't be** late again. （二度と遅れてはいけません。）

2 〈命令文，and[or] ～.〉の文

命令文のあとに and が続き，**〈命令文，and ～.〉**の形で「…しなさい，そうすれば～」の意味を表し，or が続き，**〈命令文，or ～.〉**の形になると「…しなさい，さもないと～」の意味を表す。

- ***Study*** hard, **and** you will pass the exam.
  （一生けんめい勉強しなさい，そうすれば試験に合格するでしょう。）
- ***Hurry*** **up**, **or** you'll be late for school.
  （急ぎなさい，さもないと学校に遅れますよ。）

and や or を接続詞(せつぞくし)っていうのよ。

●最重要文の練習● 次の英文を______に書きましょう。

㊲ **How beautiful!** （なんて美しいのでしょう。）

How beautiful!

______________________ ______________________

㊳ **Be kind to old people.** （お年寄りには親切にしなさい。）

Be kind

______________________ ______________________

▶▶▶ポイント確認ドリル

解答は別冊 P.21

1 次のような場合，どの表現を使えばよいか，１つずつ選びなさい。

□(1) 電話で，相手に切らずに待ってほしいことを伝える場合。 〔　　〕

ア Go on. イ Hold on.

ウ Sit on. エ Come on.

□(2) 電話で，相手にこちらからかけなおすことを伝える場合。 〔　　〕

ア Call me back, please. イ Don't call me back later.

ウ I'll call you back later. エ Did you call me?

□(3) 電話で，絵美と話したいということを相手に伝える場合。 〔　　〕

ア Can you talk to Emi? イ Will you speak to Emi?

ウ May you talk to Emi? エ May I speak to Emi?

2 次のような場合，英語ではどのように言えばよいか，____に適する語を書きなさい。

□(1) ある物やある人がとてもかわいいことを伝える場合。

______ pretty!

□(2) 電話をかけてきた人がだれであるかを，相手にたずねたい場合。

______ calling, please?

□(3) お店で何かを買うと決めた場合。

I'll ______ it.

□(4) 学校に遅れないように相手に言う場合。

______ ______ late for school.

このページの単語・熟語

beautiful [bjúːtəfəl]（ビューティフル）：美しい **kind** [káind]（カインド）：親切な **call** [kɔ́ːl]（コール）：電話をかける
call back：（あとで）折り返し電話をかける **pretty** [príti]（プリティ）：かわいらしい
be late for 〜：〜に遅れる

89

セクション 8

会話表現・命令文

会話表現 // 命令文

月　日

点

1 下線部の誤りを正して，＿＿に書きなさい。（２点×４）

（1） What beautiful! ＿＿＿＿

（2） Are a good boy, Ben. ＿＿＿＿

（3） How a cute doll! ＿＿＿＿

（4） Let's to walk to school today. ＿＿＿＿

2 次の英文を日本文になおしなさい。（２点×２）

（1） Study hard, or you'll fail the exam.

（　　　　　　　　　　　　　　　　）

（2） Hurry up, and you'll be able to catch the train.

（　　　　　　　　　　　　　　　　）

3 次の英文の下線部に適語を入れ，日本文に相当する英文を完成しなさい。（完答４点×３）

（1） 〔電話に出ているのは〕私ですよ。

＿＿＿＿ ＿＿＿＿ he[she].

（2） 〔店で〕それを買います。

＿＿＿＿ ＿＿＿＿ it.

（3） パーティーに来たらどうですか〔来てみませんか〕。

＿＿＿＿ ＿＿＿＿ you come to the party?

4 ＿＿に適語を入れて，問答文を完成しなさい。（完答４点×３）

（1） I don't like this shirt. Please ＿＿＿＿ me another.

—— How about this one?

（2） How ＿＿＿＿ will it take to go to the museum?

—— It'll ＿＿＿＿ about fifteen minutes.

（3） May I speak ＿＿＿＿ Jane, please?

—— She's out now. Can I ＿＿＿＿ a message?

1 (1)形容詞(beautiful)のあとに名詞がないことに注意。
(2) be動詞の命令文になる。
(3)あとに形容詞と名詞が続いていることに注意。
(4) Let'sのあとには動詞の原形。

2 命令文のあとのorは「さもないと」の意味で，andは「そうすれば」の意味。

3 (1)電話特有の言い方になるので，このまま覚えておこう。
(2)この文の「買う」はbuyやgetではない。
(3)「～したらどうですか」をどう表すかを考える。疑問詞で始める。

4 (1)直前の文の内容から考える。
(2)かかる時間の長さをたずねる疑問文にする。使われている動詞にも注意。
(3)電話での会話であることに注意。

このページの単語・熟語

fail [féil]（フェイル）:（試験に）落ちる　**exam** [igzǽm]（イグザム）:試験　**hurry up**:急ぐ　**be able to ～**:～することができる　**catch** [kǽtʃ]（キャッチ）:間に合う　**another** [ənʌ́ðər]（アナザァ）:別のもの〔人〕　**museum** [mjuːzíːəm]（ミューズィーアム）:博物館，美術館

90

5 〔 〕内の指示にしたがって書きかえなさい。 （8点×3）

(1) You are quiet in this room. 〔命令文に〕

____

(2) You mustn't be noisy in the library. 〔同じ内容を命令文で〕

____

(3) You're careful. 〔下線部を比較級にした命令文に〕

____

6 次の語群を並べかえて，正しい英文にしなさい。 （8点×3）

(1) (a / good / be / at / boy) his house today.

________________________ his house today.

(2) (kind / be / to / don't) those bad boys.

________________________ those bad boys.

(3) (nice / and / to / him / be / ,) he'll be nice to you.

________________________ he'll be nice to you.

7 次の日本文を英文になおしなさい。 （8点×2）

(1) もっとよい(男の)子にしていなさい〔なりなさい〕。

____

(2) 急ぎなさい，さもないと遅れますよ。

____

5 (1) be 動詞の命令文になる。
(2) be 動詞の否定の命令文になる。
(3) careful の比較級には more を使う。

6 (1)「今日彼の家ではいい子にしていなさい」
(2)「あの悪い男の子たちに親切にしてはいけません」 be kind to ～で「～に親切にする」の意味。
(3) この文の nice は kind とほぼ同じ意味。

7 (1)「もっとよい」は good の比較級 better を使う。
☞チェック7
(2)「急ぐ」＝ hurry (up) か be quick で表す。「遅れる」＝ be late。後半は未来の文にする。
☞チェック16

解答は別冊 P.21・22

❖さらに一歩！❖ ● be動詞の命令文も一般動詞の命令文と同じ作り方でいいのですか？

はい，同じように考えてください。please が文末にくるときにはその前にコンマ (,) を打つことや，呼びかけの語はやはりコンマで区切ることも同じです。

Ken, be more careful next time, please. （健，今度はもっと注意してください。）

quiet [kwáiət]（クワイエト）:静かな **mustn't** [mʌ́snt]（マスント）:must not の短縮形 **noisy** [nɔ́izi]（ノイズィ）:騒がしい
library [láibrèri]（ライブレリィ）:図書館 **careful** [kéərfəl]（ケアフル）:注意深い **quick** [kwík]（クウィック）:速い

91

セクション 9-1

いろいろな文型 ①

92

チェック28

1 チェック28 〈S＋V〉と〈S＋V＋C〉の文

英語の文はすべて，次の4つの要素から成り立っている。

①主語（S＝Subject）　：「～は〔が〕」に相当する語。

②動詞（V＝Verb）　　：「～する」「～です」にあたる語で，主語の動作や状態を表す。

③目的語（Object）　　：「～を」「～に」にあたる語で，動詞の対象になる語。

④補語（Complement）：主語や目的語について説明を補う語。

上の4つの要素の組み合わせで，次の5つの文型に分けられる。

①第1文型：**S+V**

②第2文型：**S+V+C**

③第3文型：**S+V+O**

④第4文型：**S+V+O+O**

⑤第5文型：**S+V+O+C**

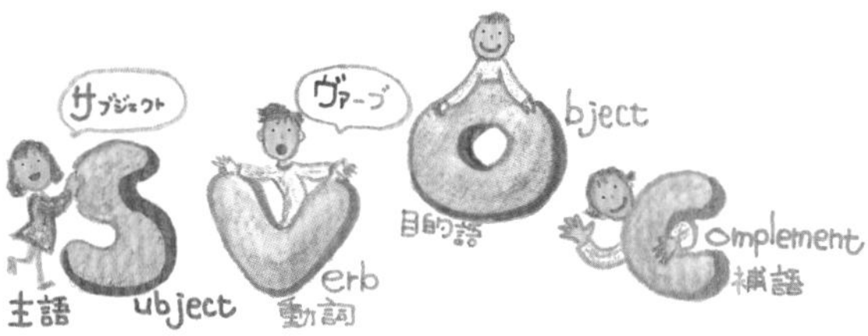

1 〈S+V〉の文

〈主語＋動詞〉の形だけで意味が成立する文で，「…は～する」の意味を表す。

なお，**M**（＝Modifier）は修飾語のことで，文型には関係がない。

✿ **Birds**(S) **fly**(V).（鳥は飛ぶ。）

✿ My(M) **brother**(S) **runs**(V) fast(M).（私の兄は速く走ります。）

2 〈S+V+C〉の文

〈主語＋動詞＋補語〉の形で「…は～である」の意味を表す。この文型のとき，「主語＝補語」の関係が成り立つ。〈S+V+C〉の文型をとれる動詞はbe動詞のほかに，become, look, get, growなどの一般動詞がある。一般動詞の場合は補語に形容詞しかとれないものもある。

✿ I(S) am(V) a junior high school(M) **student**(C).（私は中学生です。）〈I＝student〉

✿ **She**(S) **looked**(V) **happy**(C) yesterday(M).（彼女は昨日幸せそうに見えました。）〈She＝happy〉

第2文型をとる動詞とその補語との関係	become＋名詞・形容詞：～になる　　look＋形容詞：～に見える get, grow＋形容詞：～になる　　feel＋形容詞：～と感じる sound＋形容詞：～に聞こえる　　seem＋名詞・形容詞：～のように思われる

●最重要文の練習● 次の英文を＿＿＿に書きましょう。

㊴ **My brother runs fast.** （私の兄は速く走ります。）

brother runs

＿＿＿＿＿＿＿＿＿＿＿＿＿＿＿＿＿＿＿＿　＿＿＿＿＿＿＿＿＿＿＿＿＿＿＿＿＿＿＿＿

㊵ **She looked happy.** （彼女は幸せそうに見えました。）

She looked happy.

＿＿＿＿＿＿＿＿＿＿＿＿＿＿＿＿＿＿＿＿　＿＿＿＿＿＿＿＿＿＿＿＿＿＿＿＿＿＿＿＿

▶▶▶ポイント確認ドリル

解答は別冊 P.22

1 下線部の語が主語なら **S**，動詞なら **V**，補語なら **C** を書きなさい。

□(1) My name <u>is</u> Aoyama Ken. 〔　　〕

□(2) <u>I</u> walk to school every day. 〔　　〕

□(3) Your dog is very <u>big</u>. 〔　　〕

□(4) You look so <u>beautiful</u> today. 〔　　〕

□(5) Many <u>people</u> will come to the party. 〔　　〕

□(6) Your story <u>sounds</u> strange. 〔　　〕

2 次の各文の下線部に適語を入れ，日本文に相当する英文を完成しなさい。

□(1) 私の兄は今北海道にいます。

My ＿＿＿＿＿＿ ＿＿＿＿＿＿ in Hokkaido now.

□(2) 彼は将来英語の先生になるでしょう。

He will ＿＿＿＿＿＿ an English ＿＿＿＿＿＿ in the future.

3 次の語群を日本文に合うように並べかえて，全文を書きなさい。

□(1) 健は毎日図書館で勉強します。　(in / Ken / studies) the library every day.

＿＿

□(2) あなたは今日悲しそうに見えます。　(sad / you / look) today.

＿＿

このページの単語・熟語

run ラン [rʌ́n]:走る　**walk to ～**:～へ歩いて行く　**people** ピープル [píːpl]:人々
party パーティ [pάːrti]:パーティー　**story** ストーリィ [stɔ́ːri]:話，物語　**strange** ストゥレインヂ [stréindʒ]:奇妙な
in the future:将来　**sad** サッド [sǽd]:悲しい

93

いろいろな文型 ①
〈S+V〉と〈S+V+C〉の文

月　日
点

1 次の **A** の文と同じ文型の文には **A** を，**B** の文と同じ文型の文には **B** を書きなさい。（2点×8）

A：Birds were singing in the woods.

B：My mother was sick last week.

(1) He became a famous doctor. 〔　〕
(2) Tom works in that office. 〔　〕
(3) She didn't sleep well last night. 〔　〕
(4) Ken looked very busy yesterday. 〔　〕
(5) I usually get up at seven. 〔　〕
(6) My mother is an English teacher. 〔　〕
(7) He got angry with me. 〔　〕
(8) Our school stands on a hill. 〔　〕

1 **A** は〈S+V〉の第1文型。**B** は〈S+V+C〉の第2文型。
(1) He=doctor の関係であることから考える。
(2) in that office は修飾語で，場所を表す副詞句。
(3) well も last night も副詞（句）。副詞（句）は文型に関係ない。
(4) Ken=busy の関係。very は busy を修飾している。

2 次の英文を日本文になおしなさい。（4点×3）

(1) It will soon get dark around here.
(　　　　)
(2) Your mother looks so young.
(　　　　)
(3) She looked happier than her sister.
(　　　　)

2 (1) it は明暗を表す特別用法の it。dark は形容詞で補語。
(2) young が補語。
(3) 補語が比較級になっていることに注意する。

3 次の文の内容を考えて，____に適する語を右から1つずつ選び，必要があれば形をかえて書きなさい。（2点×4）

(1) The news may sound ____________, but it is true.
(2) It will be ____________ tomorrow than today.

cold
kind
strange
early

3 (1)「～に聞こえる」に合う形容詞は何か。
(2) than があるので比較級になる。

このページの単語・熟語
woods [wúdz]（ウッヅ）：森　**sick** [sík]（スィック）：病気の　**sleep** [slíːp]（スリープ）：眠る　**usually** [júːʒuəli]（ユージュアリィ）：いつもは
get angry with ～：～に腹を立てる　**dark** [dάːrk]（ダーク）：暗い　**around here**：このあたりでは

94

4 次の語群を並べかえて，正しい英文にしなさい。ただし，不要な語が１つずつあります。（８点×４）

(1) He (a / become / will / get / scientist / famous).

He ＿＿＿＿＿＿＿＿＿＿＿＿＿＿＿＿＿＿＿＿.

(2) Kate (look / happily / not / did / happy) then.

Kate ＿＿＿＿＿＿＿＿＿＿＿＿＿＿＿＿＿＿＿＿ then.

(3) I (seemed / hungry / felt / very) after that.

I ＿＿＿＿＿＿＿＿＿＿＿＿＿＿＿＿＿＿＿＿ after that.

(4) The store (opening / at / o'clock / opens / ten / every) day.

The store ＿＿＿＿＿＿＿＿＿＿＿＿＿＿＿＿＿＿＿＿ day.

4 (1)補語に名詞がくる文には，動詞に get を使うことはできない。
(2)補語になることができるのは形容詞か名詞で，ふつう副詞がなることはない。
(3) hungry が補語で，これに合う動詞を考える。
(4)第１文型の文になる。

5 次の日本文を英文になおしなさい。（８点×４）

(1) 彼らは仲のよい友だちになるでしょう。

＿＿＿＿＿＿＿＿＿＿＿＿＿＿＿＿＿＿＿＿＿＿＿＿

(2) その自転車は新しそうには見えませんでした。

＿＿＿＿＿＿＿＿＿＿＿＿＿＿＿＿＿＿＿＿＿＿＿＿

(3) 明日は寒くなるでしょう。

＿＿＿＿＿＿＿＿＿＿＿＿＿＿＿＿＿＿＿＿＿＿＿＿

(4) 彼の話は本当のようには聞こえませんでした。

＿＿＿＿＿＿＿＿＿＿＿＿＿＿＿＿＿＿＿＿＿＿＿＿

5 (1)「仲のよい」＝good。この文の「なる」には become を使う。
(2)「新しい」＝new。過去の否定文になる。
(3)主語は寒暖を表す it に。
「寒い」＝cold。この文の「なる」には get, grow, become を使う。
(4)「～に聞こえる」＝sound。
「本当の」＝true。

解答は別冊 P.22・23

さらに一歩！ ●第２文型でよく使われる表現は何かありますか？

「なる」の意味の動詞のあとに，**〈比較級＋and＋比較級〉**の形をもってきて，「ますます～，だんだん～」の意味を表します。この and で結ばれた比較級が補語になっています。

The world is ***getting*** **smaller and smaller**.（世界はますます狭くなりつつあります。）

scientist [sáiəntist]（サイエンティスト）：科学者　**famous** [féiməs]（フェイマス）：有名な　**then** [ðén]（ゼン）：そのとき
felt [félt]（フェルト）：feel（～と感じる）の過去形　**bike** [báik]（バイク）：自転車　**story** [stɔ́:ri]（ストーリィ）：話

95

セクション 9-2

いろいろな文型 ②

96

チェック 29

1 チェック 29 〈S+V+O〉と〈S+V+O+O〉と〈S+V+O+C〉の文

1 〈S+V+O〉の文

〈主語+動詞+目的語〉の形で，「－は…を～する」の意味を表す。

My mother **plays** **the piano**. （私の母はピアノを弾きます。）
S V O [S(主語)はO(目的語)をV(動詞)する]

2 〈S+V+O+O〉の文

〈主語+動詞+(間接)目的語+(直接)目的語〉の形で，「－は＿に…を～する」の意味を表す。「＿に」にあたる語を間接目的語(＝人)，「…を」にあたる語を直接目的語(＝もの，こと)という。

He **gave** **me** **a book**. （彼は私に本をくれました。）
S V O_1 O_2 [S(主語)はO_1(目的語)にO_2(目的語)をV(動詞)する]

〈間接目的語(＿に：O_1)＋直接目的語(…を：O_2)〉の語順は，前置詞 to か for を使って，**〈(…を：O_2)＋ to[for] ＋(＿に：O_1)〉**に書きかえることができる。to か for かは動詞によって決まる。

to を使うもの	give（与える） tell（話す） show（見せる） teach（教える） lend（貸す）など
for を使うもの	make（作る） buy（買う） cook（料理する）など

He gave me a book. → He *gave* a book **to** me.

He will buy me a book. → He will *buy* a book **for** me.

✓注 直接目的語(…を)が it や them のような代名詞のときは，give it[them] to Jane のように，ふつうは前置詞を使う形にする。

（×） I'll give you *it*.　（○） I'll give *it* **to** you.

3 〈S+V+O+C〉の文

〈主語+動詞+目的語+補語〉の形で，補語には名詞だけでなく形容詞もくる。この文型では**「目的語＝補語」**の関係が成り立つ。この文型をとる動詞には call(～を…と呼ぶ)，make(～を…(の状態)にする)，name(～を…と名づける)などがある。

We **call** **her** **Mayu**. （私たちは彼女を真由と呼びます。）
S V O C (her[O] = Mayu[C])

The news **made** **her** **happy**. （その知らせは彼女を幸せにしました。）
S V O C (her[O] = happy[C])

〈主語+動詞+目的語+補語〉をとる動詞とその意味	call ～ ...（～を…と呼ぶ） make ～ ...（～を…にする） name ～ ...（～を…と名づける） keep ～ ...（～を…にしておく） leave ～ ...（～を…(のまま)にしておく） paint ～ ...（～を…に塗る）

●最重要文の練習● 次の英文を______に書きましょう。

㊶ **My mother plays the piano.** （私の母はピアノを弾きます。）

mother plays piano.

㊷ **He gave me a book.** （彼は私に本をくれました。）

He gave me book.

▶▶▶ポイント確認ドリル

解答は別冊 P.23

1 下線部の語が目的語なら O，補語なら C を書きなさい。

(1) He looks young for his age. 〔　　〕

(2) I had nothing to do yesterday. 〔　　〕

(3) He told an interesting story. 〔　　〕

(4) Your story sounds strange. 〔　　〕

(5) A lot of people visit Kyoto every year. 〔　　〕

(6) It will get much colder tomorrow. 〔　　〕

2 (　)内の日本語を参考にして，＿＿に適する語を右から１つずつ選んで書きなさい。

(1) They ＿＿＿＿＿＿ baseball on Sundays. （する）

(2) Will you ＿＿＿＿＿＿ me the map? （見せる）

(3) I'll ＿＿＿＿＿＿ you my old computer. （あげる）

(4) Who's going to ＿＿＿＿＿＿ the book? （買う）

show	buy
give	play

3 次の語群を日本文に合うように並べかえて，全文を書きなさい。

(1) 彼にマンガを与えてはいけません。　Don't (a / give / him) comic book.

＿＿＿＿＿＿＿＿＿＿＿＿＿＿＿＿＿＿＿＿

(2) あなたに人形を作ってあげましょう。　I'll (you / a / make) doll.

＿＿＿＿＿＿＿＿＿＿＿＿＿＿＿＿＿＿＿＿

このページの単語・熟語

gave [géiv]（ゲイヴ）：give（与える）の過去形　**for one's age**：年の割には
nothing [nʌ́θiŋ]（ナスィング）：何も～ない　**strange** [stréindʒ]（ストゥレインヂ）：奇妙な　**map** [mǽp]（マップ）：地図
comic book：マンガ本　**doll** [dɑ́l]（ダル）：人形

97

セクション 9-2

いろいろな文型 ②
〈S+V+O〉と〈S+V+O+O〉と〈S+V+O+C〉の文

月　　日

点

1 次の **A** の文と同じ文型の文には **A** を，**B** の文と同じ文型の文には **B** を書きなさい。（2点×4）

A：Young people like popular music.

B：He bought me a nice camera.

(1) I met your brother on the street.〔　　〕

(2) Mary told John the secret.〔　　〕

(3) She showed her new baby to the visitors.〔　　〕

(4) Mr. Nakamura teaches us English.〔　　〕

2 次の各文は，ア：**SV**，イ：**SVC**，ウ：**SVO**，エ：**SVOO**，オ：**SVOC** のいずれの文型か，記号で答えなさい。（2点×5）

(1) We use a lot of water every day.〔　　〕

(2) The sun rises in the east.〔　　〕

(3) Can you lend me a book to read?〔　　〕

(4) It will get darker soon.〔　　〕

(5) We call the boy Jim.〔　　〕

3 次の英文を日本文になおしなさい。（4点×2）

(1) She tasted the soup and put some salt in it.

(　　　　　　　　　　　　　　　　　　　　)

(2) Jane's mother is making her a new dress.

(　　　　　　　　　　　　　　　　　　　　)

4 (　)内の語を正しく並べかえ，____に書きなさい。（5点×2）

(1) I'm going to give (it / you / to).

____

(2) I won't make (for / them / my) family.

____

1 **A** は〈S+V+O〉の第3文型。**B** は〈S+V+O+O〉の第4文型。
(1) on the street は修飾語句。
(2) John が間接目的語。
(3) her new baby が目的語。
(4) English が直接目的語。

2 (1) every day は修飾語句。
(2) in the east（東から）は修飾語句。
(3) me が間接目的語。
(4) darker は補語で，比較級になっている。
(5) the boy が目的語で，Jim が補語。

3 (1) 前半も後半も第3文型。put は原形・過去形が同じ形になる。
(2) 第4文型の文。

4 どちらも直接目的語が代名詞なので，人の前に前置詞がくる。

このページの単語・熟語

bought [bɔ́:t]（ボート）：buy（買う）の過去形　**secret** [sí:krət]（スィークレット）：秘密　**rise** [ráiz]（ライズ）：昇る
lend [lénd]（レンド）：貸す　**taste** [téist]（テイスト）：味見する　**soup** [sú:p]（スープ）：スープ
put [pút]（プット）：入れる，置く　**salt** [sɔ́:lt]（ソールト）：塩

98

5 〔 〕内の指示にしたがって書きかえなさい。 （8点×4）

(1) He gave me some flowers. 〔同じ内容をSVOの文型で〕

____

(2) He bought her a diamond ring. 〔同じ内容をSVOの文型で〕

____

(3) Mr. Kato is our English teacher. 〔同じ内容をSVOOの文型で〕

____

(4) It snows much here. 〔主語をWeにして同じ内容の文に〕

____

6 次の語群を並べかえて，正しい英文にしなさい。 （8点×2）

(1) I (will / picture / you / show / the).

I ______________________________.

(2) I (interesting / tell / to / will / an / story) you.

I ______________________________ you.

7 次の日本文を英文になおしなさい。 （8点×2）

(1) 私にあなたの辞書を貸してくれませんか。

____

(2) 彼は私に駅へ行く道を教えてくれました。

____

5 (1) gave(giveの過去形)はtoを使うのか，forを使うのか。
(2) buyはtoを使うのか，forを使うのか。
(3)間接目的語を「私たちに」と考える。
(4)もとの文のitは天候を表す特別用法のit。much snowを目的語にする文を考える。

6 (1)〈SVOO〉の第4文型にする。間接目的語がyou。直接目的語がpictureになる。
(2)前置詞のtoがあるので，〈SVO〉の第3文型にする。

7 (1)「～してくれませんか」はWill you ～? ☞チェック18
(2)この文の「教える」はteachではなく，tellかshowを使う。
「～へ行く道」= the way to ～。

解答は別冊P.23・24

さらに一歩！ ●toとforを使う動詞をもっと教えてくれませんか？

本書96ページ以外のものでは，次のような動詞があります。

- **to**：send（送る），read（読む），hand（手渡す），write（書く），pay（支払う），sell（売る）など。
- **for**：find（見つける），sing（歌う），get（買う，入手する），choose（選ぶ）など。

diamond [dáiəmənd]（ダイアモンド）：ダイヤモンド　**ring** [ríŋ]（リング）：指輪　**snow** [snóu]（スノウ）：雪が降る，雪
show [ʃóu]（ショウ）：見せる　**dictionary** [díkʃənèri]（ディクショネリィ）：辞書　**station** [stéiʃən]（ステイション）：駅　**the way to ～**：～へ行く道

99

セクション 10-1

受動態〔受け身〕①

100

チェック30

1 チェック30 受動態の肯定文

「…は～する」のように動作をするものが主語になる言い方を**能動態**の文といい，「…は～される」のように動作を受けるものが主語になる言い方を**受動態**〔または**受け身**〕の文という。受動態は，動詞の部分が**〈be動詞＋過去分詞〉**の形になる。

◆過去分詞は規則動詞では過去形と同じになるが，不規則動詞は次のように分類できる。

① **ABC型**：原形・過去形・過去分詞の形がすべて異なる → speak（話す）— spoke — spoken　write（書く）— wrote — written　eat（食べる）— ate — eaten

② **ABB型**：過去形と過去分詞が同じ形 → buy（買う）— bought — bought　make（作る）— made — made　read（読む〔発音は[rí:d]〕）— read[réd] — read[réd]

③ **ABA型**：原形と過去分詞が同じ形 → come（来る）— came — come　run（走る）— ran — run　become（～になる）— became — become

④ **AAA型**：原形・過去形・過去分詞の形がすべて同じ → put（置く）— put — put　cut（切る）— cut — cut　shut（閉める）— shut — shut　hit（打つ）— hit — hit

＊能動態から受動態への書きかえの手順

能動態　**Tom(S)**　**washes(V)**　**the car(O)**.（トムはその車を洗います。）

①　②　③

受動態　**The car**　**is washed**　**by Tom**.（その車はトムによって洗われます。）

①能動態の目的語（O）を主語に。　②動詞（V）の部分を〈be動詞＋過去分詞〉に。

③能動態の主語（S）をbyのあとに続ける（場合が多い）。

過去の受動態は**〈was[were]＋過去分詞〉**で表される。

- The letter **was written by** Kate.（その手紙はケートによって書かれました。）
- These books **were read by** a lot of people.
  （これらの本は多くの人たちに読まれました。）

動作をする人が不明だったり，ばくぜんと「人々」を指しているときは，by ～を省略できる。しかし，受動態から能動態への書きかえでは，peopleやtheyなどの主語を補う場合もある。

- His father **was killed** in the accident.（彼のお父さんはその事故で死亡しました。）
- Spanish **is spoken** in Mexico.（← *People*[*They*] speak Spanish in Mexico.）
  （メキシコではスペイン語が話されています。）

●最重要文の練習● 次の英文を＿＿＿に書きましょう。

㊸ **English is spoken here.** （ここでは英語が話されています。）

is spoken

＿＿＿＿＿＿＿＿＿＿＿＿＿＿＿＿＿＿ ＿＿＿＿＿＿＿＿＿＿＿＿＿＿＿＿＿＿

㊹ **It was written by Kate.** （それはケートによって書かれました。）

was written by

＿＿＿＿＿＿＿＿＿＿＿＿＿＿＿＿＿＿ ＿＿＿＿＿＿＿＿＿＿＿＿＿＿＿＿＿＿

▶▶▶ポイント確認ドリル

解答は別冊 P.24

1 下の動詞の原形ー過去形ー過去分詞の空所を補いなさい。

	原形	過去形	過去分詞
(1)	wash	＿＿＿＿	＿＿＿＿
(2)	write	wrote	＿＿＿＿
(3)	make	made	＿＿＿＿
(4)	＿＿＿＿	ate	eaten
(5)	put	＿＿＿＿	＿＿＿＿

2 次の各文の(　)内から適する語を選んで，＿＿に書きなさい。

(1) English is (speaking, spoken) all over the world. ＿＿＿＿

(2) The car (is, are) washed every day. ＿＿＿＿

(3) The house (is, was) built three years ago. ＿＿＿＿

(4) These books (is, are) read by a lot of people. ＿＿＿＿

3 次の語群を日本文に合うように並べかえて，全文を書きなさい。

(1) このコンピュータは毎日使われています。 This (used / computer / is) every day.

＿＿＿＿＿＿＿＿＿＿＿＿＿＿＿＿＿＿＿＿＿＿＿＿＿＿＿＿＿＿＿＿＿＿＿＿

(2) これらの手紙はトムによって書かれました。These (were / by / written / letters) Tom.

＿＿＿＿＿＿＿＿＿＿＿＿＿＿＿＿＿＿＿＿＿＿＿＿＿＿＿＿＿＿＿＿＿＿＿＿

このページの単語・熟語

wash [wάʃ]（ワッシュ）:洗う　**eat** [í:t]（イート）:食べる　**put** [pút]（プット）:置く　**all over the world**:世界中で
built [bílt]（ビルト）:build(建てる)の過去(分詞)形　**use** [jú:z]（ユーズ）:使う
computer [kəmpjú:tər]（コンピュータァ）:コンピュータ

101

受動態〔受け身〕①
受動態の肯定文

月　日　点

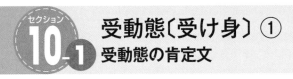

1 下線部の誤りを正して，____に書きなさい。（2点×4）

(1) Dinner is cooking by my mother. ____________
(2) English is spoke in this country. ____________
(3) The cave is found many years ago. ____________
(4) The boys was all invited to the party. ____________

2 次の英文を日本文になおしなさい。（4点×3）

(1) The car is washed by Jim every Sunday.
(　　　　　　　　　　　　　　　　)
(2) Thousands of stars are seen at night.
(　　　　　　　　　　　　　　　　)
(3) His story was soon forgotten.
(　　　　　　　　　　　　　　　　)

3 受動態に書きかえるとき，____に適する語を書きなさい。（完答3点×6）

(1) My father uses this car.
This car ________ ________ by my father.

(2) Mr. Ito taught math last year.
Math ________ ________ by Mr. Ito last year.

(3) They speak English in America.
English is ________ ________ America.

(4) Helen planted these trees.
These trees ________ ________ by Helen.

(5) Ken read the letter today.
The letter ________ ________ by Ken today.

(6) They usually close the store at eight.
The store ________ usually ________ at eight.

1 いずれも受動態。
(1) cook は規則動詞。
(2) speak は不規則動詞。
(3) many years ago は過去を表す。
(4)主語は複数。

2 (1) Jim washes the car every Sunday. を受動態にしたもの。
(2) You[We] see thousands of stars at night. を受動態にしたもの。
(3) People soon forgot his story. を受動態にしたもの。

3 (1)主語が単数で現在の受動態になる。
(2)上の taught は teach の過去形。過去の受動態になる。
(3) by ～が省略された受動態になる。
(4)主語が複数で過去の受動態になる。
(5)上の文の read は，主語が3人称・単数なので過去形であることに注意する。
(6)主語が単数で現在の受動態になる。

このページの単語・熟語

cave [kéiv]（ケイヴ）：洞窟（どうくつ）　found [fáund]（ファウンド）：find（見つける）の過去（分詞）形　invite [inváit]（インヴァイト）：招待する
thousands of ～：何千という～　star [stάːr]（スター）：星　at night：夜に
forgotten [fərgάtn]（フォガトゥン）：forget（忘れる）の過去分詞　plant [plǽnt]（プラント）：植える

102

4 〔　〕内の指示にしたがって書きかえなさい。（8点×4）

(1) A lot of people visit Kyoto every year. 〔受動態に〕

＿＿＿＿＿＿＿＿＿＿＿＿＿＿＿＿＿＿＿＿

(2) The student read the book. 〔受動態に〕

＿＿＿＿＿＿＿＿＿＿＿＿＿＿＿＿＿＿＿＿

(3) The windows were opened by Kate this morning.〔能動態に〕

＿＿＿＿＿＿＿＿＿＿＿＿＿＿＿＿＿＿＿＿

(4) English and French are spoken in Canada. 〔能動態に〕

＿＿＿＿＿＿＿＿＿＿＿＿＿＿＿＿＿＿＿＿

4 (1)受動態ではもとの文の目的語(Kyoto)を主語にする。もとの文の主語はby ～にする。
(2)この文のreadは，現在形か過去形かをまず考える。
(3)be動詞が過去形なので，能動態の動詞は過去形になる。
(4)能動態の主語にはPeopleかTheyを使う。

5 次の語群を並べかえて，正しい英文にしなさい。（7点×2）

(1) These (are / used / by / CDs / our) teacher.

These ＿＿＿＿＿＿＿＿＿＿＿＿＿＿＿＿ teacher.

(2) Some old (pictures / by / were / found / the) man.

Some old ＿＿＿＿＿＿＿＿＿＿＿＿＿＿＿＿ man.

5 (1)「これらのＣＤは私たちの先生によって使われます」
(2)「いくつかの古い絵がその男の人によって発見されました」

6 次の日本文を受動態を使って英文になおしなさい。（8点×2）

(1) この本は昨年トムのお父さんが書きました。

＿＿＿＿＿＿＿＿＿＿＿＿＿＿＿＿＿＿＿＿

(2) この部屋は毎日絵美(えみ)がそうじをします。

＿＿＿＿＿＿＿＿＿＿＿＿＿＿＿＿＿＿＿＿

6 (1)「昨年」＝last year。「書く」＝write。writeは不規則動詞。
(2)「そうじする」＝clean。cleanは規則動詞。

解答は別冊 P.24･25

さらに一歩！ ● readは原形・過去形・過去分詞が同じ形ですが，見分ける方法はありますか？

能動態では主語に注目します。主語が３人称・単数でreadにsがついていなければ過去形です。受動態ではその前にbe動詞がありますから過去分詞のreadになります。be動詞のあとには進行形の文では～ing形が続きますからきちんと区別するようにしましょう。

visit [vízit](ヴィズィット)：訪問する　**every year**：毎年　**open** [óupən](オウプン)：開ける　**this morning**：今朝
French [fréntʃ](フレンチ)：フランス語　**Canada** [kǽnədə](キャナダ)：カナダ　**clean** [klíːn](クリーン)：そうじする

103

受動態〔受け身〕②

チェック 31・32

1 チェック 31 受動態の否定文

受動態には be 動詞があるので，これまでと同じように be 動詞のあとに not を入れると否定文になる。**〈be動詞＋not＋過去分詞〉**の形にする。isn't(＝is not)，aren't(＝are not)，wasn't(＝was not)，weren't(＝were not)などの短縮形を使ってもかまわない。

- Chinese **is** ***not*** **used** here. (← They[People] do not use Chinese here.)
  ↑ 〈be動詞＋not＋過去分詞〉
  (中国語はここでは使われていません。)
- The car ***wasn't*** **used** by Tom. (← Tom didn't use the car.)
  (その車はトムによって使われませんでした。)
- The doors ***aren't*** **opened** on Sunday.(← We don't open the doors on Sunday.)
  (そのドアは日曜日には開けられません。)

2 チェック 32 受動態の疑問文

受動態の文を疑問文にするには，be 動詞を主語の前に出して，**〈Be動詞＋主語＋過去分詞 ～?〉**の形にする。答えにも be 動詞を使う。

- **Was** this book **written** by him? (この本は彼によって書かれたのですか。)
  ↑ be動詞を主語の前に：〈Be動詞＋主語＋過去分詞 ～?〉
  ―― Yes, it **was**. (はい，そうです。)
  ―― No, it **was not**[**wasn't**]. (いいえ，ちがいます。)

疑問詞を使った次のような疑問文も作ることができる。

- ***When*** **was** this picture **painted**? (この絵はいつ描かれたのですか。)
  ―― (It was painted) Five years ago. (5年前です。)
- ***Where*** **is** this computer **made**? (このコンピュータはどこで作られていますか。)
  ―― (It is made) In America. (アメリカで作られています。)
- ***What language*** **is spoken** in that country? (その国では何語が話されていますか。)
  ―― Chinese is (spoken there). (中国語です。)
- ***Who*** **is invited** to the party? (だれがそのパーティーに招待されていますか。)
  ―― All of us are (invited). (私たち全員です。)

●最重要文の練習● 次の英文を＿＿＿に書きましょう。

㊺ **Chinese is not used here.** （中国語はここでは使われていません。）

is not used ＿＿＿＿＿＿＿＿

㊻ **Was this book written by him?** （この本は彼によって書かれたのですか。）

Was written by ? ＿＿＿＿＿＿＿＿

▶▶▶ポイント確認ドリル

解答は別冊 P.25

1 下の動詞の原形－過去形－過去分詞の空所を補いなさい。

	原形	過去形	過去分詞
(1)	hear	＿＿＿＿	＿＿＿＿
(2)	send	＿＿＿＿	＿＿＿＿
(3)	take	＿＿＿＿	＿＿＿＿
(4)	＿＿＿＿	gave	＿＿＿＿

2 各文を(1)・(2)は否定文に，(3)・(4)は疑問文に書きかえるとき，＿＿に適する語を書きなさい。

(1) English is spoken here. English is ＿＿＿＿ spoken here.

(2) I was invited to the party. I was ＿＿＿＿ invited to the party.

(3) Dinner is cooked by Jane. ＿＿＿＿ dinner cooked by Jane?

(4) This book was written by Kate. Was this book ＿＿＿＿ by Kate?

3 次の語群を日本文に合うように並べかえて，全文を書きなさい。

(1) 砂糖(さとう)はあの店で売られていません。 Sugar (not / sold / at / is) that store.

＿＿＿＿＿＿＿＿＿＿＿＿＿＿＿＿

(2) この写真は昨年撮られたのですか。 (this / taken / picture / was) last year?

＿＿＿＿＿＿＿＿＿＿＿＿＿＿＿＿

このページの単語・熟語

Chinese [tʃàiníːz]（チャイニーズ）:中国語 **hear** [híər]（ヒア）:聞こえる **send** [sénd]（センド）:送る **take** [téik]（テイク）:取る
invite [inváit]（インヴァイト）:招待する **sugar** [ʃúgər]（シュガァ）:砂糖 **sold** [sóuld]（ソウルド）:sell(売る)の過去(分詞)形

105

受動態〔受け身〕②
受動態の否定文 // 受動態の疑問文

月　日
点

1 下線部の誤りを正して，＿＿に書きなさい。（2点×4）

(1) This music doesn't is loved by girls. ＿＿＿＿

(2) Is this e-mail sent to you yesterday? ＿＿＿＿

(3) This dictionary weren't used yesterday. ＿＿＿＿

(4) Who are invited to the party? ＿＿＿＿

2 次の英文を日本文になおしなさい。（4点×2）

(1) What language is spoken in your country?

(　　　　　　　　　　)

(2) Nothing was found in the box.

(　　　　　　　　　　)

3 次の各組の文の内容がほぼ同じになるように，＿＿に適語を入れなさい。（完答4点×2）

(1) Tom didn't make this box.
This box ＿＿＿＿ ＿＿＿＿ made by Tom.

(2) This book wasn't read by young people.
Young people ＿＿＿＿ ＿＿＿＿ this book.

4 ＿＿に適語を入れて，問答文を完成しなさい。（完答3点×4）

(1) ＿＿＿＿ the car washed by Jim?
— No, it wasn't. It ＿＿＿＿ washed by Bob.

(2) ＿＿＿＿ French used in this office?
— Yes, it is. English ＿＿＿＿ also used here.

(3) ＿＿＿＿ was that house built?
— It ＿＿＿＿ built five years ago.

(4) How ＿＿＿＿ people are invited to the party?
— About fifty people ＿＿＿＿.

1 (1)受動態の否定文の基本形にあてはめる。
(2)yesterday に注目する。
(3)主語は単数か複数か。
(4) Who は単数扱いか，複数扱いか。

2 (1)What language がそのまま主語として使われている。

重要
(2)nothingは「何も～ない」の意味で目的語として使うほかに，この文のように主語としても使う。このとき，nothing は単数扱いとなる。そのために，be動詞に was を使っている。

3 (1)受動態の否定文にする。
(2)能動態の否定文にする。

4 (1)答えの文のwasn't に注目する。
(3)時を答えていることに注意する。
(4)数を答えていることに注意する。

このページの単語・熟語

love [lʌ́v]（ラヴ）：愛する　**sent** [sént]（セント）：send(送る)の過去(分詞)形　**invite** [inváit]（インヴァイト）：招待する
nothing [nʌ́θiŋ]（ナスィング）：何も～ない　**young** [jʌ́ŋ]（ヤング）：若い　**office** [ɔ́:fis]（オーフィス）：会社　**also** [ɔ́:lsou]（オールソウ）：～もまた

106

5 〔　〕内の指示にしたがって書きかえなさい。 （8点×4）

(1) Kate didn't write the letter. 〔受動態の文に〕

____

(2) Did Tom help Jane's mother? 〔受動態の文に〕

____

(3) Is this song liked by Japanese people? 〔能動態の文に〕

____

(4) The sound was heard <u>in the forest</u>. 〔下線部をたずねる文に〕

____

5 (1)過去の受動態の否定文になる。
(2)過去の受動態の疑問文になる。
(3)まず，主語と目的語をはっきりさせる。
(4)下線部は場所を表しているので，疑問詞には Where を使う。

6 次の語群を並べかえて，正しい英文にしなさい。 （8点×2）

(1) French (in / not / taught / our / is) school.

French ______________________________ school.

(2) How (made / dolls / were / by / many / Kate) this month?

How ______________________________ this month?

6 (1)「私たちの学校ではフランス語は教えられていません」
(2)「今月いくつの人形がケートによって作られましたか」

7 次の日本文を受動態を使って英文になおしなさい。 （8点×2）

(1) 昨夜星は見られませんでした。

____

(2) その箱の中に何が見つかったのですか。── 1冊の古い本です。

____

7 (1)「星」＝star。複数形にして使う。「見える」＝see。see は不規則動詞。
(2)主語を What にする。「箱」＝box。「古い」＝old。

解答は別冊 P.25･26

❖さらに一歩！❖ ●受動態でほかに何か注意すべきことはありますか？

「～される」という動作と「～されている」という状態を表す場合があります。どちらかは文脈などによります。

This store **is closed** at ten every day. （この店は毎日10時に閉められます。） 〈動作〉

This store **is closed** on Sundays. （この店は日曜日には閉まっています。） 〈状態〉

song（ソーング） [sɔ́ːŋ]：歌　**sound**（サウンド） [sáund]：音　**heard**（ハード） [hə́ːrd]：hear(聞こえる)の過去(分詞)形

forest（フォーレスト） [fɔ́ːrist]：森林　**taught**（トート） [tɔ́ːt]：teach(教える)の過去(分詞)形　**this month**：今月

107

108

受動態〔受け身〕③

チェック 33

1 チェック 33 助動詞がある受動態

1 肯定文

未来の受動態は〈**will be＋過去分詞**〉で表される。will に限らず，can，must，may などの助動詞がある文の受動態は〈**助動詞＋be＋過去分詞**〉になる。助動詞がある受動態では，be 動詞は原形の be を使うことに注意する。

- Ken **is invited** to the party.（健はパーティーに招待されています。）
  ↓ be 動詞＋過去分詞 ➡ will〔助動詞〕＋be＋過去分詞
- Ken **will be invited** to the party.（健はパーティーに招待されるでしょう。）
- A lot of stars **can be seen** here.（ここでは多くの星が見られます。）
  ← You[We] *can see* a lot of stars here.
- This work **must be finished** today.（この仕事は今日終えなければなりません。）
  ← You[We / I] *must finish* this work today.

2 否定文

助動詞がある文の受動態の否定文は〈**助動詞＋not＋be＋過去分詞**〉の形になる。will not → won't，cannot → can't，must not → mustn't などの短縮形を使ってもよい。

- Ken **will** **be invited** to the party.（健はパーティーに招待されるでしょう。）
  ↓ will と be の間に not
- Ken **will** **not** **be invited** to the party.（健はパーティーに招待されないでしょう。）
- This door **must** **not** **be opened**.（このドアはあけてはいけません。）
- This bird **can't** **be seen** in Japan.（この鳥は日本では見られません。）

3 疑問文

助動詞がある文の受動態の疑問文は，助動詞を主語の前に出して〈**助動詞＋主語＋be＋過去分詞 ...?**〉になる。答えの文にも助動詞を使う。

- Ken **will** **be invited** to the party.
  will を主語の前に
- **Will** **Ken** **be invited** to the party?（健はパーティーに招待されるでしょうか。）
  —— Yes, he **will.** / No, he **will not[won't]**.
- **Can** **the work** **be done** without him?（彼がいなくてもその仕事はできますか。）
  —— Yes, it **can.** / No, it **cannot[can't]**.

●最重要文の練習● 次の英文を＿＿＿＿に書きましょう。

㊼ **Ken will be invited to the party.** （健はパーティーに招待されるでしょう。）

will be invited

＿＿＿＿＿＿＿＿＿＿＿＿＿＿　＿＿＿＿＿＿＿＿＿＿＿＿＿＿

㊽ **A lot of stars can be seen here.** （ここでは多くの星が見られます。）

can be seen

＿＿＿＿＿＿＿＿＿＿＿＿＿＿　＿＿＿＿＿＿＿＿＿＿＿＿＿＿

▶▶▶ポイント確認ドリル

解答は別冊 P.26

1 各文の(　)内から適する語句を選んで，＿＿に書きなさい。

(1) Tom (will, wills) be taken to the zoo. ＿＿＿＿

(2) The new player will (are, be) seen at the stadium tomorrow. ＿＿＿＿

(3) The door can (opened, be opened) by small children. ＿＿＿＿

(4) The work will (done be, be done) by John. ＿＿＿＿

2 次の各文の下線部に適語を入れ，日本文に相当する英文を完成しなさい。

(1) この仕事は今終えなければなりません。

This work ＿＿＿＿ be finished now.

(2) この電話番号はだれかにに知られているかもしれません。

This phone number ＿＿＿＿ be known by someone.

(3) 日本ではこの種類の鳥は見つけることができません。

This kind of bird ＿＿＿＿ be found in Japan.

3 次の語群を日本文に合うように並べかえて，全文を書きなさい。

(1) その本はあなたに与えられるでしょう。 The book (given / be / will) to you.

＿＿＿＿＿＿＿＿＿＿＿＿＿＿＿＿＿＿＿＿＿＿＿＿＿＿＿＿

(2) このくだものは日本中で食べられます。This fruit (be / eaten / can) all around Japan.

＿＿＿＿＿＿＿＿＿＿＿＿＿＿＿＿＿＿＿＿＿＿＿＿＿＿＿＿

このページの単語・熟語

taken [téikən]（テイクン）:take(連れて行く)の過去分詞　**done** [dʌ́n]（ダン）:do(する)の過去分詞
known [nóun]（ノウン）:know(知っている)の過去分詞　**someone** [sʌ́mwʌ̀n]（サムワン）:だれか
kind [káind]（カインド）:種類　**all around 〜**:〜中で

109

受動態〔受け身〕③ 助動詞がある受動態

月　日　点

1 次の文を〔　〕内の指示にしたがって書きかえるとき，＿＿に適する語句を書きなさい。　（4点×3）

Curry is cooked by Akemi.

(1) will を使って未来の受動態に。

Curry ＿＿＿＿＿＿＿＿＿＿ by Akemi.

(2) (1)でできた文を否定文に。

Curry ＿＿＿＿＿＿＿＿＿＿ by Akemi.

(3) (1)でできた文を疑問文に。

Will ＿＿＿＿＿＿＿＿＿＿ by Akemi?

1 (1)未来の受動態の基本形は〈will be＋過去分詞〉になる。
(2)助動詞がある文を否定文にするには助動詞のあとに not を置く。
(3)疑問文は助動詞を主語の前に出す。

2 次の英文を日本文になおしなさい。　（4点×3）

(1) The top of the mountain can't be seen today.
(　　　　　　　　　　　　　　　　　)

(2) His age may be known to some people.
(　　　　　　　　　　　　　　　　　)

(3) Must the book be sent to him right away?
(　　　　　　　　　　　　　　　　　)

2 (1)助動詞 can の否定文になる。can't は cannot の短縮形。
(2)助動詞 may の意味は？ be known to ～の意味も確認しておこう。
(3) must の疑問文。must は「～しなければならない」の意味。

3 ＿＿に適語を入れて，問答文を完成しなさい。　（4点×3）

(1) Can this animal be seen in that zoo?
── Yes, it ＿＿＿＿.

(2) ＿＿＿＿ the book be sold in Japan?
── No, it won't.

(3) ＿＿＿＿ can this kind of insect be seen?
── It can be seen only in Japan.

3 助動詞に何が使われているかをまず考える。
(1) can が助動詞。
(2) won't に助動詞が使われている。
(3) in Japan が場所を表しているので，空所には疑問詞が入る。

このページの単語・熟語

top [tάp]（タップ）：頂上　age [éidʒ]（エイヂ）：年齢　be known to ～：～に知られている
sent [sént]（セント）：send（送る）の過去（分詞形）　right away：ただちに，今すぐ
sold [sóuld]（ソウルド）：sell（売る）の過去（分詞形）　insect [ínsekt]（インセクト）：昆虫

110

4 〔　〕内の指示にしたがって書きかえなさい。（8点×4）

(1) Young people will love this song. 〔受動態の文に〕

____

(2) This book can be read by children. 〔否定文に〕

____

(3) This drink can be made from milk. 〔疑問文に〕

____

(4) Helen will open the windows. 〔受動態の疑問文に〕

____

4 (1)〈助動詞＋be＋過去分詞〉が受動態の基本形。
(2)否定文は助動詞のあとにnotを置く。
(3)疑問文は助動詞を主語の前に出す。
(4)受動態の主語はthe windowsになる。

5 次の語群を並べかえて，正しい英文にしなさい。（8点×2）

(1) Some of (to / be / them / invited / will) the party.

Some of ______________________________ the party.

(2) (done / about / can / nothing / be) it without him.

______________________________ it without him.

5 (1)「彼らのうちの何人かがパーティーに招待されるでしょう」
(2)「彼がいないとそれについては何もすることができません」

6 次の日本文を受動態を使って英文になおしなさい。（8点×2）

(1) 今日はカレーが料理されるでしょう。

____

(2) この漢字(*kanji*)は子どもたちには書けません。

____

6 (1)「カレー」= curry。「料理する」= cook。
(2)「書く」= write。過去分詞の形に注意する。

解答は別冊 P.26・27

さらに一歩！ ●助動詞の働きをするbe going toやhave toに受動態は使えないのですか？

どちらにも使えます。次の例文を見ておきましょう。

The meeting ***is going to*** **be held** here.（その会議はここで開かれる予定になっています。）

Everything ***has to*** **be done** again.（すべてがまたやり直さなければなりません。）

young [jʌ́ŋ]（ヤング）：若い　**children** [tʃíldrən]（チルドゥレン）：child(子ども)の複数形　**drink** [dríŋk]（ドゥリンク）：飲み物

invite [inváit]（インヴァイト）：招く，招待する　**nothing** [nʌ́θiŋ]（ナスィング）：何も～ない　**without** [wiðáut]（ウィザウト）：～なしで，～がいなくて

111

まとめのテスト ⑤

解答は別冊 P.27

月　　日　　　　点

会話表現・命令文／いろいろな文型／受動態〔受け身〕

1 正しい英文になるように，(　)内から適切な語を選び，その記号に○をつけなさい。

(3点×5)

1 (ア　Are　　イ　Be) quiet in this room.

2 You look (ア　happy　　イ　happily) today.

3 (ア　Not　　イ　Don't) go out tonight.

4 An interesting story was (ア　telling　　イ　told) by my mother.

5 English (ア　is　　イ　was) spoken in Australia.

2 次の英文を日本文になおしなさい。 (5点×2)

1 Look at that mountain. How beautiful!

(　　　　　　　　　　　　　　　　　　　　)

2 Only expensive accessories are sold at that store.

(　　　　　　　　　　　　　　　　　　　　)

3 次の英文の下線部に適語を入れ，日本文に相当する英文を完成しなさい。 (完答3点×5)

1 この手紙は彼女を悲しませるでしょう。

This letter will ＿＿＿＿＿ her ＿＿＿＿＿.

2 辞書を使いなさい，そうすればその物語が読めるでしょう。

Use your dictionary, ＿＿＿＿＿ you'll be able to read the story.

3 〔電話で〕どちらさまですか。

Who's ＿＿＿＿＿, please?

4 大きな箱が机の上に置かれました。

A big box ＿＿＿＿＿ ＿＿＿＿＿ on the desk.

5 2通の電報が彼に送られました。

Two telegrams ＿＿＿＿＿ ＿＿＿＿＿ to him.

このページの単語・熟語

quiet [kwáiət]（クワイエト）:静かな　**tonight** [tənáit]（トゥナイト）:今夜は　**only** [óunli]（オウンリィ）:ただ〜だけ
expensive [ikspénsiv]（イクスペンスィヴ）:高価な　**accessory** [əksésəri]（アクセサリィ）:アクセサリー
sold [sóuld]（ソウルド）:sell(売る)の過去(分詞)形　**telegram** [téligræm]（テレグラム）:電報

112

4 次の英文を〔 〕内の指示にしたがって書きかえなさい。 (6点×4)

1 You are a good boy. 〔命令文に〕

____

2 You are noisy in class. 〔否定の命令文に〕

____

3 The boys didn't use the bike. 〔受動態の文に〕

____

4 Did the boy make the doghouse? 〔受動態の文に〕

____

5 次の語群を，日本文に合うように並べかえなさい。ただし，不要な語が1つずつあります。 (8点×2)

1 映画を見に行きませんか。

(go / movies / why / don't / you / the / to / do / ?)

____

2 その皿(さら)はジェーンが洗ったのですか。

(Jane / dishes / by / was / the / washed / were / ?)

____

6 次の日本文を英文になおしなさい。2は受動態にすること。 (10点×2)

1 彼女は昨日悲しそうには見えませんでした。

____

2 この魚はあなたのお父さんがつかまえたのですか。── はい，そうです。

____

noisy [nɔ́izi](ノイズィ)：騒がしい　**in class**：授業中　**bike** [báik](バイク)：自転車　**doghouse** [dɔ́ːghàus](ドーグハウス)：犬小屋
go to the movies：映画を見に行く　**dish** [díʃ](ディッシュ)：皿　**sad** [sǽd](サッド)：悲しい　**catch** [kǽtʃ](キャッチ)：つかまえる

113

まとめのテスト ⑥　解答は別冊 P.27・28　　月　日　　点

会話表現・命令文／いろいろな文型／受動態〔受け身〕

1 正しい英文になるように，(　)内から適切な語を選び，その記号に○をつけなさい。 （3点×5）

1 She gave a nice bike (ア to　イ for) me.

2 Her voice sounded very (ア strange　イ strangely) this morning.

3 This book (ア doesn't　イ isn't) written in English.

4 (ア Are　イ Do) you invited to the party?

5 A lot of pictures (ア are　イ were) taken yesterday.

2 次の英文を日本文になおしなさい。 （5点×2）

1 Hurry up, or you'll miss the bus.

(　　　　　　　　　　　　　　　　　　　　)

2 A long letter will be written to him by Helen.

(　　　　　　　　　　　　　　　　　　　　)

3 次の英文の下線部に適語を入れ，日本文に相当する英文を完成しなさい。 （完答3点×5）

1 彼らに親切にしなさい。

______ ______ to them.

2 母は私に新しい服を作ってくれました。

My mother made a new dress ______ ______.

3 駅までどれくらい(時間が)かかりますか。

How ______ will it ______ to get to the station?

4 この本はあの店では売られていません。

This book ______ ______ at that store.

5 森で何人の子どもが見つかったのですか。

How many children ______ ______ in the forest?

このページの単語・熟語

voice [vɔ́is]（ヴォイス）:声　**strange** [stréindʒ]（ストゥレインヂ）:奇妙な　**this morning**:今朝　**hurry up**:急ぐ
miss [mís]（ミス）:乗り遅れる　**station** [stéiʃən]（ステイション）:駅　**store** [stɔ́ːr]（ストーァ）:店　**forest** [fɔ́ːrist]（フォーレスト）:森林

114

4 次の英文を〔　〕内の指示にしたがって書きかえなさい。　（6点×4）

1 Tom told me an interesting story. 〔前置詞を使ってほぼ同じ内容の文に〕

____

2 He will buy her a new hat. 〔前置詞を使ってほぼ同じ内容の文に〕

____

3 The tall tower was built in 2012. 〔下線部をたずねる疑問文に〕

____

4 This song is loved by everyone. 〔能動態の文に〕

____

5 次の語群を，日本文に合うように並べかえなさい。ただし，不要な語が1つずつあります。

（8点×2）

1 私にあなたのコンピュータを貸してくれませんか。

(you / computer / me / for / lend / will / your / ?)

____

2 数学は山田先生に教わっているのではありません。

(by / math / teaching / not / Mr. Yamada / is / taught / .)

____

6 次の日本文を英文になおしなさい。　（10点×2）

1 だれがあなたに英語を教えたのですか。

____

2 その国では英語は使われていません。そこではスペイン語が使われています。

____

hat [hǽt]（ハット）：帽子　**tower** [táuə*r*]（タウア）：塔（とう），タワー　**built** [bílt]（ビルト）：build（建てる）の過去（分詞）形

everyone [évriwʌ̀n]（エヴリワン）：みんな　**lend** [lénd]（レンド）：貸す　**Spanish** [spǽniʃ]（スパニッシュ）：スペイン語

115

セクション **11-1**

116

代名詞・名詞・数量形容詞・副詞 ①

チェック **34**

1 チェック34 人称代名詞・再帰(さいき)代名詞・不定代名詞

I－my－me－mine などの人称代名詞については，『中 1 文法編』チェック**20**を参照。

1 再帰(さいき)代名詞

代名詞の所有格や目的格に -self(単数)，-selves(複数)をつけた形を再帰代名詞といい，「～自身」の意味を表す。oneself の形で再帰代名詞を示すことが多い。

①再帰用法：動詞や前置詞の目的語になる。

I introduced **myself** to them.
(私は彼らに自己紹介をしました。)

②強調用法：「自分で」と意味を強める。

I will do it **myself**.
(私は自分でそれをします。)

	単　数	複　数
1 人称	myself (私自身)	ourselves (私たち自身)
2 人称	yourself (あなた自身)	yourselves(あなたたち自身)
3 人称	himself (彼自身) herself (彼女自身) itself (それ自身)	themselves (彼ら自身・彼女たち自身・それら自身)

③慣用句：**enjoy oneself** (楽しむ)，**by oneself** (ひとりで)，**for oneself** (独力で，自分自身のために)，**say to oneself** (心の中で思う)，**talk to oneself** (ひとり言を言う) など。

2 不定代名詞

ばくぜんとした不特定の人・物・数量などを表す代名詞を**不定代名詞**という。

• 不定代名詞 **one**：前に出た名詞のくり返しを避けるために使う。one の前に形容詞があるときは形容詞の前に a[an]がつく。また，複数名詞を受けるときは ones になる。

I don't have *a pen*. Can you lend me **one**?
(私はペンを持っていません。貸してくれませんか。)

I don't like this *shirt*. Please show me **a** better **one**.
(このシャツは気に入りません。もっといいのを見せてください。)

Parent *birds* carry food to their young **ones**.
(親鳥は自分たちのひな鳥に食べ物を運びます。)

some や any は形容詞としてもよく使われているね。

• その他の不定代名詞：**some** (いく人か，いくつか←肯定文で)，**any** (←疑問文・否定文で)，同様に，**something** (何か)，**anything** も不定代名詞として使われる。**none** (だれも〔どれも〕～ない)，**nothing** (何も～ない)，**all** (みんな)，**each** (おのおの)も覚えておこう。

Do you know **any** of those girls? ── Yes, I know **some**.
(あの女の子のうちだれか知っていますか。── はい，何人か知っています。)

●最重要文の練習● 次の英文を______に書きましょう。

㊾ **I introduced myself.** （私は自己紹介をしました。）

introduced myself.

______ ______

㊿ **Show me a better one.** （もっといいのを見せてください。）

a better one.

______ ______

▶▶▶ポイント確認ドリル

解答は別冊 P.28

1 次の代名詞の空所に正しい語を書きなさい。

□(1)	I	my	me	mine	______
□(2)	we	______	us	ours	ourselves
□(3)	he	his	him	his	______
□(4)	she	her	her	hers	______
□(5)	you	your	you	______	yourself, yourselves
□(6)	they	their	them	theirs	______
□(7)	it	its	it	—	______

2 （ ）内の日本語を参考にして，____に適する語を右から１つずつ選んで書きなさい。

one	ones
myself	me

□(1) I like her, but she doesn't like ______. （私を）

□(2) I'll go there ______. （自分で行く）

□(3) Can you show me a smaller ______? （もっと小さいのを）

□(4) These eggs are going bad. Do you have fresh ______? （新鮮なのを）

3 次の語群を日本文に合うように並べかえて，全文を書きなさい。

□(1) あなたはパーティーで楽しみましたか。 Did (yourself / you / enjoy) at the party?

______

□(2) 彼の本は１冊も読みませんでした。 I didn't (any / read / of) his books.

______

このページの単語・熟語

introduce oneself:自己紹介する　**better** [bétər]:good(よい)の比較級　**egg** [ég]:卵
go bad:くさる　**fresh** [fréʃ]:新鮮な　**enjoy oneself**:楽しむ　**party** [pá:rti]:パーティー

117

代名詞・名詞・数量形容詞・副詞 ①
人称代名詞・再帰代名詞・不定代名詞

月　日

点

1 下線部の誤りを正して，____に書きなさい。（2点×4）

(1) Some of the students <u>knows</u> the fact. ________

(2) You need to know <u>you</u>. ________

(3) I don't like these blue <u>one</u>. ________

(4) I have a cat, and <u>it's</u> name is Kitty. ________

2 次の①・②の意味の違いがわかるようにして，日本文になおしなさい。（3点×4）

(1)
① I lost my camera yesterday. Will you lend me one?
(　　　　　　　　　　)
② I bougtht a new camera. I'll lend it to you.
(　　　　　　　　　　)

(2)
① I knew some of the girls in the room.
(　　　　　　　　　　)
② I didn't know any of the girls in the room.
(　　　　　　　　　　)

3 ____に適語を入れて，問答文を完成しなさい。〔　〕に指示があるものはそれにしたがうこと。（3点×4）

(1) What are you looking at in the mirror?
— I'm looking at ________. 〔「自分を」の意味に〕

(2) Do you know anything about the man?
— No. I know ________ about him.

(3) This blue shirt is good. What do you think?
— Well, that red ________ is better.〔shirt 以外の語で〕

(4) Did they all enjoy ________ at the party?
— Yes, very much. They had a wonderful time.

1 (1) some は「何人か」の意味で，複数を表す不定代名詞。
(2) あとの you は主語と同じになるので再帰代名詞にかえる。
(3) 単数か複数かを考える。
(4) it's と its を混同しないように。

2 (1)① one は a camera を指しており，不特定のカメラになる。
② it は the camera のことで，前にある a new camera を指している。
(2) これまでに学んだ形容詞の some, any と同じように考えればよい。

3 (1) 主語と同じになることに注意。「自分自身の姿を」の意味になる。
(2) No. と答えていることに注意。「何も〜ない」の意味を表すもの。
(3) shirt の代わりに使えるものは何か。
(4) They had a wonderful time. とあることに注意。

このページの単語・熟語

fact [fǽkt]（ファクト）：事実　**lost** [lɔ́ːst]（ロースト）：lose（なくす）の過去（分詞）形　**lend** [lénd]（レンド）：貸す
mirror [mírər]（ミラァ）：鏡　**What do you think?**：あなたはどう思いますか。
have a wonderful time：すばらしい時を過ごす

118

4 次の各文の下線部に適語を入れ，日本文に相当する英文を完成しなさい。 （6点×5）

(1) 「私は最善を尽くそう」と彼は心の中で思いました。
"I'll do my best," he said ＿＿＿＿＿＿ himself.

(2) 彼らのだれも私を知りません。
＿＿＿＿＿＿ of them know me.

(3) このリンゴの中のいくつかはくさっています。
＿＿＿＿＿＿ of these apples are bad.

(4) その老人はひとり暮らしです。
The old man lives ＿＿＿＿＿＿ himself.

(5) その少年たちはそれぞれが自分のギターを持っています。
＿＿＿＿＿＿ of the boys has his guitar.

4 (1)前置詞が入る。
(2)不定代名詞で「だれも～ない」の意味を表すものは何か。
(3) some は肯定文に，any は疑問文・否定文に使われる。
(4)前置詞が入る。
(5) every は次に必ず名詞が続くが，この語は単独でも不定代名詞として使うことができる。

5 次の語群を並べかえて，正しい英文にしなさい。 （9点×2）

(1) (them / of / all / looked) happy.
＿＿＿＿＿＿＿＿＿＿＿＿＿＿＿＿ happy.

(2) Did (yourself / you / do / it)?
Did ＿＿＿＿＿＿＿＿＿＿＿＿＿＿＿＿?

5 (1)不定代名詞 all を使って表す。All of them = They all。
(2)強調用法の再帰代名詞になる。この場合ふつう文末に置く。

6 次の日本文を英文になおしなさい。 （10点×2）

(1) 私は昨日自分のペンをなくしました。1つ買わなければなりません。
＿＿＿＿＿＿＿＿＿＿＿＿＿＿＿＿＿＿＿＿

(2) トムは自分の力でその問題を解きました。
＿＿＿＿＿＿＿＿＿＿＿＿＿＿＿＿＿＿＿＿

6 (1)第2文の「1つ」に不定代名詞の one を使う。
(2)「自分の力で〔独力で〕」に再帰代名詞を使う。
「問題」= problem。
「解く」= solve。

解答は別冊 P.28・29

さらに一歩！ ●不定代名詞で何か注意すべきことはありますか？

不定代名詞 one は「一般の人」を表すことがあります。また，no one で「だれも～ない」の意味になります。

One cannot live forever. （人は永遠には生きられません。） 〈この意味の one は文語的〉

No one knows her phone number. （だれも彼女の電話番号を知りません。） 〈単数扱いにする〉

do one's best:最善を尽くす　**say to oneself**:心の中で思う　**none** [nʌ́n]:だれも〔何1つ〕～ない
by oneself:ひとりで　**each** [iːtʃ]:めいめい　**for oneself**:独力で　**solve** [sɑ́lv]:解く

119

セクション 11-2

代名詞・名詞・数量形容詞・副詞 ②

チェック 35・36

1 チェック 35 名詞の種類・物質名詞の数え方

1 名詞の種類

「数えられる名詞」と**「数えられない名詞」**に分類でき，次の5種類がある。

数えられる名詞	普通名詞	同種類の人や事物に共通して使われる名詞	book(本) desk(机) boy(少年) tree(木)
	集合名詞	同種の人や物の集合体を表す名詞	family(家族) people(人々) class(クラス)
数えられない名詞	物質名詞	一定の形のない物質や材料の名を表す名詞	water(水) milk(牛乳) money(お金)
	抽象名詞	性質や状態など抽象的なことを表す名詞	love(愛) peace(平和) health(健康)
	固有名詞	特定の人・物・場所など固有の名を表す名詞	Tokyo(東京) Tom(トム) April(4月)

＊注意すべき複数形：man (男性) → men　woman (女性) → women　child (子ども) → children
foot (足・フィート) → feet　tooth(歯) → teeth　[fish(魚)　sheep(羊)　deer(シカ)は単複同形]

2 物質名詞の数え方：容器や単位の名詞を使ってその数量を表す。

a glass of water[milk]（1杯の水〔牛乳〕）　a cup of tea[coffee]（1杯のお茶〔コーヒー〕）
a piece of chalk[paper / meat]（1本のチョーク〔1枚の紙 / 1切れの肉〕）　a sheet of paper（1枚の紙）　a bottle of wine[beer / milk]（ワイン〔ビール / 牛乳〕1本）

✓注　複数形は two glasses of water のようにして作る。また, a pair of shoes[gloves]（1対〔組〕のくつ〔手袋〕）のように，of のあとに複数形がくる言い方も覚えておこう。

2 チェック 36 数量形容詞・副詞

1 数量形容詞

many, (a) few は数えられる名詞の前に，much, (a) little は数えられない名詞の前に使う。

many＋数えられる名詞（多数の〜）
much＋数えられない名詞（多量の〜）

(a) few＋数えられる名詞
(a) little＋数えられない名詞
（a がつくと「少しはある」ないと「ほとんどない」）

✓注　some, any, no(「ひとつも〜ない」)は，どちらの種類の名詞の前にも使える。

2 副詞

副詞は，ふつう形容詞や副詞を修飾するときはその前に，動詞を修飾するときは文末に置くが，頻度(ひんど)を表す副詞では，一般動詞の場合はその前に，be 動詞・助動詞の場合はそのあとに置くことが多い。always (いつも)　usually (ふつう)　often (よく)　sometimes (ときどき) など。

参考　否定文の「〜も」には **either**。**too** は形容詞・副詞の前につけて「あまりに〜」の意味。

●最重要文の練習● 次の英文を＿＿＿に書きましょう。

51 **I want a glass of water.** （私は水を1杯ほしい。）

a glass of water.

52 **He has few friends.** （彼にはほとんど友だちがいません。）

few friends.

▶▶▶ポイント確認ドリル

解答は別冊 P.29

1 数えられる名詞には A を，数えられない名詞には B を書きなさい。

(1) book 〔　〕 (2) water 〔　〕
(3) love 〔　〕 (4) cat 〔　〕
(5) bird 〔　〕 (6) peace 〔　〕
(7) family 〔　〕 (8) butter 〔　〕
(9) health 〔　〕 (10) pencil 〔　〕

2 次の各語の複数形を書きなさい。

(1) tooth ＿＿＿ (2) woman ＿＿＿
(3) knife ＿＿＿ (4) child ＿＿＿
(5) sheep ＿＿＿ (6) foot ＿＿＿
(7) man ＿＿＿ (8) fish ＿＿＿

3 下線部の語が形容詞なら A を，副詞なら B を書きなさい。

(1) My bed is hard. Yours is soft. 〔　〕
(2) He studied hard for the test. 〔　〕
(3) I like his pictures very much. 〔　〕
(4) We have much rain in June. 〔　〕
(5) He will get well soon. 〔　〕
(6) Can you speak English well? 〔　〕

このページの単語・熟語

peace [pí:s]（ピース）：平和　**butter** [bʌ́tər]（バタァ）：バター　**health** [hélθ]（ヘルス）：健康　**tooth** [tú:θ]（トゥース）：歯
hard [hɑ́:rd]（ハード）：かたい，一生けんめい　**soft** [sɔ́:ft]（ソーフト）：やわらかい　**well** [wél]（ウェル）：元気な，上手に

121

代名詞・名詞・数量形容詞・副詞 ②
名詞の種類・物質名詞の数え方 // 数量形容詞・副詞

月　日
点

1 (1)〜(4)とうまくつながるものを右から選んで書きなさい。同じものは２度使わないこと。 （２点×４）

(1) a sheet of ____________
(2) a pair of ____________
(3) a glass of ____________
(4) a cup of ____________

water
paper
shoes
coffee

2 次の①・②の意味の違いがわかるようにして，日本文になおしなさい。 （３点×４）

(1)
① There are a few stars in the sky.
(　　　　　　　　　　　　)
② There are few stars in the sky.
(　　　　　　　　　　　　)

(2)
① There is a little milk in the glass.
(　　　　　　　　　　　　)
② There is little milk in the glass
(　　　　　　　　　　　　)

3 次の各文の下線部に適語を入れ，日本文に相当する英文を完成しなさい。 （完答４点×４）

(1) 私は２，３日前にトムに会いました。
I saw Tom a ____________ days ago.

(2) どれくらいの塩と砂糖が必要ですか。
How ____________ salt and sugar do you need?

(3) 男性と女性は平等です。
____________ and ____________ are equal.

(4) 私はこれを好きじゃないし，あれも好きじゃない。
I don't like this, and I don't like that, ____________.

1 (1) sheet は「(紙の)１枚」のこと。
(2) pair は「一対，一組」の意。
(3) glassは「コップ，グラス」の意。
(4) cupは「カップ，茶わん」の意。

2 (1) a few, few ともに数えられる名詞の前に使う。どちらが「少しある」ことを表し，どちらが「ほとんどない」ことを表すのか。
(2) a little, little ともに数えられない名詞の前に使う。

3 (1)この表現は数を表すので,「２，３の〜」の意味でもよく使う。

重 要
(2)数をたずねるには How many ＋複数形，量をたずねるには How much ＋単数（数えられない名詞）を使う。

(3)不規則な複数形。
(4)否定文の「〜も」。

このページの単語・熟語

water [wɔ́:tər]（ウォータァ）: 水　**paper** [péipər]（ペイパァ）: 紙　**shoe(s)** [ʃú:(z)]（シュー(ズ)）: くつ　**star** [stá:r]（スター）: 星
sky [skái]（スカイ）: 空　**glass** [glǽs]（グラス）: グラス，コップ　**salt** [sɔ́:lt]（ソールト）: 塩　**sugar** [ʃúgər]（シュガァ）: 砂糖（さとう）
equal [í:kwəl]（イークワル）: 平等な

122

4 次の語群を並べかえて，正しい英文にしなさい。ただし，不要な語が1つずつあります。 （8点×4）

(1) He (milk / two / glasses / of / drank / glass).

He ____.

(2) There (of / milk / lot / is / milks / the / bottle / a / in).

There ____.

(3) There (town / in / are / much / churches / my / many).

There ____.

(4) He (goes / Sunday / church / on / always / many / to).

He ____.

5 次の日本文を英文になおしなさい。 （8点×4）

(1) お茶を1杯いかがですか。

____

(2) そのパーティーに女の子はほとんどいませんでした。

____

(3) このシャツは私には小さすぎます。

____

(4) 私にはそれをする時間がたくさんあります。

____

4 (1)「1杯」ならa glass of milkだが，2杯以上は？

重要

(2) **a lot of ～は「たくさんの～」の意味で，数えられる名詞にも数えられない名詞にも使うことができる。～にくる語が数えられる名詞の場合は複数形にする。**

(4)**go to schoolと同じように，「(礼拝のために）教会へ行く」と言うときは，go to churchとして，churchにaやtheはつけない。**

5 (1)「いかがですか」は「飲みませんか」と考えてみる。

(2)「パーティー」＝party。

(3)「シャツ」＝shirt。

(4) timeは数えられない名詞。timeを不定詞で修飾する。

解答は別冊P.29

さらに一歩！ ●数量形容詞にはほかにどんなものがありますか？

a lot ofと同じ意味で，lots of, plenty ofも数えられる名詞・数えられない名詞のどちらにも使えます。

He knows **lots of** English songs. （彼はたくさんの英語の歌を知っています。）

We had **plenty of** time in those days. （当時私たちには時間がたっぷりとありました。）

drank [dræŋk] (ドゥランク)：drink(飲む)の過去形　**bottle** [bátl] (バトゥル)：びん　**church** [tʃə́ːrtʃ] (チャーチ)：教会

always [ɔ́ːlweiz] (オールウェイズ)：いつも　**shirt** [ʃə́ːrt] (シャート)：シャツ　**time** [táim] (タイム)：時間

123

セクション 12-1 接続詞・前置詞 ①

チェック37

1 チェック37 接続詞 and, but, or, so

語・句・文を連結する語を接続詞といい，and, but, or, so などがある。

1 and

接続詞 **and** は語・句を結んで，「～と…」の意味を表すほかに，文と文を結んで，「～そして…」の意味も表す。このとき and の前の文とあとの文の主語が同じ場合，あとの文の主語は省略することがある。

- George **and** I are good friends. 〈語と語〉 (ジョージと私は仲のよい友だちです。)
- We went to the beach **and** they went to the mountains. 〈文と文〉
  (私たちは海へ行き，彼らは山へ行きました。)

命令文のあとに and が使われると，「～，そうすれば…」の意味を表す。 ☞チェック27

- Run fast, **and** you'll catch the bus.(速く走りなさい，そうすればバスに乗れますよ。)

2 but

接続詞 **but** は「しかし，だが」の意味で，but 以下の内容が前と反対のことを述べるのに用いる。

- He lives in an old **but** nice house. 〈語と語〉(彼は古いがりっぱな家に住んでいます。)
- He is poor, **but** (he is) happy. 〈文と文〉 (彼は貧しいが幸せです。)

but は Excuse me のあとに用いられると，ほとんど意味はなく，単なるつなぎの働きをする。

- Excuse me, **but** are you Mr. Jones? (失礼ですが，ジョーンズさんですか。)

3 or

接続詞 **or** は〈A or B〉の形で「A あるいは B」の意味を表すほかに，命令文のあとに使われて，「～，さもないと…」の意味を表す。 ☞チェック27

- Is he British **or** American? 〈語と語〉 (彼はイギリス人ですかアメリカ人ですか。)
- He goes to school on foot **or** by bus. 〈句と句〉(彼は徒歩かバスで通学しています。)
- Hurry up, **or** you'll be late. (急ぎなさい，さもないと遅れますよ。)

4 so

接続詞 **so** は「それで，そこで」の意味で，前の内容を受けてその結果を表すことが多い。and so とすることもある。

- It was late, **so** I went home. (時刻が遅くなったので私は家に帰りました。)
- It was raining, **and so** I didn't go out. (雨が降っていたので出かけませんでした。)

●最重要文の練習● 次の英文を＿＿＿＿に書きましょう。

㊳ **George and I are friends.** （ジョージと私は友だちです。）

and

＿＿＿＿＿＿＿＿＿＿＿＿＿＿ ＿＿＿＿＿＿＿＿＿＿＿＿＿＿

㊴ **I'm poor, but I'm happy.** （私は貧しいが幸せです。）

but

＿＿＿＿＿＿＿＿＿＿＿＿＿＿ ＿＿＿＿＿＿＿＿＿＿＿＿＿＿

▶▶▶ポイント確認ドリル

解答は別冊 P.29·30

1 下線部に **and, but** のいずれかを入れて自然な内容の文にしなさい。

□(1) Tom ＿＿＿＿＿＿ Kate are good friends.

□(2) I love her, ＿＿＿＿＿＿ she doesn't love me.

□(3) His story is strange, ＿＿＿＿＿＿ it is true.

□(4) You see two dogs there ... a white dog ＿＿＿＿＿＿ a black one.

□(5) I hurried to the station, ＿＿＿＿＿＿ I couldn't catch the train.

2 下線部に **or, so** のいずれかを入れて自然な内容の文にしなさい。

□(1) I was tired, ＿＿＿＿＿＿ I went to bed early.

□(2) Which do you like better, apples ＿＿＿＿＿＿ oranges?

□(3) Are you going to leave us ＿＿＿＿＿＿ stay with us?

□(4) We hurried, ＿＿＿＿＿＿ we didn't miss the bus.

□(5) Shall I call you, ＿＿＿＿＿＿ will you call me?

3 次の語群を日本文に合うように並べかえて，全文を書きなさい。

□(1) 急がないと遅刻しますよ。 Hurry up, (late / you / be / or / will).

＿＿＿＿＿＿＿＿＿＿＿＿＿＿＿＿＿＿＿＿＿＿＿＿＿＿＿＿＿＿

□(2) 急げば間に合いますよ。 Hurry up, (you / and / be / will) in time.

＿＿＿＿＿＿＿＿＿＿＿＿＿＿＿＿＿＿＿＿＿＿＿＿＿＿＿＿＿＿

このページの単語・熟語

hurry to ～:～へ急ぐ　**station** [stéiʃən](ステイション):駅　**tired** [táiərd](タイアド):疲れた　**go to bed**:寝る
miss [mís](ミス):乗り遅れる　**call** [kɔ́:l](コール):電話をかける　**hurry up**:急ぐ　**in time**:間に合って

125

セクション 12-1

接続詞・前置詞 ①
接続詞 and, but, or, so

月　日
点

1 正しい英文になるように，下線部に **and, but, or, so** のいずれかを書きなさい。同じものは２度使わないこと。（２点×４）

(1) Tom opened the box ____________ found a new glove.

(2) Who is older, Mary ____________ Mike?

(3) I wanted to go, ____________ I had no time.

(4) It was dark, ____________ I couldn't see her.

2 次の英文を日本文になおしなさい。（３点×４）

(1) Get up at once, or you'll be late for school.

(　　　　　　　　　　　　　　　　　　　　)

(2) Study harder, and you will pass the exam.

(　　　　　　　　　　　　　　　　　　　　)

(3) It was very cold, but he went out without an overcoat.

(　　　　　　　　　　　　　　　　　　　　)

(4) I had a headache, so I didn't go to school.

(　　　　　　　　　　　　　　　　　　　　)

3 次の各文の下線部に適語を入れ，日本文に相当する英文を完成しなさい。（３点×４）

(1) 彼女は若くてきれいです。

She is young ____________ pretty.

(2) 彼は年をとっているので，重労働はできません。

He is old, ____________ he can't work hard.

(3) 彼は厳格だがとても親切です。

He is strict ____________ very kind.

(4) 紅茶にしますか，それともコーヒーにしますか。

Will you have tea ____________ coffee?

1 (1)「トムは箱を開けて，新しいグローブを見つけました」
(2)「メアリーとマイクではどちらが年上ですか」
(3)「私は行きたかったが，時間がなかった」
(4)「暗くて彼女が見えなかった」

2 (1)命令文のあとのor。
(2)命令文のあとのand。
(3) withoutは「～なしで」の意味の前置詞。
(4)結果を表すso。

3 (1)「若く」もあり，また「きれいだ」と考える。
(2)「年をとっている，それで～」と考える。
(3)「だが」というのは，前と対立する内容を述べるのに使う。
(4)２つから１つを選ばせる疑問文になっている。

このページの単語・熟語

get up:起きる　**at once**:すぐに　**be late for ～**:～に遅れる　**without** [wiðáut]（ウィザウト）:～なしで　**overcoat** [óuvərkòut]（オウヴァコウト）:オーバー　**headache** [hédèik]（ヘデイク）:頭痛　**strict** [stríkt]（ストゥリクト）:厳しい，厳格な

126

4 (1)～(5)と内容的に最も自然につながるものを下のア～オから選んで，記号を書きなさい。同じものは２度使わないこと。（６点×５）

(1) You may go,〔　　〕

(2) She played some tunes on the piano,〔　　〕

(3) He started to speak,〔　　〕

(4) He was sick in bed,〔　　〕

(5) Is he wrong,〔　　〕

ア so he didn't go out.

イ but didn't sing a song.

ウ or are we?

エ and everyone stopped talking.

オ but you must come back by six.

5 次の語群を並べかえて，正しい英文にしなさい。（９点×２）

(1) I see one big (two / the / dogs / dog / garden / small / and / in).

I see one big ______________________.

(2) Come here, (give / and / some / I'll / cookies / you).

Come here, ______________________.

6 次の日本文を英文になおしなさい。（10点×２）

(1) トムは背は高くないが，バスケットボールはとても上手です。

____

(2) その店は10時に開き，そして８時に閉まります。

____

4 (1)「出かけてもよいが，６時までにもどらなければなりません」 ☞チェック17
(2)「彼女はピアノでいくつかの曲を弾いたが，歌いませんでした」
(3)「彼が話し始めると，みんなが話すのをやめました」
(4)「彼は病気で寝ていて，外出しませんでした」
(5)「彼がまちがっているのでしょうか，それとも私たちがまちがっているのでしょうか」

5 (1)「庭に大きな犬が１匹と小さいのが２匹見えます」
(2)「こちらにいらっしゃい，そしたらクッキーをあげましょう」

6 (1)「背が高い」＝tall。
(2)「店」＝store, shop。
「閉まる」＝close。

解答は別冊 P.30

❖さらに一歩！❖ ●命令文のあとの and や or についてもう少しくわしくお願いします。

and が「そうすれば」，or が「さもないと」の意味になるのは，その前に命令文がくるときだけではなく，命令文に準じるものがくる場合もあります。

You **must** take more exercise, **or** you'll get fat.（もっと運動しなさい，さもないと太りますよ。）

tune [t(j)úːn]（トゥーン）：曲　**be sick in bed**：病気で寝ている　**wrong** [rɔ́ːŋ]（ローング）：まちがった　**come back**：もどる
garden [gɑ́ːrdn]（ガードゥン）：庭　**cookie** [kúki]（クッキィ）：クッキー　**basketball** [bǽskitbɔ̀ːl]（バスケットボール）：バスケットボール

127

セクション 12-2 接続詞・前置詞 ②

チェック 38

1 チェック 38 接続詞 when, if, because, that

1 when

接続詞 **when** は，〈When ～, ….〉の形で，「～のとき…」の意味を表す。〈～〉〈...〉の部分にはいずれも文が入る。つまり，when で導かれる文が「～するとき」という意味を表す。

When I am with you, I am happy.（きみといっしょにいるとき私は幸せです。）

when に導かれる文のあとにはコンマ(,)を打つが，when ～が文のあとにくるときは打たない。

I'll leave **when** he comes.（彼が来たら私は出かけます。）

2 if

接続詞 **if** は「もし～なら」と条件を表し，when と同じように使うことができる。

If you work hard, you will succeed.（熱心に働けばあなたは成功するでしょう。）

We will stay home **if** it rains tomorrow.（もし明日雨が降れば，私たちは家にいます。）

注 when や if で導かれる文が時や条件を表すとき，未来のことでも現在形を使う。

3 because

接続詞 **because** は「～だから」と理由を表し，when と同じように使うことができる。ただし，because ～が文のあとにくるときもその前にコンマを打つことがある。

He is absent(,) **because** he is sick.（彼は病気なので欠席しています。）

because ～は理由をたずねる Why ～? の疑問文に対する答えの文にも使うことができる。

Why are you late?（あなたはなぜ遅れたのですか。）

―― **Because** I got up late.（寝坊(ねぼう)したからです。）

4 that

接続詞 **that** は，that 以下が動詞 know(知っている)，think(思う)，believe(信じる)，hope(望む)，feel(感じる)，say(言う)などの目的語になって，「～ということ」の意味を表す。

I know **that** he lives in Kyoto.（彼が京都に住んでいることを私は知っています。）

I think **that** she will come soon.（彼女はすぐに来ると私は思います。）

注 このときの that は省略してかまわない。話し言葉では多くの場合省略される。

that は**〈be 動詞＋形容詞＋that ～〉**の形で，次のような意味を表す。

- be happy[glad] that ～「～ということがうれしい」
- be sure that ～「きっと～だと思う」
- be sorry that ～「～ということが残念だ」
- be afraid that ～「～ではないかと心配だ」

●最重要文の練習● 次の英文を＿＿＿に書きましょう。

㊺ **I'll leave when he comes.** （彼が来たら私は出かけます。）

when he comes.

＿＿＿＿＿＿＿＿＿＿＿＿ ＿＿＿＿＿＿＿＿＿＿＿＿

㊻ **I know that he lives in Kyoto.** （彼が京都に住んでいることを私は知っています。）

I know that

＿＿＿＿＿＿＿＿＿＿＿＿ ＿＿＿＿＿＿＿＿＿＿＿＿

▶▶▶ポイント確認ドリル

解答は別冊 P.30

1 下線部に **when, that** のいずれかを入れて正しい文にしなさい。

□(1) Please come and see me ＿＿＿＿＿ you are free.

□(2) I know ＿＿＿＿＿ you like apples so much.

□(3) I hope ＿＿＿＿＿ your mother gets well soon.

□(4) Where did you live ＿＿＿＿＿ you were a child?

□(5) Everybody believes ＿＿＿＿＿ he will be a great scientist.

2 下線部に **if, because** のいずれかを入れて正しい文にしなさい。

□(1) I didn't go there ＿＿＿＿＿ I had a lot of things to do.

□(2) Call me any time ＿＿＿＿＿ you need help.

□(3) He had to stay in bed ＿＿＿＿＿ he was very sick.

□(4) What shall we do ＿＿＿＿＿ it rains tomorrow?

□(5) I went to bed early ＿＿＿＿＿ I was tired.

3 次の語群を日本文に合うように並べかえて，全文を書きなさい。

□(1) 駅に着いたら私に電話しなさい。 Call me (get / you / when / to) the station.

＿＿＿＿＿＿＿＿＿＿＿＿＿＿＿＿＿＿＿＿＿＿＿＿＿＿＿＿

□(2) 彼女が病気だとは知りませんでした。 I didn't (that / know / she / was) sick.

＿＿＿＿＿＿＿＿＿＿＿＿＿＿＿＿＿＿＿＿＿＿＿＿＿＿＿＿

このページの単語・熟語

leave [líːv]（リーヴ）：出発する **get well**：元気になる **believe** [bilíːv]（ビリーヴ）：信じる
scientist [sáiəntist]（サイエンティスト）：科学者 **any time**：いつでも **help** [hélp]（ヘルプ）：助け
get to 〜：〜に着く **sick** [sík]（スィック）：病気の

129

接続詞・前置詞 ②
接続詞 when, if, because, that

月　日
点

1 正しい英文になるように，下線部に **when, if, because, that** のいずれかを書きなさい。（2点×4）

(1) I think ＿＿＿＿ he will accept the job.

(2) ＿＿＿＿ it rains tomorrow, there will be no games.

(3) ＿＿＿＿ Jane came home, I was eating supper.

(4) I did not go ＿＿＿＿ the weather was very bad.

1 (1) think の目的語になる文を導く接続詞。
(2)「もし～なら」と条件を表す接続詞。
(3)「～のとき」の意味を表す接続詞。
(4)「～なので」と理由を表す接続詞。

2 次の英文を日本文になおしなさい。（3点×4）

(1) Helen is loved by everyone because she is kind.
(　　　　　　　　　　　　　　　　　　)

(2) I will help you if you are busy.
(　　　　　　　　　　　　　　　　　　)

(3) I'm sure she will come to the party.
(　　　　　　　　　　　　　　　　　　)

(4) It was quite dark when we arrived there.
(　　　　　　　　　　　　　　　　　　)

2 (1) because は理由を表す。受動態の文である。
チェック30
(2) if は条件を表す。
(3) sure のあとに接続詞 that が省略されている。
(4) when は時を表す接続詞。

3 次の各組の文の内容がほぼ同じになるように，＿＿に適語を入れなさい。（3点×4）

(1) I visited Bob, and he was reading a magazine then.
＿＿＿＿ I visited Bob, he was reading a magazine.

(2) It was raining hard, so I stayed home.
I stayed home ＿＿＿＿ it was raining hard.

(3) Come this way, and you can see better.
＿＿＿＿ you come this way, you can see better.

(4) Judy is from New York. Do you know that?
Do you know ＿＿＿＿ Judy is from New York?

3 下の文は次の意味。
(1)「私がボブを訪ねたとき，彼は雑誌を読んでいました」
(2)「激しく雨が降っていたので私は家にいました」
(3)「こちらに来ればもっとよく見えますよ」
(4)「ジュディーがニューヨークの出身だと知っていますか」

このページの単語・熟語

accept [əksépt]（アクセプト）：受ける　**job** [dʒáb]（ヂャブ）：仕事　**supper** [sʌ́pər]（サパァ）：夕食
weather [wéðər]（ウェザァ）：天気　**magazine** [mæ̀ɡəzíːn]（マガズィーン）：雑誌　**then** [ðén]（ゼン）：そのとき
hard [hɑ́ːrd]（ハード）：激しく　**this way**：こちらへ

130

4 (1)～(5)と内容的に最も自然につながるものを下のア～オから選んで，記号を書きなさい。同じものは２度使わないこと。（６点×５）

(1) Let's go to the mountains tomorrow 〔　　〕

(2) When he arrived home, 〔　　〕

(3) The door was already closed 〔　　〕

(4) I know 〔　　〕

(5) Stand up 〔　　〕

ア it was quite dark.

イ that she doesn't love me.

ウ when your name is called.

エ if it is sunny.

オ because it was late.

4 (1)「天気がよければ明日山に行きましょう」
(2)「彼が家に着いたときは，すっかり暗くなっていました」
(3)「遅い時間だったので，ドアはもう閉まっていました」
(4)「彼女が私を愛していないことは知っています」
(5)「あなたの名前が呼ばれたときは立ち上がりなさい」

5 次の語群を並べかえて，正しい英文にしなさい。（９点×２）

(1) Bob is (sick / too / because / he / ate / much).

Bob is ____________________________.

(2) He will (him / if / ask / you / you / help).

He will ____________________________.

5 (1)「ボブは食べすぎたので具合が悪い」の意味の文に。
(2)「彼に頼めば，彼はきみを助けてくれるでしょう」の意味の文に。動詞の意味に注意。

6 次の日本文を英文になおしなさい。（10点×２）

(1) 私は彼が正直なのを知っています。

____

(2) 彼は子どものときは幸福ではありませんでした。

____

6 (1)「正直な」＝honest。「～なのを」→「～ということを」
(2)「子ども」＝child。「幸福な」＝happy。

解答は別冊 P.30・31

さらに一歩！ ●よく使われる接続詞にはほかにどんなものがありますか？

before(～の前に)，after(～のあとに)は前置詞としての用法のほかに，接続詞としてもよく使われます。

Wash your hands **before** you eat.（食べる前に手を洗いなさい。）

It started to rain **after** I came home.（私が家に帰ったあとに雨が降り出しました。）

arrive [əráiv]（アライヴ）：着く　**already** [ɔːlrédi]（オールレディ）：すでに　**close** [klóuz]（クロウズ）：閉める　**quite** [kwáit]（クワイト）：すっかり
dark [dɑ́ːrk]（ダーク）：暗い　**ask** [ǽsk]（アスク）：頼む　**honest** [ɑ́nist]（アネスト）：正直な　**child** [tʃáild]（チャイルド）：子ども

131

接続詞・前置詞 ③

チェック 39

1 チェック39 前置詞

1 時を表す前置詞でまぎらわしいもの

① **at, on, in**…〈at＋時刻〉，〈on＋日・曜日〉，〈in＋月・年・季節〉，in the morning[afternoon / evening]，at night（夜に）

I usually get up **at** eight **on** Sundays.（私は日曜日はたいてい８時に起きます。）

The Second World War ended **in** 1945.（第二次世界大戦は1945年に終わりました。）

morning, afternoon, evening, night などに修飾語句がついて限定されると on になる。

On the afternoon of the 21st of July, they left for London.

（７月21日の午後，彼らはロンドンに向けて出発しました。）

② **until[till], by**…until は「～まで（ずっと）」と継続を表し，by は「～までに」と期限を表す。

I will come here **by** nine o'clock, so please wait **until** then.

（私は９時までにここに来ますから，それまで待っていてください。）

2 場所・位置を表す前置詞でまぎらわしいもの

① **at, in**…〈at＋比較的狭い場所〉，〈in＋比較的広い場所〉　ただし，「～の中に」の意味では in。

I bought this book **at** Kanda **in** Tokyo.（私はこの本を東京の神田（かんだ）で買いました。）

② **on, over, under**…on は接触して「上に」，over は離れて「真上に」，under は離れて「真下に」の意味を表す。なお，above は離れて「上方に」の意味。

There is a cup **on** the table.（テーブルの上にカップがあります。）

The plane was flying **over** the mountains.（飛行機が山の上を飛んでいました。）

We sat **under** a cherry tree.（私たちはサクラの木の下にすわりました。）

注　on は接触状態であれば上でなくてもよい。on the wall（壁に）/ on the ceiling（天井に）

3 その他の前置詞

- **by**…「～によって」（受動態），「～で」（交通手段）
- **with**…「～で」（手段），「～といっしょに」
- **without**…「～なしで」
- **from**…「～から」
- **for**…「～のために」「～の代わりに」
- **about**…「～について」
- **among**, **between**…「～の間に」（２つの「間に」はふつう between）
- **after**…「～のあとに」
- **before**…「～の前に」
- **near**…「～の近くに」

I go to school **by** bike every day.（私は毎日自転車で通学しています。）

Take this medicine **before[after]** meals.（食前〔食後〕にこの薬を服用してください。）

●最重要文の練習● 次の英文を＿＿＿＿に書きましょう。

57 **I play tennis on Sunday.** （私は日曜日にテニスをします。）

on Sunday.

＿＿＿＿＿＿＿＿＿＿＿＿＿＿＿＿ ＿＿＿＿＿＿＿＿＿＿＿＿＿＿＿＿

58 **I go to school by bike.** （私は自転車で学校へ行きます。）

by bike.

＿＿＿＿＿＿＿＿＿＿＿＿＿＿＿＿ ＿＿＿＿＿＿＿＿＿＿＿＿＿＿＿＿

▶▶▶ポイント確認ドリル

解答は別冊 P.31

1 下線部に at, on, in のいずれかを入れて正しい文にしなさい。

□(1) I don't work ＿＿＿＿＿＿ Sundays.

□(2) We have dinner ＿＿＿＿＿＿ six o'clock.

□(3) We go to the beach ＿＿＿＿＿＿ summer.

□(4) I usually get up early ＿＿＿＿＿＿ the morning.

□(5) The new store will open ＿＿＿＿＿＿ January 10.

2 （ ）内の日本語を参考にして，＿＿に適語を入れなさい。

□(1) I came here ＿＿＿＿＿＿ bus today. （バスで）

□(2) There is a picture ＿＿＿＿＿＿ the wall. （壁に）

□(3) Our school is ＿＿＿＿＿＿ a beautiful park. （公園の近くに）

□(4) There are many stamps ＿＿＿＿＿＿ the box. （箱の中に）

□(5) Will you tell us ＿＿＿＿＿＿ your family? （あなたの家族について）

3 次の語群を日本文に合うように並べかえて，全文を書きなさい。

□(1) その会は土曜日の8時に始まります。 The meeting starts (at / on / eight) Saturday.

＿＿＿＿＿＿＿＿＿＿＿＿＿＿＿＿＿＿＿＿＿＿＿＿＿＿＿＿＿＿＿＿

□(2) 彼は夜遅くここに来ました。 He came (late / here / night / at).

＿＿＿＿＿＿＿＿＿＿＿＿＿＿＿＿＿＿＿＿＿＿＿＿＿＿＿＿＿＿＿＿

このページの単語・熟語

work [wə́ːrk]（ワーク）：働く **beach** [bíːtʃ]（ビーチ）：海岸 **usually** [júːʒuəli]（ユージュアリィ）：たいてい **get up**：起きる

wall [wɔ́ːl]（ウォール）：壁 **stamp** [stǽmp]（スタンプ）：切手 **meeting** [míːtiŋ]（ミーティング）：会，集会 **late** [léit]（レイト）：遅く

133

セクション 12-3

接続詞・前置詞 ③

前置詞

月　日

点

1 下線部の誤りを正して，＿＿に書きなさい。（2点×4）

(1) School begins on April in Japan. ＿＿＿＿

(2) Please don't go out in night. ＿＿＿＿

(3) I usually stay home in Sunday mornings. ＿＿＿＿

(4) You must not come here by a bike. ＿＿＿＿

2 次の各組の文の内容がほぼ同じになるように，＿＿に適語を入れなさい。（完答3点×4）

(1) Wednesday comes before Thursday.
Thursday comes ＿＿＿＿ Wednesday.

(2) If you don't use a dictionary, you can't read this book.
＿＿＿＿ a dictionary, you can't read this book.

(3) She went into the room. She had a book in her hand then.
She went into the room ＿＿＿＿ a book in her hand.

(4) He usually drives to his office.
He usually goes to his office ＿＿＿＿ ＿＿＿＿.

3 右の絵を見て，＿＿に適切な前置詞を書きなさい。（4点×5）

(1) There is a picture ＿＿＿＿ the wall.

(2) There is a dog ＿＿＿＿ the table.

(3) There is a lamp ＿＿＿＿ the table.

(4) There is a clock ＿＿＿＿ the piano.

(5) There are two flowers ＿＿＿＿ the vase.

1 (1)月の前の前置詞は何か。
(2)「夜に」の意味に。決まった言い方。
(3)特定の morning には in でいいのか。
(4)冠詞は必要かどうか。

2 (1)反対の意味を表す前置詞を考える。
(2)「～なしで」の意味を表す前置詞を考える。
(3)「～を持って」の意味を表す前置詞を考える。
(4) drive to ～(～へ運転して行く)をどう表すかを考える。

3 (1)絵と壁は接触状態にあることに注目。
(2)犬はどこにいるのか。
(3)接触していないので on ではない。
(4)置き時計はどこにあるのか。
(5)花はどこにあるのか。

このページの単語・熟語

stay home：家にいる　**dictionary** [díkʃənèri]（ディクショネリィ）：辞書　**drive to ～**：～へ運転して行く
office [ɔ́:fis]（オーフィス）：会社　**lamp** [lǽmp]（ランプ）：電灯　**clock** [klɑ́k]（クラック）：置き時計　**vase** [véis]（ヴェイス）：花びん

134

4 次の英文を日本文になおしなさい。 (4点×5)

(1) Shall we meet at my house and go to the movies from there?

( )

(2) The ship will arrive by five o'clock tomorrow.

( )

(3) I will stay here until ten o'clock tomorrow.

( )

(4) The little girl was sitting between her parents.

( )

(5) Butter is made from milk.

( )

5 次の語群を並べかえて，正しい英文にしなさい。 (10点×2)

(1) We had (party / Friday / evening / a / on).

We had ______________________________.

(2) Tom (for / Kate / waited / until / ten) o'clock.

Tom ______________________________ o'clock.

6 次の日本文を英文になおしなさい。 (10点×2)

(1) 私はこのおもちゃを大阪(おおさか)の梅田(うめだ)で買いました。

____

(2) あなたの名前をペンで書きなさい。

____

4 (1) at, to, from が表す意味に注意。Shall we ～? にも注意。

☞チェック18

(2) by は完了の期限を表している。

(3) until は till と同じ。継続を表している。

(4) between は場所だけでなく時にも使われることを覚えておこう。

(5) この from は原料を表している。

5 (1)「私たちは金曜日の晩にパーティーを開きました」

(2)「トムはケートを10時まで待ちました」

6 (1) at は比較的狭い場所，in は比較的広い場所に使う。「おもちゃ」= toy。

(2)「ペンで」の「で」は手段を表しているので with を使う。ただし，in を使って in pen ともできるが，in のときは a がつかない。

解答は別冊 P.31

❖さらに一歩！❖ ●at や in は熟語にもよく使われるようですが？

at, in があるよく使われる熟語には次のようなものがあります。例文は辞書で確認しておきましょう。

・**at**…at first (最初は) at last (ついに) at once (すぐに) at home (家で) not ～ at all (全然～ない)

・**in**…in front of ～ (～の前に) in the future (将来は) in those days (当時は) in surprise (驚いて)

meet [míːt] (ミート):会う **movie** [múːvi] (ムーヴィ):映画 **ship** [ʃíp] (シップ):船 **arrive** [əráiv] (アライヴ):着く **little** [lítl] (リトゥル):小さい，かわいい

between [bitwíːn] (ビトゥウィーン):～の間に **parent** [péərənt] (ペアレント):親 **butter** [bʌ́tər] (バタァ):バター **toy** [tɔ́i] (トイ):おもちゃ

🔊 135

セクション 12-4 接続詞・前置詞 ④

チェック40

1 チェック40 接続詞・前置詞を使う連語

1 接続詞を使う連語

・both ～ and ...「～と…の両方とも〔2人とも〕」

　We visited **both** Kyoto **and** Nara.（私たちは京都と奈良の両方とも訪ねました。）

・between ～ and ...「～と…の間に〔の〕」

　Nagoya is **between** Tokyo **and** Osaka.（名古屋は東京と大阪の間にあります。）

・as soon as ～「～するとすぐに」

　Call me **as soon as** you get there.（そこに着いたらすぐに電話しなさい。）

・either ～ or ...「～か…かどちらか」

　I want to visit **either** Kyoto **or** Nara.（私は京都か奈良のどちらかを訪ねたい。）

2 前置詞を使う連語

・**〈動詞（＋名詞）＋前置詞〉**：arrive at [in] ～「～に着く」 get off ～「～を降りる」 get on ～「～に乗る」 get to ～「～に着く」 listen to ～「～を聞く」 look after ～「～の世話をする」＝ take care of ～ look for ～「～をさがす」 look like ～「～に似ている」

　I **got to** the station at eight.（私は8時に駅に着きました。）

　What are you **looking for** ?（あなたは何をさがしているのですか。）

・**〈be 動詞＋形容詞＋前置詞〉**：be absent from ～「～を休む」 be afraid of ～「～を恐れる」 be different from ～「～と違う」 be famous for ～「～で有名である」 be fond of ～「～が好きだ」 be good at ～「～が上手〔得意〕だ」 be late for ～「～に遅れる」

　Ken **was absent from** school yesterday.（健は昨日学校を休みました。）

　Kyoto **is famous for** its old temples.（京都は古い寺で有名です。）

　Ryo **was late for** school again.（遼はまた学校に遅れました。）

・**副詞の働きをするもの**：at first「最初は」 at last「ついに」 at once「すぐに」 by the way「ところで」 for a long time「長い間」 for example「たとえば」 for the first time「初めて」 in time 間に合って」 of course「もちろん」 on the way「途中で」 on time「時間通りに」 because of ～「～のために」 thanks to ～「～のおかげで」

　At first I didn't like English.（私は最初英語が好きではありませんでした。）

　I didn't go out **because of** the rain.（私は雨のために外出しませんでした。）

●最重要文の練習● 次の英文を＿＿に書きましょう。

⑲ **Call me as soon as you get there.** （そこに着いたらすぐに電話しなさい。）

as soon as

⑳ **Ken was absent from school yesterday.** （健は昨日学校を休みました。）

was absent from

▶▶▶ポイント確認ドリル

解答は別冊 P.31・32

1 〔　〕内の日本語を参考にして，(　)内から適する語を選んで，＿＿に書きなさい。

(1) I like both English (or, and) math. 〔両方とも〕 ＿＿＿＿

(2) We all listened (at, to) music. 〔音楽を聞いた〕 ＿＿＿＿

(3) Ken got (off, on) the train yesterday. 〔電車に乗った〕 ＿＿＿＿

(4) I saw her (on, in) the way to school. 〔学校へ行く途中で〕 ＿＿＿＿

2 次の各文の下線部に適語を入れ，日本文に相当する英文を完成しなさい。

(1) その電車は東京と秋田の間を走っています。

The train runs between Tokyo ＿＿＿＿ Akita.

(2) あなたは何時に空港に着きましたか。

What time did you arrive ＿＿＿＿ the airport?

(3) あなたはなぜ会議に遅れたのですか。

Why were you late ＿＿＿＿ the meeting?

3 次の語群を日本文に合うように並べかえて，全文を書きなさい。

(1) ロンドンは霧(きり)で有名です。 (is / for / famous / London) its fogs.

＿＿＿＿＿＿＿＿＿＿＿＿＿＿＿＿

(2) 最初私は泳ぐのが好きではありませんでした。 (didn't / first / I / at) like swimming.

＿＿＿＿＿＿＿＿＿＿＿＿＿＿＿＿

このページの単語・熟語

math [mǽθ](マス)：数学　**train** [tréin](トゥレイン)：電車，列車　**airport** [éərpɔːrt](エアポート)：空港
meeting [míːtiŋ](ミーティング)：会議，打ち合わせ　**fog** [fɔ́ːg](フォーグ)：霧
swimming [swímiŋ](スウィミング)：泳ぐこと，水泳

137

接続詞・前置詞 ④
接続詞・前置詞を使う連語

月　日
点

1 次の文の___に適する語を［　］内から1つずつ選んで書きなさい。
（4点×4）

(1) I want to drink either coffee __________ tea.
(2) Emi looks __________ her mother very much.
(3) Your idea is different __________ mine.
(4) He couldn't come here because __________ the snow.

［ from　of　like　or ］

1 (1)「～か…かどちらか」
(2)「～に似ている」
(3)「～と違う」
(4)「～のために」

2 次の各組の文の内容がほぼ同じになるように，___に適語を入れなさい。
（6点×2）

(1) We arrived at the house early this morning.
We got __________ the house early this morning.
(2) She looks after her sister every day.
She takes care __________ her sister every day.

2 (1)「私たちは今朝早くその家に着きました」
(2)「彼女は毎日妹の世話をしています」

3 次の各文の下線部に適語を入れ，日本文に相当する英文を完成しなさい。
（完答4点×5）

(1) 今日はだれも学校を休んだ人はいませんでした。
No one was __________ __________ school today.
(2) あなたは時間通りにここに来なければなりません。
You have to come here __________ __________.
(3) 次の停留所でバスを降りなさい。
__________ __________ the bus at the next stop.
(4) この町は何で有名ですか。
What is this town __________ __________?
(5) あなたは何のスポーツが得意ですか。
What sport are you __________ __________?

3 (1)「～を休む」はどう表すのか？
(2)「時間通りに」はどう表すのか？
(3)「～を降りる」はどう表すのか？
(4)「～で有名である」はどう表すのか？
(5)「～が得意だ」はどう表すのか？

このページの単語・熟語

coffee [kɔ́ːfi]（コーフィ）：コーヒー　**tea** [tíː]（ティー）：紅茶　**idea** [aidíːə]（アイディーア）：考え
snow [snóu]（スノウ）：雪　**early this morning**：今朝早く
no one：だれも～ない　**stop** [stáp]（スタップ）：停留所，バス停

138

4 次の英文を日本文になおしなさい。 (4点×5)

(1) Did anyone get on the bus there?

(   )

(2) At first I didn't want to go to the party with him.

(   )

(3) It started to rain as soon as I got home.

(   )

(4) I don't want to stay here for a long time.

(   )

(5) Stop talking and listen to me.

(   )

4 それぞれ次の連語に注意する。
(1) get on ～
(2) at first
(3) as soon as ～
(4) for a long time
(5) listen to ～

5 次の語群を並べかえて，正しい英文にしなさい。 (8点×2)

(1) Do you (and / English / both / speak / French)?

Do you ________________________________?

(2) (help / to / your / thanks / I) could finish the work.

________________________ could finish the work.

5 (1)「あなたは英語とフランス語の両方とも話すのですか」
(2)「あなたの助けのおかげで私はその仕事を終えることができました」

6 ( )内の語を使って，次の日本文を英文になおしなさい。(8点×2)

(1) あなたは彼女に初めて会ったのですか。(meet)

____

(2) 彼はピアノを弾くことが好きです。(fond)

____

6 (1)「初めて」はどう表すのか？
(2)「～が好きだ」をどう表すのか？

解答は別冊 P.32

さらに一歩！ ● **as soon as ～の文でも未来のことには現在形を使うのですか？**

その通りです。as soon as は時を表す接続詞に相当する連語ですから，現在形を使います。

Let's start the meeting **as soon as** he ***gets*** here. (彼がここに着いたらすぐに会議を始めましょう。)

anyone [éniwʌ̀n] (エニワン)：(疑問文で)だれか　**get home**：家に着く　**stop ～ing**：～するのをやめる
French [fréntʃ] (フレンチ)：フランス語　**help** [hélp] (ヘルプ)：助け，援助

139

セクション 13

140

いろいろな疑問詞

チェック 41

1 チェック41 Wh で始まる疑問文・How で始まる疑問文

1 Wh で始まる疑問文

who	「だれ」〈人〉	**whose**	「だれの(もの)」〈持ち主〉
what	「何(の)」〈もの〉	**when**	「いつ」〈時〉
where	「どこ」〈場所〉	**which**	「どの，どれ」「どちら(の)」
why	「なぜ」〈理由・目的〉		

Who takes care of the dog? (その犬の世話はだれがしているのですか。)

── I do. (私がしています。)

✓注 疑問詞が主語になる疑問文は，疑問詞のあとに動詞を続ける。

What do you want? (あなたは何がほしいですか。)

── I want something to eat. (何か食べるものがほしいです。)

Where did you see my mother? (あなたはどこで私の母を見かけましたか。)

── I saw her near the station. (駅の近くで見かけました。)

Why did you go there? (なぜあなたはそこへ行ったのですか。)

── To see her. (彼女に会うためです。)

2 How で始まる疑問文

how	「どのようにして」〈方法・手段〉 「どんなようすで」〈状態〉		
How many ～?	「いくつの～」〈数〉	**How old ～?**	「何歳・古さ」〈年齢など〉
How much ～?	「いくら」〈値段〉	**How far ～?**	「どのくらいの距離」
How long ～?	「どのくらいの長さの～」〈長さ〉 「どのくらいの間～」〈期間〉		
How about ～?	「～はどうか」〈勧誘・相手の意見など〉＝ **What about ～?**		

How do you go to school? (あなたはどのようにして学校へ行きますか。)

── I go to school by bus. (バスで学校へ行きます。)

✓注 〈by ＋乗り物〉の乗り物に a も the もつけない。「～に歩いてゆく」は walk to ～。

How many CDs do you have? (あなたは CD を何枚持っていますか。)

── I have about fifty (CDs). (約 50 枚持っています。)

How long did you stay in Kyoto? (あなたは京都にどれくらいの間いましたか。)

── I stayed there for a week. (そこには 1 週間いました。)

How much is this new computer? (この新しいコンピュータはいくらですか。)

── It's 100,000 yen. (10 万円です。)

●最重要文の練習● 次の英文を＿＿＿に書きましょう。

61 **Who takes care of the dog?** （その犬の世話はだれがしているのですか。）

Who ＿＿＿＿＿＿＿＿ ＿＿＿＿＿＿＿＿

62 **How do you go to school?** （あなたはどのようにして学校へ行きますか。）

How ＿＿＿＿＿＿＿＿ ＿＿＿＿＿＿＿＿

▶▶▶ポイント確認ドリル

解答は別冊 P.32・33

1 下線部に適する語を右から１つずつ選んで，問答文を完成しなさい。

Where
What
Who

□(1) ＿＿＿＿＿ is that on the desk?

―― It's an eraser.

□(2) ＿＿＿＿＿ is that woman over there?

―― She's Ms. Sano, our new English teacher.

□(3) ＿＿＿＿＿ do you live?

―― I live in Fukuoka.

2 次の各文の下線部に適語を入れ，日本文に相当する英文を完成しなさい。

□(1) あなたはなぜ中国語を勉強したいのですか。

＿＿＿＿＿ do you want to study Chinese?

□(2) あなたのお父さんは何歳ですか。

＿＿＿＿＿ ＿＿＿＿＿ is your father?

□(3) どちらの本があなたのものですか。

＿＿＿＿＿ ＿＿＿＿＿ is yours?

3 次の語群を日本文に合うように並べかえて，全文を書きなさい。

□(1) この辞書は(値段が)いくらですか。 (is / this / much / how) dictionary?

＿＿＿＿＿＿＿＿＿＿＿＿＿＿＿＿

□(2) あの橋の長さはどれくらいありますか。 (that / how / is / long) bridge?

＿＿＿＿＿＿＿＿＿＿＿＿＿＿＿＿

このページの単語・熟語

eraser [iréisər]（イレイサァ）：消しゴム，黒板消し　**over there**：向こうに〔で〕，あそこに〔で〕
Chinese [tʃainíːz]（チャイニーズ）：中国語　**dictionary** [díkʃənèri]（ディクショネリィ）：辞書
long [lɔ́ːŋ]（ローング）：長い，長さがある　**bridge** [brídʒ]（ブリッヂ）：橋

141

セクション 13

いろいろな疑問詞
Whで始まる疑問文・Howで始まる疑問文

月　日

点

1 次の質問文に対する正しい答えをア～オから１つずつ選び，記号で答えなさい。（４点×５）

(1) Which color do you like, red or yellow?〔　　〕

(2) How did Ken come here today?〔　　〕

(3) When did you see the strange bird?〔　　〕

(4) Whose are those dogs?〔　　〕

(5) Who washed the dishes last night?〔　　〕

ア They are mine.　イ He came here by bike.

ウ I did.　エ I like yellow.

オ I saw it this morning.

2 次の各文の下線部に適語を入れ，日本文に相当する英文を完成しなさい。（完答２点×７）

(1) あなたは今日卵を何個買いましたか。

________ ________ eggs did you buy today?

(2) ここからその公園まではどれくらいの距離がありますか。

________ ________ is it from here to the park?

(3) 私は昆虫が好きです。あなたはどうですか。

I like insects. ________ ________ you?

(4) この高い木の樹齢はどれくらいですか。

________ ________ is this tall tree?

(5) あれはだれのペンですか。

________ ________ is that?

(6) 毎日だれが夕食を料理するのですか。

________ ________ dinner every day?

(7) 何の歌を彼女は今歌っているのですか。

________ ________ is she singing now?

1 質問の文の意味は次の通り。
(1)「あなたは赤と黄色ではどちらの色が好きですか」
(2)「健は今日どのようにしてここに来ましたか」
(3)「あなたはいつその奇妙な鳥を見ましたか」
(4)「あの犬はだれのものですか」
(5)「昨夜だれが皿を洗いましたか」

2 (1)数をたずねる文にする。
(2)距離をたずねる文にする。
(3)「～はどうですか」はどういうのか。
(4)古さをたずねる文にする。
(5)所有者をたずねる文にする。２つ目の空所には名詞が入る。
(6)疑問詞が主語になる。動詞の形に注意する。
(7)２つ目の空所に名詞がくる形にする。

このページの単語・熟語

color［kʌ́lər］(カラァ)：色　red［réd］(レッド)：赤　yellow［jélou］(イエロウ)：黄色
strange［stréindʒ］(ストゥレインヂ)：奇妙な　dish［díʃ］(ディッシュ)：皿　last night：昨夜
insect［ínsekt］(インセクト)：昆虫，虫

142

3 次の各文を下線部をたずねる文に書きかえなさい。 （8点×4）

(1) Kate ate <u>bread</u> for breakfast this morning.

____

(2) <u>About one hundred</u> people came to the party.

____

(3) He went to America <u>to study English</u>.

____

(4) Amy solved the problem <u>in this way</u>.

____

3 (1)「何を食べたか？」の文に。
(2)「どれくらいの数の人が～？」の文に。
(3)「なぜ行ったのか?」の文に。
(4)「どのようにして～？」の文に。

4 次の語群を並べかえて，正しい英文にしなさい。 （8点×2）

(1) (to / long / are / stay / going / how / you) here?

______________________________ here?

(2) When (where / you / see / and / did) her?

When ______________________________ her?

4 (1)「あなたはここにどれくらい滞在するつもりですか」
(2)「あなたはいつどこで彼女に会いましたか」

5 次の日本文を英文になおしなさい。 （9点×2）

(1) あなたのおばあさんは昨年何歳でしたか。

____

(2) この川の長さはどれくらいありますか。

____

5 (1)過去の文であることに注意する。
(2)長さをたずねる疑問文にする。

解答は別冊 P.33

さらに一歩！ ● **How much のあとに一般動詞が続く疑問文はありますか？**

あります。次の例文を見ておきましょう。

How much do you ***need*** now?（あなたは今いくら必要なのですか。）

How much did you ***pay*** for the book?（あなたはその本にいくら払ったのですか。）

bread [bréd]（ブレッド）:パン　**breakfast** [brékfəst]（ブレックファスト）:朝食　**solve** [sálv]（サルヴ）:(問題などを)解く
problem [prábləm]（プラブレム）: 問題，難問　**in this way**:このようにして

143

現在完了 ①

チェック 42

1 チェック 42 現在完了の肯定文

動詞の部分が**〈have[has]＋過去分詞〉**の形を現在完了といい，過去の動作・状態が現在と何らかの関連があることを示す。大きく次の３つの用法に分類できる。

1 現在完了の「経験」

「～したことがある」の意味で**「経験」**を表す。過去のことが現在でもその経験として残っていることを表している。

- I **have seen** him before. （私は以前彼を見たことがあります。）
  ↑〈have＋過去分詞〉：主語が３人称・単数なら has

「経験」の用法で，**have[has] been to ～**は**「～へ行ったことがある」**の意味を表す。

- I **have been to** England twice. （私は英国へ２度行ったことがあります。）

「経験」によく用いられる副詞語句	before（以前）　once（１度）　twice（２度）　～ times（～回） many times（何回も）　often（しばしば）　sometimes（ときどき）

2 現在完了の「継続」

「(ずっと)～だ，～している」の意味で，過去からの動作や状態の**「継続」**を表す。**for ～**(～の間)や**since ～**(～以来)の語句を用いることが多い。for のあとには期間を表す語句が，since のあとには過去のある時点を表す語句や文が続く。

- I **have known** him ***for many years***. （私は何年間も彼を知っています。）
- Ken **has been** busy ***since yesterday***. （健は昨日からずっと忙しい。）
- I **have lived** here ***since I came to Kyoto***.
  （私は京都に来てからずっとここに住んでいます。）

3 現在完了の「完了・結果」

「～したところだ」，「～してしまった」と動作の**「完了・結果」**を表す。この用法の現在完了には，**just**(ちょうど)，**already**(すでに)，**now**(今)などの副詞をよく使う。

- I **have** ***just*** **washed** the dishes. （私はちょうど皿を洗ったところです。）
- He **has** ***already*** **finished** his homework. （彼はもう宿題を終えてしまいました。）

「結果」は動作完了のあとの現在の状態を示す。ふつう時を表す副詞(句)を伴わない。

- Ms. Hara **has gone** to Canada (so now she is not here).
  （原さんはカナダへ行ってしまった〔ので今ここにはいない〕。）

●最重要文の練習● 次の英文を＿＿＿に書きましょう。

㊸ **I have seen him before.** （私は以前彼を見たことがあります。）

have seen

＿＿＿＿＿＿＿＿＿＿＿＿＿＿＿＿＿＿＿＿＿＿＿＿

㊹ **I have lived in Japan for ten years.** （私は10年間日本に住んでいます。）

I have lived for

＿＿＿＿＿＿＿＿＿＿＿＿＿＿＿＿＿＿＿＿＿＿＿＿

▶▶▶ポイント確認ドリル

解答は別冊 P.33・34

1 次の動詞の過去分詞を書きなさい。

- □(1) use ＿＿＿＿
- □(2) know ＿＿＿＿
- □(3) have ＿＿＿＿
- □(4) read ＿＿＿＿
- □(5) be ＿＿＿＿
- □(6) study ＿＿＿＿
- □(7) eat ＿＿＿＿
- □(8) hear ＿＿＿＿
- □(9) see ＿＿＿＿
- □(10) go ＿＿＿＿
- □(11) write ＿＿＿＿
- □(12) teach ＿＿＿＿

2 次の各文の(　)内から適する語を選んで，＿＿に書きなさい。

□(1) I have lived here (for, since) many years. ＿＿＿＿

□(2) I have lived here (for, since) last year. ＿＿＿＿

□(3) He (have, has) just washed the car. ＿＿＿＿

□(4) I have visited Kyoto many (time, times). ＿＿＿＿

3 次の語群を日本文に合うように並べかえて，全文を書きなさい。

□(1) 私はその都市を2回訪れたことがあります。 I (the / visited / have / city) twice.

＿＿＿＿＿＿＿＿＿＿＿＿＿＿＿＿＿＿＿＿＿＿＿＿

□(2) 私は昨日からずっと忙しい。 I (busy / since / have / been) yesterday.

＿＿＿＿＿＿＿＿＿＿＿＿＿＿＿＿＿＿＿＿＿＿＿＿

このページの単語・熟語

use [júːz]（ユーズ）：使う　**eat** [íːt]（イート）：食べる　**hear** [híər]（ヒア）：聞く　**see** [síː]（スィー）：見る
teach [tíːtʃ]（ティーチ）：教える　**last year**：昨年　**twice** [twáis]（トゥワイス）：2回，2度　**busy** [bízi]（ビズィ）：忙しい

145

セクション 14-1 現在完了 ①
現在完了の肯定文

月　日
点

1 下線部に適する動詞を右から選び，過去分詞にして書きなさい。同じ語は２度使わないこと。（２点×６）

(1) I have ________ him for many years.
(2) I have ________ the book many times.
(3) They have ________ the car for a long time.
(4) Ken has often ________ New York.
(5) I have just ________ the letter.
(6) My father has ________ to China.

visit / write / go / know / use / read

2 次の英文を日本文になおしなさい。（３点×４）

(1) The weather has been quite mild since Christmas.
(　　　　　　　　　　)
(2) My father has been to Germany on business before.
(　　　　　　　　　　)
(3) I bought a watch, but I have lost it.
(　　　　　　　　　　)
(4) I have seen that man somewhere before.
(　　　　　　　　　　)

3 次の各組の文の内容がほぼ同じになるように，____に適語を入れなさい。（完答４点×３）

(1) I was busy yesterday, and I am still busy.
I have ________ busy ________ yesterday.

(2) Ken is now sick. He got sick four days ago.
Ken ________ been sick ________ four days.

(3) She went to America, and she is still there.
She has ________ to America.

1 それぞれの文の目的語に注意して動詞を決める。
visit, use は規則動詞で，これ以外は不規則動詞。

2 (1)「継続」を表す。
The weather is quite mild. を現在完了にしたもの。
(2)「経験」を表す。
have[has] been to ～で「～へ行ったことがある」。
(3)「結果」を表す。
lost は lose（なくす）の過去分詞。
(4)「経験」を表す。
somewhere は，「どこかで」の意味。

3 (1)「私は昨日からずっと忙しい」という文を作る。
(2)「健は４日間ずっと病気です」という文を作る。
(3)「彼女はアメリカへ行ってしまいました」という文を作る。

このページの単語・熟語

for a long time：長い間　**weather** [wéðər]（ウェザァ）：天気　**quite** [kwáit]（クワイト）：とても
mild [máild]（マイルド）：穏（おだ）やかな　**Germany** [dʒə́ːrməni]（ヂャーマニィ）：ドイツ　**on business**：仕事で
sick [sík]（スィック）：病気の　**still** [stíl]（スティル）：まだ

146

4 (　)内の語句を適切な場所に入れて，現在完了の文に書きかえなさい。 （8点×4）

(1) It is sunny. (for five days)

____

(2) He wants a new glove. (since last month)

____

(3) I hear about global warming. (many times)

____

(4) I finish doing my homework. (just)

____

4 (1)「継続」。be動詞の過去分詞は been。
(2)「継続」。want は規則動詞。
(3)「経験」。hear の過去分詞は heard。
(4)「完了」。finish は規則動詞。

5 次の語群を並べかえて，正しい英文にしなさい。 （8点×2）

(1) Mr. Ito (Tokyo / stayed / in / for / has / two) weeks.

Mr. Ito ________________________ weeks.

(2) It (already / got / has / dark) outside.

It ________________________ outside.

5 (1)「伊藤さんは東京に2週間滞在しています」「継続」を表す。
(2)「外はもう暗くなってしまいました」got は get の過去分詞。「完了」を表す。

6 次の日本文を英文になおしなさい。 （8点×2）

(1) 絵美(えみ)は昨日から学校を休んでいます。

____

(2) 私はロンドンに2回行ったことがあります。

____

6 (1)「学校を休む」＝ be absent from school。
(2)「行ったことがある」は be 動詞を使ってみよう。「ロンドン」＝ London。

解答は別冊 P.34

さらに一歩！ ●現在完了に使われる注意すべき副詞(句)は何かありますか？

just(ちょうど)は「完了」の現在完了に使われますが，just now(つい今しがた)は過去形だけに使います。

The train **has *just* left** the station. （列車はちょうど駅を出発したところです。）

The train **left** the station ***just now***. （列車はつい今しがた駅を出発しました。）

glove [glʌ́v](グラヴ)：グローブ　**hear about 〜**：〜のことを聞く　**global warming**：地球温暖化

finish [fíniʃ](フィニッシュ)：終える　**stay** [stéi](ステイ)：滞在する　**outside** [àutsáid](アウトサイド)：外では　**be absent from 〜**：〜を欠席する

147

セクション 14-2 現在完了 ②

チェック 43

1 チェック43 現在完了の否定文・疑問文

1 **「経験」の否定文：「一度も～したことがない」**は**〈have[has]＋never＋過去分詞〉**の形。

I **have *never* seen** the animal.（私はその動物を一度も見たことがありません。）

2 **「経験」の疑問文**：have[has]を主語の前に出す。「今までに」の **ever** を過去分詞の前につけることが多く，**〈Have[Has]＋主語＋ever＋過去分詞 ～?〉**の形。答えにも have[has]を使う。

Have you ***ever*** **seen** the picture?（あなたは今までにその絵を見たことがありますか。）

——Yes, I **have**.（はい，あります。）
No, I **haven't[have not]**. / No, I ***never*** **have**.（いいえ，ありません。）

「何回～ありますか」と回数をたずねるには，How many times か How often を使う。

How many times **have** you **climbed** Mt. Fuji?（富士山に何回登ったことがありますか。）

—— I **have climbed** it only ***once***.（1回しかありません。）

3 **「継続」の否定文：〈have[has]＋not＋過去分詞〉**の形。「～ない」期間の継続を表す。

I **have*n't*** **seen** him for a long time.（私は長い間彼に会っていません。）

4 **「継続」の疑問文：同じように〈Have[Has]＋主語＋過去分詞 ～?〉**の形。

Have you **lived** here since last year?（あなたは昨年からここに住んでいるのですか。）

——Yes, I **have**.（はい，そうです。）
No, I **haven't[have not]**.（いいえ，ちがいます。）

「どれくらいの間～?」と継続の期間をたずねるには How long ～? を使う。

How long **have** you **studied** English?（英語を勉強してどれくらいになりますか。）

—— I **have studied** it ***for two years***.（2年になります。）

5 **「完了・結果」の否定文**：have[has]のあとに not を置く。よく文末に **yet** をつけて，「まだ～ない」の意味を表すことが多い。

I **have *not* written** to her (***yet***).（私は彼女に(まだ)手紙を書いていません。）

6 **「完了・結果」の疑問文**：「もう」の意味の yet を文末に置き，**〈Have[Has]＋主語＋過去分詞 ～ yet?〉**の形。

Have you **read** the book ***yet***?（あなたはもうその本を読んでしまいましたか。）

——Yes, I **have**.（はい，読みました。）
No, I **haven't[have not]**.（いいえ，読んでいません。）［= No, not yet.］

●最重要文の練習● 次の英文を＿＿＿に書きましょう。

㊺ **I have never seen the animal.** （私はその動物を一度も見たことがありません。）

I have never seen ＿＿＿＿＿＿＿＿

㊻ **Have you ever seen it?** （あなたは今までにそれを見たことがありますか。）

Have you ever seen ＿＿ ? ＿＿＿＿＿＿＿＿

▶▶▶ポイント確認ドリル

解答は別冊 P.34

1 次の各文の(　)内から適する語句を選んで，＿＿に書きなさい。

□(1) I have (just, yet) washed the dishes. ＿＿＿＿

□(2) I have (never, ever) seen such a big cat. ＿＿＿＿

□(3) I have not finished breakfast (already, yet). ＿＿＿＿

□(4) Have you (yet, ever) seen the movie? ＿＿＿＿

□(5) Have you read the book (yet, ever)? ＿＿＿＿

□(6) I have seen the movie only (once, many times). ＿＿＿＿

2 次の英文を日本文になおしなさい。

□(1) Have you ever been to England? —— Yes, I have.

(　　　　　　　　　　　　　　　　　　　　　　　　)

□(2) They have not spoken to each other since yesterday.

(　　　　　　　　　　　　　　　　　　　　　　　　)

3 次の語群を日本文に合うように並べかえて，全文を書きなさい。

□(1) 私は一度もその歌を聞いたことがありません。 I (heard / never / have) the song.

＿＿＿＿＿＿＿＿＿＿＿＿＿＿＿＿＿＿＿＿

□(2) あなたは今週ずっと忙しかったのですか。 (you / been / have / busy) this week?

＿＿＿＿＿＿＿＿＿＿＿＿＿＿＿＿＿＿＿＿

このページの単語・熟語

animal [ǽnəməl]（アニマル）:動物　**such** [sʌ́tʃ]（サッチ）:そんな　**breakfast** [brékfəst]（ブレックファスト）:朝食

movie [múːvi]（ムーヴィ）:映画　**speak to 〜**:〜と話をする，〜に話しかける

each other:お互い(に)　**this week**:今週

149

現在完了 ②
現在完了の否定文・疑問文

月　日
点

1 (　)内に適する語句を１つずつ選び，記号で答えなさい。（4点×3）

(1) *A*: Are you still reading the newspaper?
B: No. I (　　) already read it. 〔　　〕
ア am　イ was　ウ have　エ will

(2) *A*: Is this your first visit to Kyoto?
B: Yes. I (　　) Kyoto. 〔　　〕
ア have never left　イ have never been to
ウ often stayed in　エ sometimes visited

(3) *A*: What part of America are you from?
B: I'm from New York. Have you been there?
A: No, not (　　). I want to go there next year. 〔　　〕
ア already　イ yet　ウ never　エ before

1 (1)答えの文の read は過去分詞。
(2)答えの Yes. の内容に合う文を考える。
(3)否定文の内容になることに注意。

2 次の各組の文の内容がほぼ同じになるように，＿＿に適語を入れなさい。（完答6点×2）

(1) Do you have any experience in teaching English?
Have you ＿＿＿＿ ＿＿＿＿ English?

(2) I visited Kyoto a long time ago.
I ＿＿＿＿ ＿＿＿＿ Kyoto for a long time.

2 上の文の意味は次の通り。
(1)「あなたには英語を教えた経験はありますか」
(2)「私はずっと以前に京都を訪れました」

3 ＿＿に適語を入れて，問答文を完成しなさい。（4点×3）

(1) How ＿＿＿＿ have you been here in Tokyo?
—— Since last week.

(2) When and where ＿＿＿＿ you see the picture?
—— In that museum last month.

(3) ＿＿＿＿ have you been since this morning?
—— I've been here in my room.

3 (1) since で答えているので，期間をたずねる疑問文に。
(2)質問の文の see は原形であることに注意。
(3)答えの文で何を答えているかに注目する。

このページの単語・熟語

newspaper [n(j)ú:zpèipər]（ヌーズペイパァ）: 新聞　**part** [pá:rt]（パート）: 地域，地方
experience [ikspíəriəns]（イクスピアリアンス）: 経験　**a long time ago**: ずっと以前に
museum [mju:zí:əm]（ミューズィーアム）: 博物館，美術館　**this morning**: 今朝

150

4 〔　〕内の指示にしたがって書きかえなさい。（8点×4）

(1) I have washed the car. 〔yet を使って否定文に〕

____

(2) You have eaten *sashimi*. 〔ever を使って疑問文に〕

____

(3) He has heard about global warming. 〔never を使って否定文に〕

____

(4) Tom has visited Nara <u>many times</u>.〔下線部をたずねる疑問文に〕

____

4 (1) yet は文末に置いて使うようにしよう。
(2) ever は過去分詞の前に置いて使う。
(3) never は have [has] と過去分詞の間に置いて使う。
(4) 下線部は回数を表しているので「何回？」とたずねる文にする。

5 次の語群を並べかえて，正しい英文にしなさい。（8点×2）

(1) Have (yet / you / the / cleaned / room)?

Have ______________________________?

(2) Have (museum / the / visited / ever / you)?

Have ______________________________?

5 (1)「完了」の疑問文になる。yet の位置に注意する。
(2)「経験」の疑問文になる。ever の位置に注意する。

6 次の日本文を英文になおしなさい。（8点×2）

(1) 私はまだ仙台(せんだい)のおじを訪ねていません。（yet を使うこと）

____

(2) あなたは彼を知ってどれくらいになりますか。—— 2年になります。

____

6 (1)「おじ」= uncle。「訪ねる」= visit。visit は規則動詞。
(2)「どれくらいの間彼を知っていますか」と考える。know は不規則動詞。

解答は別冊 P.34・35

❖さらに一歩！❖ ●過去と「結果」の現在完了の違いがよくわからないのですが？

現在完了が現在もそうであるのに対し，過去は単に過去の事実を述べているだけということができます。

He **became** a musician. （彼は音楽家になりました。→その後別なものになった可能性もある）

He **has become** a musician. （彼は音楽家になりました。→現在も音楽家）

wash [wɑ́ʃ]（ワッシュ）: 洗う　**eaten** [íːtn]（イートゥン）: eat（食べる）の過去分詞　**heard** [hə́ːrd]（ハード）: hear（聞く）の過去（分詞）形
hear about ～: ～について聞く　**global warming**: 地球温暖化　**clean** [klíːn]（クリーン）: そうじする

151

代名詞・名詞・数量形容詞・副詞／接続詞・前置詞／いろいろな疑問詞／現在完了

1 正しい英文になるように，(　)内から適切な語を選び，その記号に○をつけなさい。

（3点×5）

1 We have (ア much　イ many) rain in June.
2 To know (ア your　イ yourself) well is not easy.
3 I was born (ア on　イ in) January 8.
4 I (ア have　イ has) helped him before.
5 He has (ア saw　イ seen) the strange animal before.

2 次の英文を日本文になおしなさい。（5点×2）

1 My father has gone to London on business.
(　　　　　　　　　　　　　　　　　　)
2 My father has been to London three times.
(　　　　　　　　　　　　　　　　　　)

3 次の英文の下線部に適語を入れ，日本文に相当する英文を完成しなさい。（完答3点×5）

1 私に水を(コップ)1杯くれませんか。
Will you give me a ________ ________ water?
2 私にはこの町には友だちがほとんどいません。
I have ________ friends in this town.
3 彼らのだれもその男を知りませんでした。
________ of them knew the man.
4 彼はこの車を10年間使っています。
He has ________ this car ________ ten years.
5 私の父は昨日からずっと忙しいです。
My father has ________ busy ________ yesterday.

このページの単語・熟語
easy [íːzi]（イーズィ）：簡単な　**be born**：生まれる　**strange** [stréindʒ]（ストゥレインヂ）：奇妙な
London [lʌ́ndən]（ランドン）：ロンドン　**on business**：仕事で　**town** [táun]（タウン）：町
152

4 次の各組の文の内容がほぼ同じになるように，＿＿に適語を入れなさい。（完答４点×５）

1 If you take this medicine, you will feel better.
Take this medicine, ＿＿＿＿＿＿ you will feel better.

2 I had a very good time in Japan.
I enjoyed ＿＿＿＿＿＿ very much in Japan.

3 Wear this coat, or you will catch a cold.
＿＿＿＿＿＿ you ＿＿＿＿＿＿ wear this coat, you will catch a cold.

4 It was very warm yesterday, and it is still very warm.
It ＿＿＿＿＿＿ ＿＿＿＿＿＿ very warm ＿＿＿＿＿＿ yesterday.

5 How often have you visited the old city?
How ＿＿＿＿＿＿ ＿＿＿＿＿＿ have you visited the old city?

5 次の語群を，日本文に合うように並べかえなさい。ただし，不要な語が１つずつあります。（10点×２）

1 私は彼が日曜日の朝ここに来ることを知っています。
(that / here / in / morning / I / he / know / come / on / Sunday / will / .)

＿＿＿＿＿＿＿＿＿＿＿＿＿＿＿＿＿＿＿＿＿＿＿＿＿＿＿＿＿＿

2 あなたは今までにフランス語で手紙を書いたことがありますか。
(written / French / has / ever / in / letter / you / have / a / ?)

＿＿＿＿＿＿＿＿＿＿＿＿＿＿＿＿＿＿＿＿＿＿＿＿＿＿＿＿＿＿

6 次の日本文を英文になおしなさい。（10点×２）

1 昨日ここに少し雪がありましたが，今日はほとんどありません。

＿＿＿＿＿＿＿＿＿＿＿＿＿＿＿＿＿＿＿＿＿＿＿＿＿＿＿＿＿＿

2 あなたは今までに山田さん(Mr.Yamada)と将棋(*shogi*)をしたことがありますか。
―― いいえ，ありません。

＿＿＿＿＿＿＿＿＿＿＿＿＿＿＿＿＿＿＿＿＿＿＿＿＿＿＿＿＿＿

take medicine:薬をのむ　**feel better**:具合がよくなる　**have a good time**:楽しい時を過ごす
enjoy oneself:愉快(ゆかい)に過ごす　**wear** [wéər](ウェア):着る　**catch a cold**:かぜをひく　**warm** [wɔ́ːrm](ウォーム):暖かい
153

代名詞・名詞・数量形容詞・副詞／接続詞・前置詞／いろいろな疑問詞／現在完了

1 正しい英文になるように，(　)内から適切な語句を選び，その記号に○をつけなさい。

（3点×5）

1 I have (ア a few イ a little) money with me now.

2 I will wait here (ア until イ by) seven tomorrow morning.

3 I have lived here (ア for イ since) two years.

4 I have lived here (ア for イ since) last year.

5 I don't like apples. I don't like oranges, (ア too イ either).

2 次の英文を日本文になおしなさい。（5点×2）

1 Very few people live to the age of one hundred and ten.

(　　　　　　　　　　　　　　　　　　　　　　　　　)

2 We didn't stay outside long because it was too cold.

(　　　　　　　　　　　　　　　　　　　　　　　　　)

3 次の英文の下線部に適語を入れ，日本文に相当する英文を完成しなさい。（完答3点×5）

1 ここにはバスか電車で来てください。

Please come here ________ bus ________ ________ train.

2 あなたは今までに白い象を見たことがありますか。

________ you ________ seen a white elephant?

3 ジェーンはすでに朝食を終えてしまいました。

Jane ________ ________ finished breakfast.

4 私はその女性については何も知りません。

I know ________ ________ the woman.

5 あなたはひとりで住んでいるのですか。

Do you live ________ ________?

このページの単語・熟語

money [mʌ́ni]（マニィ）：お金　**wait** [wéit]（ウェイト）：待つ　**age** [éidʒ]（エイヂ）：年齢　**hundred** [hʌ́ndrəd]（ハンドゥレッド）：100(の)
outside [àutsáid]（アウトサイド）：外に　**too** [túː]（トゥー）：あまりにも　**cold** [kóuld]（コウルド）：寒い
elephant [élifənt]（エレファント）：象

154

4 次の英文を〔 〕内の指示にしたがって書きかえなさい。 （6点×4）

1 It was raining, so I stayed home. 〔becauseを使ってほぼ同じ内容の文に〕

____

2 Come here in <u>the morning</u>. 〔下線部をSunday morningにかえて〕

____

3 Mr. Suzuki has taught English <u>for ten years</u>. 〔下線部をたずねる疑問文に〕

____

4 Ken has climbed Mt. Asama <u>only once</u>. 〔下線部をたずねる疑問文に〕

____

5 次の語群を，日本文に合うように並べかえなさい。ただし，不要な語が1つずつあります。 （8点×2）

1 彼がもどってきたら，彼にコーヒーを1杯あげなさい。

(comes / give / piece / of / him / he / back / coffee / a / cup / when / .)

____

2 私のおじは山形に住んで15年になります。

(since / uncle / in / lived / my / Yamagata / has / for / years / fifteen / .)

____

6 次の日本文を英文になおしなさい。 （10点×2）

1 もし彼女に会いたいなら，きみは6時までにここに来なければいけません。

____

2 あなたはもう宿題を終えてしまいましたか。── いいえ，まだです。

____

rain [réin]（レイン）:雨が降る **stay home**:家にいる **taught** [tɔ́ːt]（トート）:teach(教える)の過去(分詞)形
climb [kláim]（クライム）登る **only once**: 1度だけ **homework** [hóumwəːrk]（ホウムワーク）:宿題

155

総合テスト ①

解答は別冊 P.37

月	日
	点

1 次の各組の語の下線部の発音が3つとも同じなら○，3つとも異なれば×，1つだけ他と異なれば△を書きなさい。（2点×3）

1 〔　　〕 { clean / bread / break }

2 〔　　〕 { mother / brother / doll }

3 〔　　〕 { house / about / mountain }

2 次の AB と CD の関係がほぼ同じになるように，D に適語を入れなさい。（2点×6）

	A	B	C	D
1	I	myself	you（単数）	________
2	come	came	make	________
3	two	second	five	________
4	child	children	foot	________
5	many	much	few	________
6	old	older	good	________

3 次の英文の下線部に適語を入れ，日本文に相当する英文を完成しなさい。（完答3点×6）

1 私は明日その辞書を買うつもりです。
I am ________ ________ buy the dictionary tomorrow.

2 彼はそのとき音楽を聞いていました。
He ________ ________ to music then.

3 これは世界で最も美しい花です。
This is the ________ ________ flower in the world.

4 机の上に3冊の本があります。
________ ________ three books on the desk.

5 私に（コップ）1杯の水をください。
Please give me a ________ ________ water.

6 学校に遅れてはいけません。
________ ________ late for school.

4 次の各組の文の内容がほぼ同じになるように，下線部に適語を入れなさい。 （完答５点×２）

1 { If you start now, you will catch the first train.
  Start now, ____________ you will catch the first train.

2 { Tom's father is older than Ken's father.
  Ken's father is not ____________ old ____________ Tom's father.

5 次の英文を〔 〕内の指示にしたがって書きかえなさい。 （６点×３）

1 Tom has to stay there. 〔will を使って未来の文に〕

____

2 They speak English and French in Canada. 〔受動態の文に〕

____

3 He listened to the music. He enjoyed it. 〔動名詞を用いて１つの文に〕

____

6 次の語群を，日本文に合うように並べかえなさい。ただし，不要な語が１つずつあります。

（８点×２）

1 私に何か食べるものをくれませんか。

(something / you / give / eating / me / will / to / eat / ?)

____

2 (私は)あなたにおもしろい話をしてあげましょう。

(interesting / you / I / will / for / tell / an / story / .)

____

7 次の日本文を英文になおしなさい。 （10点×２）

1 私はおじを迎(むか)えに駅へ行きました。

____

2 トムは来年泳げるようになるでしょう。

____

総合テスト ②

解答は別冊 P.38

月	日
	点

1 次の各組の語の下線部の発音が3つとも同じなら○，3つとも異なれば×，1つだけ他と異なれば△を書きなさい。（2点×3）

1 〔　　〕 { country / cloud / mouth }　　2 〔　　〕 { wanted / played / asked }　　3 〔　　〕 { mine / kind / high }

2 次の AB と CD の関係がほぼ同じになるように，D に適語を入れなさい。（2点×6）

	A	B	C	D
1	our	hour	meat	＿＿＿＿
2	know	known	write	＿＿＿＿
3	you	yours	they	＿＿＿＿
4	is	was	can	＿＿＿＿
5	tall	tallest	happy	＿＿＿＿
6	fast	slow	early	＿＿＿＿

3 次の英文の下線部に適語を入れ，日本文に相当する英文を完成しなさい。（完答3点×6）

1 (私が)あなたのお母さんのお手伝いをしましょうか。

＿＿＿＿ ＿＿＿＿ help your mother?

2 私はオレンジよりリンゴのほうが好きです。

I like apples ＿＿＿＿ ＿＿＿＿ oranges.

3 彼女はそのとき幸せそうには見えませんでした。

She didn't ＿＿＿＿ ＿＿＿＿ at that time.

4 彼が帰ってきたとき，ひどく雨が降っていました。

＿＿＿＿ he came back, it ＿＿＿＿ raining hard.

5 私はその質問に答えなければなりませんでした。

I ＿＿＿＿ ＿＿＿＿ answer the question.

6 あなたは何か読む本を持っていますか。

Do you have any books ＿＿＿＿ ＿＿＿＿?

4 次の各組の文の内容がほぼ同じになるように，下線部に適語を入れなさい。（完答５点×２）

1 Don't write your name in red ink.
You ＿＿＿＿＿ ＿＿＿＿＿ write your name in red ink.

2 I was very happy when I heard the news of his success.
I was very happy ＿＿＿＿＿ ＿＿＿＿＿ the news of his success.

5 次の英文を〔　〕内の指示にしたがって書きかえなさい。（６点×３）

1 There was an old dog in the house. 〔下線部を two にかえて〕

＿＿＿＿＿＿＿＿＿＿＿＿＿＿＿＿＿＿＿＿

2 Mt. Fuji is higher than any other mountain in Japan. 〔同じ内容を最上級で〕

＿＿＿＿＿＿＿＿＿＿＿＿＿＿＿＿＿＿＿＿

3 The windows were broken by Bob. 〔能動態の文に〕

＿＿＿＿＿＿＿＿＿＿＿＿＿＿＿＿＿＿＿＿

6 次の語群を，日本文に合うように並べかえなさい。ただし，不要な語が１つずつあります。
（８点×２）

1 あなたはそのとき何をしていたのですか。
(then / are / doing / what / were / you / ?)

＿＿＿＿＿＿＿＿＿＿＿＿＿＿＿＿＿＿＿＿

2 私にその写真を見せてくれませんか。
(show / will / the / me / you / shall / pictures / ?)

＿＿＿＿＿＿＿＿＿＿＿＿＿＿＿＿＿＿＿＿

7 次の日本文を英文になおしなさい。（10点×２）

1 これはすべての中で最も重要な問題です。

＿＿＿＿＿＿＿＿＿＿＿＿＿＿＿＿＿＿＿＿

2 あなたはそのパーティーに行く必要はありません。

＿＿＿＿＿＿＿＿＿＿＿＿＿＿＿＿＿＿＿＿

「中学基礎100」アプリ で，
スキマ時間にもテスト対策！

問題集

＼ 日常学習 テスト1週間前 ／

『中学基礎がため100%』シリーズに取り組む！

アプリ

＼ 定期テスト直前！ ／

テスト必出問題を「4択問題アプリ」でチェック！

アプリの特長

『中学基礎がため100%』の5教科各単元にそれぞれ対応したコンテンツ！
＊ご購入の問題集に対応したコンテンツのみ使用できます。

テストに出る重要問題を4択問題でサクサク復習！

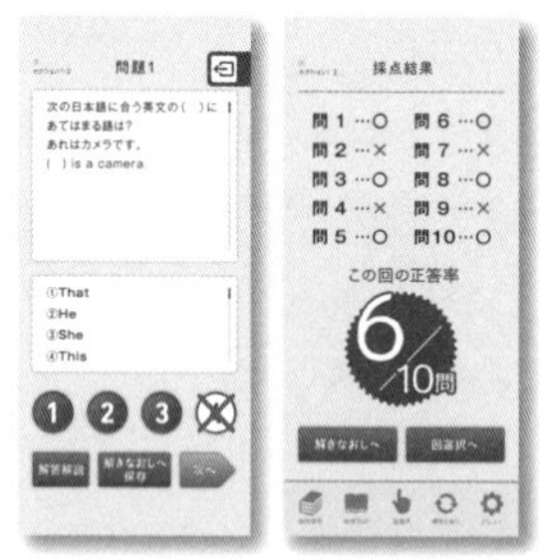

間違えた問題は「解きなおし」で，何度でもチャレンジ。テストまでに100点にしよう！

＊アプリのダウンロード方法は，本書のカバーそで（表紙を開いたところ），または1ページ目をご参照ください。

中学基礎がため100%
できた！ 中2英語 文法

2021年2月　第1版第1刷発行

発行人／志村直人
発行所／株式会社くもん出版
〒108-8617
東京都港区高輪4-10-18　京急第1ビル13F
☎ 代表　03(6836)0301
編集部直通　03(6836)0317
営業部直通　03(6836)0305

印刷・製本／図書印刷株式会社

監修／卯城祐司(筑波大学)
デザイン／佐藤亜沙美(サトウサンカイ)
カバーイラスト／いつか
本文イラスト／とよしまやすこ・しみずゆき
本文デザイン／岸野祐美・永見千春(京田クリエーション)・TENPLAN
編集協力／岩谷修
音声制作／ブレーンズギア
ナレーター／Rumiko Varnes

ISBN 978-4-7743-3111-9

CD57508

くもん出版ホームページ　https://www.kumonshuppan.com/

＊本書は『くもんの中学基礎がため100%　中2英語　文法編』を改題し，新しい内容を加えて編集しました。

チェック 番号一覧 中2英語文法編

てぃねいに引っぱってください。別冊解答になります。

中学基礎がため100%

できた！中2英語

文法

別冊

解答と解説

➡のあとの数字は，まとめのページのチェックの番号に対応しています。

KUMON

中1英語の復習テスト① P.4・5

1 答 1 ウ　2 イ　3 ア
4 エ　5 イ

考え方 1 [ou]　2 [e]　3 [ai]
4 [ɔː]　5 [ɑːr]

2 答 1 write　2 classes
3 his　4 lunch　5 old
6 running

考え方 1 同じ発音。　2 複数形。
3 所有代名詞。　5 反意語。

3 答 1 studies, every
2 is swimming　3 can speak
4 Let's go　5 played, yesterday

考え方 1 主語は3人称・単数。
2 swim は m を重ねる。
3 主語に関係なく〈can ＋動詞の原形〉。

4 答 1 Did　2 Who　3 How old
4 What　5 When

考え方 1 「あなたは窓を開けましたか」—「はい，開けました」 過去の疑問文。
2 「あなたの英語の先生はだれですか」—「川崎先生です」
3 「あなたのおじいさんは何歳ですか」—「ちょうど70歳です」
4 「あなたはどんなくだものが好きですか」—「私はリンゴとバナナが好きです」
5 「あなたの誕生日はいつですか」—「4月5日です」

5 答 1 Ken is writing a letter now.
2 These are interesting stories.
3 He did not[didn't] read the book yesterday.
4 How many stamps does Tom have?

考え方 2 This→These, is→are, an は不要。
3 もとの文の read は過去形。
4 数をたずねる疑問文。

6 答 1 Kate is helping her mother in the kitchen.
2 Where do you study? —— I study in this room.
3 What did he have in his hand(s)? —— He had a book (in his hand(s)).

考え方 3 did を使ったらあとの動詞は原形に。

中1英語の復習テスト② P.6・7

1 答 1 イ　2 ア　3 エ
4 ウ　5 ウ

考え方 1 [i]　2 [əːr]　3 [e]
4 [s]　5 [d]

2 答 1 child　2 came　3 using
4 aunt　5 twelfth　6 month

考え方 1 複数と単数。　2 原形と過去形。
3 原形と～ing形。　4 男性と女性。
5 基数と序数。　6 1月は「月」。

3 答 1 it, in　2 Don't use
3 am not　4 cannot[can't] write
5 The[Those], are

考え方 1 寒暖を表す特別用法の it。
3 現在進行形の否定文。

4 答 1 What time　2 Which
3 Where　4 How
5 How much

考え方 1 「あなたは何時に学校へ出かけますか」—「7時半に出かけます」
2 「どちらがあなたのTシャツですか」—「あの白いのが私のです」
3 「あなたたちは昨日どこで野球をしましたか」—「私たちは公園でしました」
4 「あなたはどうやって通学していますか」—「バス通学です」
5 「この辞書はいくらですか」—「ちょうど2,000円です」

5 答 1 They are[They're] science teachers.
2 Did Junko go to the movies yesterday?
3 What is[What's] Tom writing?
4 What day is (it) today? / What day of the week is (it) today?

考え方 2 went は go の過去形。
4 曜日をたずねる文にする。

6 答 1 Can he play the piano? —— No, he cannot[can't].
2 Who opens the window(s) every day? —— I do.

3　I like her, but she does not[doesn't] like me.

考え方 2　who は３人称・単数扱いにする。
3　主格・目的格の形に注意する。

セクション 1-1 過去の文(1)①

ポイント確認ドリル　P.9

1 答 (1) visited　(2) helped　(3) got
(4) used　(5) stopped　(6) studied
(7) carried　(8) wrote　(9) lived
(10) dropped　(11) went　(12) put

考え方 (1)・(2)　ed をつけるだけ。
(6)・(7)　y を i にかえて ed をつける。
(4)・(9)　d だけをつける。
(5)・(10)　最後の子音字を重ねる。
(3)・(8)・(11)・(12)　不規則動詞。

2 答 (1) lived　(2) likes　(3) had
(4) yesterday　(5) last night

考え方 過去を表す副詞(句)があれば動詞を過去形に，動詞が過去形なら副詞(句)も過去を表すものを選ぶ。
(1)「私は何年も前にこの市に住んでいました」
(2)「私はネコが好きで，姉〔妹〕もネコが好きです」 前半が現在形なので，後半も現在形。
(3)「彼女は昨年かわいい犬を２匹飼っていました」
(4)「彼女は昨日野球の試合を見ました」
(5)「私は昨夜９時ごろ母に電話をしました」

P.10・11

1 答 (1) studied　(2) dropped
(3) came　(4) lived　(5) said

考え方 (1)　過去形に。「私は昨日一生けんめいに英語と数学を勉強しました」
(2)　最後の子音字を重ねる。「私は先週貴重なカップ〔茶わん〕を落としました」
(3)　come の過去形は came。「ケートは昨夜私の家に来ました」
(4)　過去形に。「私たちは昨年ニューヨークに住んでいました」
(5)　say の過去形は said。「私は昨日それについて何も言いませんでした」

2 答 (1) ○　(2) ×　(3) ○
(4) ×

考え方 (1)　どちらも[t]。　(2)　[id]と[d]。
(3)　どちらも[id]。　(4)　[id]と[t]。

3 答 (1)　私は昨夜11時にドアと窓を閉めました。
(2)　スミスさんは約20年前にこの物語を書きました。

4 答 (1) went　(2) saw
(3) studied　(4) came
(5) read　(6) did

考え方 (1)「私は昨日市立図書館へ行きました」
(2)「私は昨夜駅で健を見かけました」
(3)「私は先週一生けんめい数学と理科を勉強しました」
(4)「彼女は何日も前に私の家に来ました」
(5)「私は昨年おもしろい本を読みました」 read の過去形は同じつづり。
(6)「彼はこの前の日曜日に宿題をしました」 一般動詞 do の過去形も did。

5 答 (1)　I got up very early yesterday.
(2)　She ate some fruit for lunch last Monday.
(3)　Mr. Hara had a large house five years ago.
(4)　He reads many interesting stories.

考え方 (1)　get の過去形は got。「私は昨日とても早く起きました」
(2)　特に強調する以外は，副詞(句)は文末に置く。eat の過去形は ate。「彼女はこの前の月曜日に昼食にくだものを食べました」
(3)　has[have]の過去形は had。「原さんは５年前には大きな家がありました」
(4)　現在形で主語が３人称・単数なので，s がつく。「彼は多くのおもしろい物語を読みます」

6 答 (1)　We went to the zoo yesterday morning.
(2)　I took a lot of pictures in Nara.

考え方 (1)「昨日の午前中〔朝〕」は yesterday morning。

7 答 (1)　My aunt lived in Kyoto last year.

(2) My brother went to bed at ten (o'clock) yesterday.

考え方 (1) 「～に住む」は live in ～。

(2) go to bed の go を過去形にする。

セクション 1-2 過去の文(1)②

ポイント確認ドリル P.13

1 答 (1) did (2) didn't (3) Did (4) study

考え方 一般動詞の過去の否定文の基本形は〈did not[didn't]＋動詞の原形〉で，疑問文は〈Did ＋主語＋動詞の原形 ～?〉になる。

(1) 「私はテニスをしませんでした」

(2) 「私たちは皿を洗いませんでした」

(3) 「彼女はお母さんを手伝いましたか」

(4) 「彼は一生けんめい英語を勉強しましたか」

2 答 (1) did (2) did (3) didn't (4) Who (5) Where

考え方 (1) 「あなたは図書館に行きましたか」―「はい，行きました」

(2) 「あなたはその物語を読みましたか」―「いいえ，読みませんでした」

(3) 「あなたは野球をしましたか」―「いいえ，しませんでした」

(4) 「だれがドアを開けましたか」―「私が開けました」

(5) 「あなたはどこでその試合を見ましたか」―「東京ドームで見ました」

3 答 (1) She didn't eat the orange.

(2) Did you live in America?

考え方 (1) didn't は動詞の前に置く。

(2) 動詞は原形を使う。

P.14・15

1 答 (1) didn't[did not]

(2) didn't[did not] (3) come

(4) do

考え方 (1) 「私は昨年納豆(なっとう)が好きではありませんでした」

(2) 「彼は先週その手紙を書きませんでした」

(3) 「彼女は2020年に日本に来ませんでした」 didn't のあとには原形。

(4) 「健は昨日宿題をしませんでした」

「する」の意味の動詞の原形は do。

2 答 (1) Did / No (2) did / got

(3) What / played (4) did

(5) Which / ate

考え方 (1) 「あなたはそのお金を受け取ったのですか」―「いいえ，受け取りませんでした」

(2) 「今朝遅く起きたのですか」―「はい，そうです。今日は9時に起きました」

(3) 「あなたは今日何をしましたか」―「サッカーと野球をしました」

(4) 「だれがその犬小屋を作りましたか」―「私の兄〔弟〕です」

(5) 「トムはどちらのリンゴを食べたのですか」―「大きいのを食べました」

3 答 (1) エ (2) ア (3) イ (4) ウ

考え方 (1) 「いつその試合を見ましたか」―「昨日見ました」

(2) 「昨日その試合を見ましたか」―「はい，見ました」

(3) 「どこでその試合を見ましたか」―「公園で見ました」

(4) 「何人の少年がその試合を見ましたか」―「50人ほどの少年が見ました」

4 答 (1) He did not[didn't] write the short message.

(2) I did not[didn't] have any books about your country.

(3) Did the girl make this cute doll?

(4) Who went to London last year?

考え方 (1) 「彼はその短い伝言を書きませんでした」 did not [didn't]のあとに原形。

(2) 「私はあなたの国についての本を1冊も持っていませんでした」 some は否定文では any に。

(3) 「その少女がこのかわいい人形を作ったのですか」 Did で始める。

(4) 「だれが昨年ロンドンに行きましたか」 Who をそのまま主語として使う。

5 答 (1) He didn't watch the program last night.

(2) What did you do in the park?

考え方 (2) What のあとは疑問文の語順。

6 答 (1) Tom did not[didn't] help his father this morning.
(2) Did you watch TV last night? —— Yes, I did.

考え方 (1) help が動詞になる。
(2) 「(テレビを)見る」には watch。

セクション 2-1 過去の文(2)①

ポイント確認ドリル P.17

1 答 (1) was (2) were (3) is
(4) were (5) was

考え方 副詞(句)に注意して現在形か過去形かを決める。is, am → was, are → were。

2 答 (1) not (2) was (3) Were
(4) Was

考え方 現在形でも過去形でも，be 動詞のある文の否定文は be 動詞のあとに not を入れ，疑問文は be 動詞を主語の前に出す。

3 答 (1) was (2) Was (3) were
(4) Is / is

考え方 (1) 「あなたは昨日ひまでしたか」—「はい，ひまでした」
(2) 「そのとき彼女は部屋にいましたか」—「はい，いました」
(3) 「あなたたちは昨年高校生でしたか」—「はい，そうです」
(4) 「彼女はあなたたちの新しい英語の先生ですか」—「いいえ，ちがいます。私たちの新しい音楽の先生です」 No, she isn't. の下線部に注目する。

P.18・19

1 答 (1) were (2) was not[wasn't]
(3) weren't[were not]
(4) didn't[did not]

考え方 (1) 主語は複数で were になる。
(2) not は was のあとにくる。
(3) 主語は We なので be 動詞は were。
(4) do は一般動詞。

2 答 (1) Was / was (2) Were / weren't
(3) many (4) was in
(5) What / were

考え方 (1) 「昨日沖縄では暑かったですか」—「はい，暑かったです」
(2) 「彼らは昨日あなたに親切でしたか」—「いいえ，そうではありませんでした」
(3) 「その部屋に何人の生徒がいましたか」—「約10人いました」
(4) 「先月あなたは名古屋にいましたか大阪にいましたか」—「大阪にいました」
(5) 「数分前に箱の中には何が入っていましたか」—「よくはわからないのですが，数時間前には大きなリンゴが数こ入っていました」

3 答 (1) エ (2) ア (3) ウ
(4) イ

考え方 ア 「はい，いました」
イ 「５年前にそこにいました」
ウ 「彼女の兄〔弟〕さんがいました」
エ 「自分の部屋にいました」

4 答 (1) Tom was not[wasn't] in London last week.
(2) They were not[weren't] kind to us yesterday.
(3) Were Kate and Helen your friends?
(4) Where was Tim an hour ago?

考え方 (1) 「トムは先週ロンドンにいませんでした」
(2) 「彼らは昨日私たちに親切ではありませんでした」
(3) 「ケートとヘレンはあなたの友だちでしたか」
(4) 「ティムは１時間前にはどこにいましたか」

5 答 (1) Was it very warm yesterday?
(2) I was not eleven years old last year.

考え方 (1) 「昨日はとても暖かかったですか」
(2) 「私は昨年11歳ではありませんでした」

6 答 (1) Were you in Hiroshima last month? —— Yes, I was.
(2) He was not[wasn't] a teacher five years ago.

考え方 (1) You were in Hiroshima .... を疑問文にしたもの。

セクション 2-2 過去の文(2)②

▸▸▸ポイント確認ドリル P.21

1 答 (1) studying (2) making
(3) were (4) were (5) were

考え方 いずれも過去進行形の文。
(3) people(人々)は形は単数形でも複数形として扱う。

2 答 (1) not (2) wasn't
(3) Was (4) singing

考え方 (1) be動詞のあとにnot。
(2) was notの短縮形を使う。
(3)・(4) be動詞を主語の前に出す。

3 答 (1) I was not reading the book.
(2) Were you reading the book?

考え方 (1) 〈be動詞+not+～ing〉の語順。
(2) be動詞を主語の前に出す。

P.22・23

1 答 (1) were (2) wasn't[was not]
(3) I was (4) were

考え方 (3) I wasの短縮形はない。
(4) childrenはchildの複数形。

2 答 (1) Were (2) wasn't
(3) was walking (4) What / was
(5) Which[What] / reading

考え方 (1) 「あなたはそのとき手紙を書いていたのですか」—「はい，そうです」
(2) 「あなたのお兄〔弟〕さんは物語を読んでいましたか」—「いいえ，読んでいませんでした」
(3) 「彼女はそのとき公園で歩いていましたか，走っていましたか」—「歩いていました。そのとき走ってはいませんでした」
(4) 「あなたはそのとき何を勉強していましたか」—「英語を勉強していました」
(5) 「今朝どちらの〔何の〕本を読んでいましたか」—「この英語の本を読んでいました」

3 答 (1) イ (2) ア (3) ウ (4) エ

考え方 質問の意味は次の通り。
(1) 「あなたのお姉〔妹〕さんは台所で料理をしていましたか」
(2) 「あなたのお姉〔妹〕さんはそのときどこで料理をしていましたか」
(3) 「そのとき台所で料理をしていたのはだれですか」
(4) 「彼女はいつ台所で料理をしていましたか」

4 答 (1) I was looking for my dictionary.
(2) He was not[wasn't] washing the car in the yard.
(3) Were Tom and Jim running in the park?
(4) What was Ken reading then?

考え方 (4) 「健はそのとき何を読んでいましたか」という文を作る。

5 答 (1) I was taking some pictures in the park.
(2) What were you doing then?

6 答 (1) I was not[wasn't] reading a[the] newspaper then[at that time].
(2) Where were you playing at eight (o'clock) this morning?

考え方 時を表す副詞(句)は特に強調するとき以外は文末に置いて使う。

セクション 3-1 比較の文①

▸▸▸ポイント確認ドリル P.25

1 答 (1) taller, tallest
(2) longer, longest
(3) smaller, smallest
(4) happier, happiest
(5) larger, largest
(6) bigger, biggest
(7) good (8) more

考え方 (7) better, bestは形容詞well(元気で)の比較級・最上級にも使われる。

2 答 (1) old (2) shorter
(3) tallest (4) than (5) as
(6) of (7) in (8) as

考え方 (1) asとasの間には原級。
(2) thanがあるので比較級。
(3) the，ofがあるので最上級。
(4) longerが比較級なのでthan。
(5) 〈as+原級+as〉の文。
(6) five citiesは複数を表すのでof。

(7) Japan は場所・範囲を表すので in。
(8) 〈as＋原級＋as〉の否定文。

P.26・27

1 答 (1) bigger (2) easier
(3) much (4) in

考え方 (1) than があるので比較級。
(2) easy の比較級・最上級は easier, easiest。原級の最後が〈子音字＋y〉。
(3) 比較級を強める副詞は much。
(4) the world(世界)には in を使う。

2 答 (1) taller (2) tall (3) shortest
(4) shorter (5) tallest

3 答 (1) as old (2) tall as
(3) shorter (4) not, old
(5) the highest

考え方 (1) 「亜紀13歳。淳も13歳」→「亜紀は淳と同じ年齢です」
(2) 「ボブは170センチ。ジムは180センチ」→「ボブはジムほど背が高くありません」
(3) 「1月は2月より長い」→「2月は1月より短い」
(4) 「明美は恵美より年上です」→「恵美は明美ほど年をとっていません」
(5) 「富士山は日本のほかのどの山よりも高い」→「富士山は日本でいちばん高い山です」

4 答 (1) Nancy is prettier than any other girl[the other girls] in her class. / No (other) girl in her class is prettier than Nancy.
(2) Judy is younger than Helen. / Judy is not[isn't] as old as Helen.

考え方 (1) any other のあとには単数形が, the other のあとには複数形が続く。
(2) もとの文の old の反意語は young。

5 答 (1) bag is not as heavy as mine
(2) box is much bigger than that one
(3) the best speaker of English of

考え方 (1) as ～ as ... の否定文。
(2) 比較級の強調には much を使う。
(3) best は good の最上級。

6 答 (1) This problem[question] is as difficult[hard] as that (one).
(2) The sun is larger[bigger] than the moon.
(3) This is the longest bridge in the world.

考え方 (2) large, big の比較級の形に注意。
(3) 最上級の前の the を忘れないように。

セクション 3-2 比較の文②

ポイント確認ドリル P.29

1 答 (1) faster, fastest
(2) more famous, most famous
(3) more beautiful, most beautiful
(4) earlier, earliest
(5) more interesting, most interesting
(6) more popular, most popular
(7) more slowly, most slowly
(8) better

考え方 (8) well には副詞で「上手に」, 形容詞で「元気で」の意味があるが, どちらも better, best と変化する。

2 答 (1) faster (2) more (3) hard
(4) most (5) earlier (6) better
(7) best (8) more difficult

考え方 (1)・(2) than があるので比較級。
(3) as と as の間には原級。
(4) the, in があるので最上級。
(5) early の比較級は earlier。
(6) 副詞 well の比較級は better。
(7) 副詞 well の最上級は best。
(8) more, most で比較級, 最上級。

P.30・31

1 答 (1) earliest (2) most
(3) more (4) later

2 答 (1) この問題はあの問題より重要です。
(2) 純子はそのすべての生徒の中で最も上手に英語を話します。
(3) この本はこの本屋で最も高価です。

考え方 (1) that one の one は problem のこと。

3 答 (1) more popular
(2) more difficult (3) more slowly
(4) fast as (5) the earliest of

考え方 下の文の意味は次の通り。
(1) 「ここでは野球はサッカーより人気

があります」
(2) 「あの本はこの本より難しい」
(3) 「ボブは健よりゆっくり歩きました」
(4) 「ジュディーはケートほど速く走れません」
(5) 「トムはクラスのすべての少年の中で最も早くここに来ました」

4 答 (1) You can run faster than Jim.
(2) Bob came here later than Tom.

考え方 (1) 「ジムはあなたほど速く走れない」→「あなたはジムより速く走れる」
(2) 「トムはボブより早くここに来た」→「ボブはトムより遅くここに来た」
比較の文でよく使われるまぎらわしい形容詞・副詞を整理しておこう：early (形 早い・副 早く)⇔late (形 遅い・副 遅く) / fast (形 速い)⇔slow (形 ゆっくりした)/ fast (副 速く)⇔slowly (副 ゆっくりと)

5 答 (1) is the most beautiful in the world
(2) speak English more slowly
(3) play the piano as well as Helen

考え方 (1) most の最上級の文。
(2) 比較級を命令文に使ったもの。

6 答 (1) This book was more interesting than that one[book].
(2) My mother gets up (the) earliest in my family.
(3) I cannot[can't] cook as[so] well as you.

考え方 (1) 最後の one[book]はなくても正解。
(2) 副詞の最上級の the は省いてもよい。
(3) 最初の as の代わりに so でもよい。

セクション 3-3 比較の文③

ポイント確認ドリル P.33

1 答 (1) better (2) much
(3) the best (4) better
(5) the best (6) than

考え方 better, best は形容詞 good, 副詞 well の比較級・最上級と同じ形である。like とともに使われる better, best は副詞であるが, like ～ well という表現はないので, like ～ very much の very much の比較級・最上級と考えればよい。

2 答 (1) better (2) best

考え方 (1) 「犬とネコではどちらが好きですか」—「犬のほうが好きです」
(2) 「どの月がいちばん好きですか」—「5月がいちばん好きです。その月は休日が多いですから」

3 答 (1) Who can dance better than you?
(2) I like Saturday better than Sunday.

考え方 (1) この文の better は副詞 well (上手に) の比較級。
(2) better than の前後の語句をまちがえないように。

P.34・35

1 答 (1) better (2) of (3) best
(4) Which

考え方 (1) 「野球よりテニスが好きです」
(2) 「四季の中では冬がいちばん好きです」
(3) 「それらすべての中でこの絵がいちばん好きです」
(4) 「これとあれとでどちらのほうがより重要ですか」

2 答 (1) Who, of (2) the best
(3) What, best (4) Who, most
(5) much better

考え方 (1) Who を主語として使う。
(3) 「何の」には What を使う。
(4) famous の最上級の文。
(5) 比較級の前には much を使う。

3 答 (1) イ (2) ウ (3) エ (4) ア

考え方 (1) 「あなたと健とではどちらが速く走れますか」—「健です」
(2) 「テニスとサッカーではどちらが好きですか」—「サッカーです」
(3) 「鉄と金ではどちらがより有用ですか」—「鉄です」
(4) 「何色がいちばん好きですか」—「青がいちばん好きです」

4 答 (1) Which picture does he like better?
(2) What sport(s) [Which sport / What] do you like the best?

考え方 (1) もとの文が this で限定されているので，Which を使う。
(2) 限定されていないので What を使うが，Which を使ってもよい。

5 答 (1) you like dogs better than
(2) Who came to school the earliest
(3) subject do you like the best

考え方 (2) Who が主語の最上級の疑問文。
(3) What subject が like の目的語。

6 答 (1) Did you like animals better than flowers?
(2) Who is[Who's] the tallest in your class? —— Ken is.
(3) What is[What's] the largest [biggest] animal on the earth? —— A whale is.

考え方 (2) Who を主語として使う。
(3) この文も What が主語。whale(クジラ)は数えられる名詞なので，その前に a を忘れないように。

まとめのテスト① P.36・37

1 答 1 イ　2 イ　3 ア
4 イ　5 ア

考え方 1 be 動詞の過去の文。
2 一般動詞の過去の文。
3 過去進行形の文。
4 副詞 well(上手に)の最上級の文。
5 比較級の文。文末に than today を補うとわかりやすい。

2 答 1 ジェーンは英語を話していたのではありません。彼女はフランス語を話していたのです。
2 私の兄〔弟〕は今朝家族の中でいちばん遅く起きました。

考え方 1 過去進行形の否定文と肯定文。
2 副詞 late(遅く)の最上級の文。

3 答 1 Did　2 Were　3 Where
4 Which　5 What / best

考え方 1 「あなたは昨日川で泳ぎましたか」—「いいえ，泳ぎませんでした」
2 「あなたは昨日の夕方忙しかったですか」—「はい，忙しかったです」
3 「あなたは今朝どこで勉強していましたか」—「自分の部屋で勉強していました」 場所を答えていることに注意。
4 「信濃川と利根川ではどちらのほうが長いですか」—「信濃川です」
5 「あなたは何のスポーツがいちばん好きですか」—「野球がいちばん好きです」 不特定なものから「何の～，どんな～」には what を使う。答えの the best は省略しない。

4 答 1 Did Helen have a pretty doll?
2 What were they doing in the park?
3 Mt. Fuji is the most beautiful mountain in Japan. [Mt. Fuji is the most beautiful of all the mountains in Japan.]
4 Kate is younger than Mary. [Kate is not[isn't] as[so] old as Mary.]

考え方 1 一般動詞過去の疑問文。
2 playing tennis 全体に下線があるので，「公園で何をしていましたか」という文を作る。
3 beautiful は more, most で比較級・最上級を作る。
4 反対の意味を表す形容詞を使うか，as ～ as の否定文にする。

5 答 1 I like English better than any other subject.
2 I was much shorter three years ago.

考え方 1 best が不要。
2 very が不要。比較級の前には much。

6 答 1 Who was swimming in the river? —— Junko and Machiko were.
2 I cannot[can't] speak English as [so] well as Kumi, but (I) can speak it as well as Kazuo.

考え方 1 答えが複数の主語でも，疑問詞の Who は 3 人称・単数扱いにする。
2 (not) as ～ as に副詞を使った文。

まとめのテスト② P.38・39

1 答 1 イ　2 ア　3 ア
4 イ　5 ア

考え方❗ 1　過去進行形なので then。
2　主語は3人称・単数で was。
3　tall は -er, -est 型。
4　all は複数を表すので of。
5　as と as の間には原級。

2 答 1　私は彼の名前を知りませんでしたが，彼は私の名前を知っていました。
2　ここからその景色がもっとよく見えます。

考え方❗ 1　一般動詞過去の否定文と肯定文。
2　better は well（よく）の比較級。この文の You は相手を含めた不特定の人をばくぜんと指している。日本語に訳さないことが多い。

3 答 1　wasn't　2　write　3　Who
4　Which / better　5　Is, than

考え方❗ 1「彼は3年前大学生でしたか」―「いいえ，そうではありません」
2「あなたがこの本を書いたのですか」―「いいえ，ちがいます。私が書いたのはあの本です」
3「あなたとジェーンとではどちらが年上ですか」―「ジェーンです」 Which でもまちがいではないが，人について言う場合はふつう Who を使う。
4「ユリとバラではどちらのほうが好きですか」―「バラのほうが好きです」
5「この帽子はあの帽子よりも高いですか」―「はい，そうです」

4 答 1　Were his brothers very kind to you?
2　I did not[didn't] come here by bus.
3　Which flower does Jane like the best?
4　You can run faster than Jim.

考え方❗ 1　be 動詞を主語の前に出す。
2　〈did not[didn't]＋動詞の原形〉の形。
3「どちらの花」の意味にする。
4「ジムはあなたほど速く走れない」→「あなたはジムより速く走れる」

5 答 1　Did you sleep well last night?
2　She is the most popular singer in the world.

考え方❗ 1　were が不要。　2　more が不要。

6 答 1　I did not[didn't] have[eat] breakfast this morning.
2　Who went to bed (the) earliest in your family last night? ― I did.

考え方❗ 1　一般動詞過去の否定文。
2　Who を主語として使う。go の過去形は went。

セクション 4　There is[are] ～. の文

▸▸▸ポイント確認ドリル　P.41

1 答 (1)　is　(2)　are　(3)　are
(4)　is　(5)　is　(6)　are

考え方❗ 実質的な主語にあたるものが単数なら is を，複数なら are を使う。

2 答 (1)　not　(2)　are　(3)　Is
(4)　there

考え方❗ (1)・(2)　否定文は be 動詞のあとに not。
(3)・(4)　疑問文は be 動詞を there の前。

3 答 (1)　テーブルの下に英語の本が（1冊）あります。
(2)　あなたの英語の本はテーブルの下にあります。

考え方❗ (1)　だれのか知らないが，とにかく英語の本が1冊あることを表している。
(2)　特定のもの〔人〕がある場合は，ふつうそのあるもの〔人〕を be 動詞の前に置いて主語として使う。

P.42・43

1 答 (1)　under　(2)　on
(3)　in　(4)　on

考え方❗ (1)「～の下に」は under。
(2)「～の上に」は on。
(3)「～の中に」は in。
(4)「(接して)～に」は on。on はこのように，上にかぎらず，接している状態にあれば使うことができる。on the ceiling で「天井に」の意味になる。

2 答 (1)　are　(2)　was　(3)　aren't

考え方❗ (1)「1週間は7日あります」
(2)「昨日学校でコンサートがありました」 過去の文なので was。
(3)「私たちの学校には外国人の生徒はひとりもいません」

3 答 (1) イ　(2) エ　(3) ア　(4) ウ

考え方 (1) 現在の文。Yes, No で答える。
(2) 過去の文。Yes, No で答える。
(3) 数をたずねている。
(4) 「何」があるかをたずねている。

4 答 (1) There is not[There isn't / There's not] a college in my city.
(2) There were not[weren't] any pictures on the wall. [There were no pictures on the wall.]
(3) Are there any glasses on the table?
(4) How many koalas are there in the zoo?

考え方 (1) 「私の市には大学がありません」 There is not に短縮形を使った場合も確認しておこう。なお，There are not は There aren't, There're not のいずれかになる。つまり，There is, There are の短縮形は There's, There're になる。
(2) 「壁に1枚も絵はありませんでした」 否定文なので some を any に。no を名詞の前に使って表してもよい。
(3) 「テーブルの上にコップはありますか」 疑問文なので some を any に。
(4) 「その動物園にコアラは何頭いますか」 How many ～のあとに there are の疑問文の語順を続ける。

5 答 (1) There was a church on the hill
(2) Are there many balls in the box?

6 答 (1) There are[There're] a lot of [many / lots of] beautiful temples in Kyoto.
(2) How many students are there in your school? —— There are[There're] five hundred (students).

考え方 (1) Kyoto has a lot of beautiful temples. と同じ内容になる。
(2) How many のあとは名詞の複数形。

セクション 5-1 未来の文①

▶▶▶ポイント確認ドリル　P.45

1 答 (1) is　(2) am　(3) are
(4) are　(5) are

考え方 be 動詞は主語に合わせて使い分ける。

2 答 (1) not　(2) isn't　(3) Are
(4) she

考え方 (1)・(2) 否定文は be 動詞のあとに not。(2)は is not の短縮形になる。
(3)・(4) 疑問文は be 動詞を主語の前に。

3 答 (1) I am going to watch the game today.
(2) Are you going to swim in the river?

考え方 (1) to は動詞の原形の前。
(2) 疑問文になる。are は主語 you の前。

P.46・47

1 答 (1) write　(2) be
(3) am not　(4) Are you

考え方 (2) be 動詞の原形はどれも be になる。
(3) am のあとに not。

2 答 (1) 私はあなたの宿題を手伝うつもりはありません。
(2) 今日の午後雨が降りそうです。

考え方 (1) be going to の否定文。「～するつもりはない，～しないつもりだ」の意味。
(2) be going to はこのように，まわりの状況からみてほぼ確実なことについての予想を表すこともある。

3 答 (1) isn't / He's　(2) Who

考え方 (1) それぞれ短縮形が入ることに注意。

4 答 (1) ウ　(2) イ　(3) エ　(4) ア

考え方 (1) Yes, No で答える。
(2) 場所をたずねている。
(3) 交通手段をたずねている。
(4) Yes, No で答える。主語は it。

5 答 (1) Jane is going to wash her bike this afternoon.
(2) He is not[He isn't / He's not] going to talk about the novel.
(3) Are you going to meet him at the station?
(4) When is she going to see Ken?

考え方 (1) washes を原形の wash にもどす。
(2) 「彼はその小説について話すつもりはありません」
(3) 「あなたは駅で彼に会うつもりですか」
(4) 時をたずねるのは When。このあとにbe going toの疑問文の語順を続ける。

6 答 (1) time are you going to get up
(2) I am not going to drive

考え方 (1) What timeのあとは疑問文の語順。

7 答 (1) I am[I'm] going to write (a letter) to her this afternoon.
(2) What are you going to do tomorrow?
— I am[I'm] going to study.

考え方 (1) write to ～だけでも「～に手紙を書く」の意味になることを覚えておこう。
(2) Whatがdoの目的語になる。このdoは一般動詞で「～をする」の意味。

セクション 5-2 未来の文②

▶▶▶ポイント確認ドリル P.49

1 答 (1) go (2) will (3) stay
(4) be (5) will

考え方 主語が3人称・単数でも，〈will＋動詞の原形〉の形に変わりはない。willやそれに続く動詞にsやesがつくことはない。

2 答 (1) not (2) won't (3) Will
(4) it

考え方 (1)・(2) 否定文はwillのあとにnotを入れる。(2)は短縮形のwon'tが入る。
(3)・(4) 疑問文はwillを主語の前に出す。

3 答 (1) I will buy the new book tomorrow.
(2) I will not be busy next Saturday.

考え方 (1) 〈主語＋will＋動詞の原形 ...〉。
(2) 〈主語＋will not＋動詞の原形 ...〉。

P.50・51

1 答 (1) be (2) take
(3) will not[won't] (4) come

考え方 (1) be動詞の原形はbe。
(2) tookはtakeの過去形。
(3) 否定文はwill not[won't]のあとに動詞の原形。
(4) cameはcomeの過去形。

2 答 (1) あなたは来月何歳になりますか。
(2) 私は今日の放課後図書館に行くつもりはありません〔行かないつもりです〕。

考え方 (1) How old are you? をwillの未来の疑問文にしたもの。
(2) 話者の意志を表すような訳文にする。

3 答 (1) will (2) won't

考え方 be going toとwillはほぼ同じと考えてよいが，まったく同じというわけではない。本文の51ページを参照しておこう。

4 答 (1) イ (2) エ (3) ウ (4) ア

考え方 (1) Yes, Noで答える。主語はhe。
(2) Yes, Noで答える。主語はit。
(3) 「だれが」と主語をたずねている。
(4) 場所をたずねている。

5 答 (1) Ken will be an astronaut.
(2) He will not[He won't / He'll not] visit me tomorrow.
(3) Will they arrive on time?
(4) When will Kate come again?

考え方 (1) willのあとは原形のbe。
(2) 「彼は明日私を訪ねてこないでしょう」 willのあとにnot。
(3) 「彼らは時間通りに着くでしょうか」 willを主語の前に出す。
(4) 「ケートはいつまた来るでしょうか」

6 答 (1) will be twelve next month
(2) will not climb the mountain next

考え方 (1) willのあとに動詞の原形を続ける。
(2) willのあとにnotがきて，そのあとに動詞の原形が続く。

7 答 (1) I will not[I won't / I'll not] be busy tomorrow.
(2) Will he help me? — Yes, he will.

考え方 (1) I am busy. をwillの未来の否定文にしたもの。未来の文でもtomorrowなどの副詞(句)は特に強調する以外は文末に。
(2) willを主語の前に出す。

セクション 6-1 助動詞①

▶▶▶ポイント確認ドリル P.53

1 答 (1) use (2) be (3) go
(4) must

考え方 (1)～(3) 助動詞のあとには原形がくる。be動詞の原形はbeになる。
(4) 助動詞にsやesがつくことはない。

2 答 (1) must (2) may[can]
(3) may

考え方 (1) 義務を表すのはmust。

(2) 許可を表すのはmay。canもこの意味に使うことができる。
(3) 「～かもしれない」はmay。

3 答 (1) You must wash the car.
(2) You may read this book.
考え方 (1)・(2) 〈主語＋助動詞＋動詞の原形＋目的語.〉の語順になる。

P.54・55

1 答 (1) swim (2) be (3) study
(4) must not[mustn't]
考え方 (1) 「ここで泳いでもいいですよ」
(2) 「お年寄りには親切にしなければいけません」
(3) 「彼は今年フランス語を勉強しなければいけません」
(4) 「あのいすにすわってはいけません」

2 答 (1) あなたは出かけてもいいが，6時までにもどらなければいけません。
(2) このニュース〔知らせ〕は本当かもしれないが，あのニュース〔知らせ〕は本当ではないかもしれない。
考え方 (1) mayとmustの意味の違いがわかるような日本語にしよう。
(2) 最後のbeのあとにtrueを補って考えよう。

3 答 (1) must (2) must not
考え方 (1) 命令文をmustの文にする。
(2) 否定の命令文をmust notの禁止の言い方で表す。この書きかえは重要。

4 答 (1) Must (2) May
(3) may[must] not (4) have
考え方 (1) 「今出発しなければなりませんか」―「はい，そうです」
(2) 「もう家に帰ってもいいですか」―「はい，いいですよ」
(3) 「あなたといっしょにここにいていいですか」―「いいえ，いけません」 禁止の意味をはっきりさせるために，may notの代わりにmust notを使うこともある。
(4) 「この授業では英語を話さなければいけませんか」―「いいえ，その必要はありません」 この答え方に注意しておく。

5 答 (1) You must be very careful.
(2) He may not come here today.
(3) Must I wash the dishes?
(4) May I drive the car?
考え方 (1) 「あなたは十分に注意しなければいけません」
(2) 「彼は今日ここに来ないかもしれません」
(3) 「皿を洗わなければいけませんか」
(4) 「はい，いいですよ。あなたはその車を運転していいですよ」という返事に対する質問の文。

6 答 (1) must not swim in the river
(2) mother may be sick
考え方 (1) notがあるので禁止の意味にする。
(2) 「ヘレンのお母さんは病気かもしれません」の意味。

7 答 (1) You must clean your room every day.
(2) May[Can] I read this book? ―― Yes, you may[can].
考え方 (1) mustのあとに動詞が続く。
(2) Mayを使ったらmayを，Canを使ったらcanを返事に使う。

セクション 6-2 助動詞②

▸▸▸ポイント確認ドリル P.57

1 答 (1) you (2) I (3) Shall
(4) Will
考え方 Will you ～? で「～してくれませんか」と相手に依頼する文。Shall I ～? で「～しましょうか」と申し出て，相手の意向をたずねる文になる。
(4) 疑問文でも相手にYesの返答を期待しているときや，相手に何かをすすめる場合にはanyではなくsomeを使う。

2 答 (1) Shall I (2) Will you
(3) Will you
考え方 (1) 相手の意向をたずねている。
(2) 依頼する文。
(3) 物をすすめる文。teaは1つ2つと数えられない名詞なので，「紅茶1杯」と言うときはa cup of teaとする。2杯以上のときは two cups of tea とする。cup を使うのはほかに coffee(コーヒー)などがある。水やミルクなど冷たいものには glass(グラス，コップ)を使って，a glass of water, two glasses of water などとする。テキスト120ページを参照。

3 答 (1) Will you wash the dishes?
(2) Shall I drive the car?

考え方 (1) Will you のあとに動詞の原形が続く。
(2) Shall I のあとに動詞の原形が続く。

P.58・59

1 答 (1) ① 彼は明日映画に行くでしょうか。 ② 明日私といっしょに映画に行ってくれませんか〔行きませんか〕。
(2) ① (私が)窓を開けましょうか。—— はい，お願いします。 ② 放課後テニスをしましょうか〔しませんか〕。—— はい，しましょう。

考え方 (1) ①主語の意志を表して，「彼は明日映画に行くつもりでしょうか」も可。

2 答 (1) Will (2) Shall

考え方 (1) 「私のかさを探してください」→「私のかさを探してくれませんか」
(2) 「今夜パーティーに行きましょう」→「今夜パーティーに行きましょうか」

3 答 (1) Shall (2) What
(3) Where / Let's (4) you

考え方 問いかけの文の意味は次の通り。
(1) 「あなたのためにピアノを弾きましょうか」
(2) 「次に私は何をしましょうか」
(3) 「(私たちは)明日どこに行きましょうか」
(4) 「私の代わりに〔私のために〕その手紙を読んでくれませんか」

4 答 (1) Will you (please) come earlier?
(2) Shall I cook[make] dinner?

考え方 (1) 「もっと早く来てくれませんか」 文末に〈, please?〉としてもよい。
(2) 「(私が)夕食を作りましょうか」

5 答 (1) Will you take me
(2) Shall I read the story
(3) What shall I do

6 答 (1) Will you (please) help my mother? —— Yes, I will. / O.K. / All right. / Sure. / Certainly.
(2) Shall I take a picture[(some) pictures]? —— Yes, please. / Please do.
(3) Shall we swim in the river? —— Yes, let's.

考え方 (1) Will you help my mother, please? でもよい。
(2) 相手の意向を聞くので Shall I の文。
(3) 「いや，よしましょう」なら，No, let's not. となる。

セクション 6-3 助動詞③

ポイント確認ドリル P.61

1 答 (1) could (2) be (3) is
(4) see (5) has (6) have

考え方 (1) last night があるので過去形。
(2) be 動詞の原形は be。
(3) able があることに注意。
(4) have to のあとは動詞の原形。
(5) 主語が He なので has。
(6) will のあとは動詞の原形。

2 答 (1) have to (2) had to

考え方 (1) 「～する必要はない，～しなくてもよい」は don't[doesn't] have to ～。
(2) have to の過去の文にする。have の過去形は had。

3 答 (1) She is able to speak French.
(2) No one could come back that day.

考え方 (1) is able to はひとまとまりにして，このあとに動詞の原形を続ける。
(2) could のあとに動詞の原形が続く。

P.62・63

1 答 (1) could (2) had
(3) are (4) was

2 答 (1) あなたは今日その車を洗う必要はありませんでした。
(2) 彼はその当時 7 か国語を話すことができました。

考え方 (1) 「洗わなくてもよかった」でもよい。
(2) be able to の過去の文。

3 答 (1) Are, able (2) have to

考え方 (1) can を be able to で表す。
(2) must を have to で表す。

4 答 (1) Do / to (2) Could / couldn't
(3) shouldn't (4) Were

考え方 (1)「あなたはフランス語を学ばなければいけないのですか」—「はい，そうです。ドイツ語も学ばなければなりません」
(2)「昨夜星は見えましたか」—「いいえ，見えませんでした。でも月が見えました」
(3)「彼女に何か言うべきでしょうか」—「いや！　あなたは彼女に何も言うべきではありません」 mustn't でも正解。
(4)「あなたは電車に乗ることができましたか」—「はい，できました。ちょうど間に合いました」

5 答 (1) The baby will soon be able to walk. / The baby will be able to walk soon.
(2) My mother will have to get up early.
(3) Tom was not[wasn't] able to swim across the river.
(4) Does Ken have to take care of the children?

考え方 (1)「その赤ちゃんは間もなく歩けるようになるでしょう」 soon は文頭でも可。
(2)「母は早く起きなければならないでしょう」
(3)「トムはその川を泳いで渡ることができませんでした」
(4)「健はその子どもたちの世話をしなければいけないのですか」

6 答 (1) should be kind to
(2) Were you able to get

考え方 (1) You are kind to old people. に should を使ったものと考える。
(2) You were able to .... を疑問文にしたもの。

7 答 (1) Ken will be able to swim next year.
(2) You don't have to get up early tomorrow.

考え方 (1) 特に強調する以外は next year は文末に置く。
(2) don't の代わりに do not でもよいが，この言い方をするときは，多くの場合 don't[doesn't / didn't] have to と短縮形を使って表す。

セクション 7-1 不定詞・動名詞①

ポイント確認ドリル P.65

1 答 (1) play (2) be (3) play
(4) speak

考え方 to のあとは動詞の原形。be 動詞の原形は be になる。
(1)「私は友だちと野球をするのが好きです」 不定詞は動詞の目的語。
(2)「彼はバスケットボールの選手になりたいと思っています」 目的語。
(3)「彼女はピアノを弾き始めました」 不定詞は主語や時制に関係ない。目的語。
(4)「英語を話すのは簡単ではありません」 主語になっている。

2 答 (1) want (2) begin[start]
(3) need

考え方 いずれも不定詞が動詞の目的語。
(1) wan to ～で「～したい」。
(2) begin[start] to ～で「～し始める」。
(3) need to ～で「～する必要がある」。

3 答 (1) I don't want to see the picture.
(2) To go to the place alone is dangerous.

考え方 (1) 否定文や疑問文でも不定詞の形は変わらない。
(2) 不定詞が主語になっている。to go の to は不定詞を作るための to であり，go to the place の to は「～へ，～に」と方向を表す前置詞で，同じ to でもその働きは大きく異なる。

P.66・67

1 答 (1) see (2) be (3) talk
(4) go

考え方 (1)「あなたは今日彼女に会いたいですか」
(2)「私は自分の部屋でひとりっきりになるのが好きです」
(3)「私は昨日あなたと話したかった」
(4)「だれが映画を見に行きたがってるのですか」

2 答 (1) 私は立ち上がろうとしましたが，できませんでした。
(2) 私の人生の目標は医者になることです。
(3) その山に登るのは私にとって簡単ではありません。

考え方 (1) couldn't のあとに stand up を補って考える。
(2) この文では不定詞(to become)がさらに補語(a doctor)をとっていることにも注意。

3 答 (1) イ (2) ウ (3) ア

考え方 (1) 「私の妹は夜中の12時ごろに突然泣き出しました」 イ「次回はもっとうまくそれをするようにしてください」
(2) 「そのレストランを見つけるのはとても難しかった」 ウ「真実を話すのは難しいことがよくあります」
(3) 「私の計画は自分自身の家を建てることです」 ア「彼の仕事は郵便の集配です」

4 答 (1) What (2) to

考え方 (1) 「私は英語の教師になりたい」が返答の文の意味。
(2) 「あなたは昨日宿題を終えましたか」が質問の文の意味。

5 答 (1) エ (2) ア (3) オ (4) ウ (5) イ

考え方 (1) 不定詞が補語になっている。
(2) 不定詞が主語になっている。be kind to ～で「～に親切にする」の意で，この to は前置詞。
(3) try to ～で「～しようとする」の意味。
(4) began の目的語になる不定詞。
(5) want の目的語になる不定詞。

6 答 (1) would like to see her
(2) did you begin to study

考え方 (1) 「彼女にもう一度会いたいのですが」 would like to ～は want to ～の控え目な表現になる。
(2) 「あなたはいつフランス語を勉強し始めたのですか」 to study が begin の目的語になる。

7 答 (1) Do you like to play tennis?
(2) You must[have to] try to do your best.

考え方 (1) to play tennis が like の目的語。
(2) to do ... が try の目的語。

セクション 7-2 不定詞・動名詞②

▶▶▶ポイント確認ドリル P.69

1 答 (1) take (2) be (3) see (4) hear

考え方 (1) 「私は写真を撮るために公園に行きました」
(2) 「いい選手になれるように毎日練習しなさい」
(3) 「私は彼女にまた会えてとてもうれしい」
(4) 「私はその知らせを聞いて悲しかった」

2 答 (1) to (2) was, get[receive] (3) sorry to

考え方 (1) 目的を表す副詞的用法。
(2) 「手紙を受け取る」は get[receive] a letter。
(3) 「残念な」は sorry。

3 答 (1) He went there to see her.
(2) I was sad to know that.

考え方 (1) 目的を表す。
(2) 原因を表す。

P.70・71

1 (1) 彼は年老いた両親に会うためにブラジルからもどりました。
(2) 彼女はその事実を知って驚きました。
(3) 彼女の悲しい話を聞いてだれもが気の毒に思いました。

2 答 (1) ウ (2) ア (3) イ

考え方 (1) 「彼女は彼の会社で働きたいと思っています」 ウ「私は自分の部屋でひとりっきりになるのが好きではありません」
(2) 「彼はアメリカの歴史を研究するためにアメリカへ行きました」 ア「私たちはあなたと話すためにここへ来ました」
(3) 「私はヘレンに会えてとてもうれしかった」 イ「彼女は彼の話を聞いてとても怒りました」

3 答 (1) Were (2) To

考え方 (1) 「その知らせを聞いてあなたはうれしかったのですか，それとも悲しかったのですか」—「とても悲しかったです。ひどい知らせでした」 be 動詞を補う。
(2) 「あなたは昨日なぜ公園へ行ったのですか」—「花の写真を何枚か撮るためです」 目的を表す副詞的用法の不定詞で答える。

4 答 (1) to borrow (2) to hear

考え方 (1) 「来て，この本を借りた」→「借りるために来た」
(2) 「聞いた，それでうれしかった」→「聞いてうれしかった」

5 答 (1) ウ (2) オ (3) ア (4) イ (5) エ

考え方 (1)・(2)・(5) 目的を表す用法。
(3)・(4) 原因を表す用法。
エの something important の語順にも注意する。something や anything のような -thing で終わる語を修飾する形容詞はこの語のうしろに置く。

6 答 (1) went to the store to buy
(2) was glad to see her son

考え方 (1) 「彼女はリンゴを買うためにその店に行きました」
(2) 「彼女は再び息子に会えてうれしかった」

7 答 (1) He will[He'll] be surprised to see this sight.
(2) He went to the zoo to take (some) pictures of the panda(s).

考え方 (1) 原因を表す。
(2) 目的を表す。

セクション 7-3 不定詞・動名詞③

ポイント確認ドリル P.73

1 答 イ 私には本を読む時間が必要です。
エ あなたは何か食べるものがほしいですか。

考え方 イ to read books が time を修飾。
エ to eat が anything を修飾。
アは目的を表す副詞的用法で，ウは動詞の目的語になる名詞的用法。

2 答 (1) to show (2) to do

考え方 (1) to show you が a picture を修飾。
(2) to do が nothing を修飾。

3 答 (1) I want something to drink.
(2) I have much work to do today.

考え方 (1) to drink が something を修飾。
(2) to do が(much) work を修飾。

P.74・75

1 答 (1) ① トムはその仕事をしなければなりません。 ② トムにはしなければならない仕事がたくさんあります。
(2) ① 健には助けてやるような友だちはいません。 ② 健には彼〔=健〕を助けてくれるような友だちはいません。

考え方 (1) ① have[has] to ～で「～しなければならない」 ② to do が形容詞的用法の不定詞。
(2) ①は健が友だちを助けるのであり，②は友だちが健を助けるということ。

2 答 (1) B (2) C (3) B (4) A (5) C (6) A (7) C (8) A

考え方 (1) 「私は切手を買いにそこに行くところです」
(2) 「私は何か食べるものがほしい」
(3) 「私はあなたに会えてとてもうれしかった」
(4) 「今度はもっとうまくやるようにしてください」
(5) 「私には今日書くべき手紙がたくさんあります」
(6) 「よいことをするということは幸せになるということです」
(7) 「私にはあなたと遊ぶ時間がありませんでした」
(8) 「彼はその会合に行くことに決めました」

3 答 (1) to do (2) eat

考え方 (1) 「あなたは今忙しいですか」—「いいえ。私は今することが何もありません」
(2) 「あなたはおなかがすいていますか」—「はい，とても。何か食べるものが必要です」

4 答 (1) to drink (2) to do

考え方 (1) 「私は何かを飲みたい」→「私は何か飲むものがほしい」
(2) 「私はたくさんの宿題をしなければ

ならない」→「私にはしなければいけない宿題がたくさんある」

5 答 (1) have anything cold to
(2) have time to visit
(3) have a lot of books to

考え方 (1) 「あなたは何か冷たい飲み物を持っていますか」
(2) 「私は東京を訪れる時間がありませんでした」
(3) 「私には読むべき本がたくさんあります」

6 答 (1) He had nothing to do yesterday. / He didn't[did not] have anything to do yesterday.
(2) There are[There're] many[a lot of / lots of] places to see in Kyoto. / Kyoto has many[a lot of / lots of] places to see.
(3) Do you have anything to say?

考え方 (1) to do が nothing[anything] を修飾。
(2) to see が places を修飾。
(3) anything の代わりに something を使うと「何か言いたいことがあるのだろう」くらいの意味になる。疑問文ではふつう anything を使うと覚えておこう。

セクション 7-4 不定詞・動名詞④

▶▶▶ポイント確認ドリル P.77

1 答 (1) how (2) what (3) where

考え方 疑問詞のもともとの意味を考える。次の意味の文を作る。
(1) 「私は車の運転のしかたがわかりません」
(2) 「私は今何をすべきか知りたい」
(3) 「私は明日どこに行けばいいか知りたい」

2 答 (1) It (2) It's (3) was
(4) for

考え方 (1) 「サッカーをするのはおもしろい」 This は形式主語になることはできない。
(2) 「この本を読むのは簡単です」 It だと be 動詞がない文になってしまう。
(3) 「昨日そこへ着くのは簡単ではありませんでした」 yesterday があるので，be 動詞は過去形にする。
(4) 「私たちがここにとどまるのは難しい」 不定詞の意味上の主語は for ～で表す。

3 答 (1) I know how to use this camera.
(2) It is dangerous to walk along this street.

考え方 (1) how to use this camera を know の目的語として使う。
(2) It を to walk along this street を指す形式主語として使う。

P.78・79

1 答 (1) how to (2) It's, for
(3) what to

考え方 (1) 「～の使い方」は how to use ～。よく使う表現なのでこのまま覚えておこう。
(2) 最初の空所は It is の短縮形が入る。不定詞の意味上の主語は to ～の前に for ―を置く。
(3) この文の next は「次に」の意味の副詞。形容詞の「次の」と区別する。

2 答 (1) この山に登るのはそんなに危険ですか。
(2) 私はどこでバスを降りたらいいのか知りたい。
(3) どちらのシャツを買ったらいいか私にアドバイスしてください。
(4) 私にとってこの英語の本を読むことは簡単ではありませんでした。

考え方 (1) 形容詞や副詞の前にくる so は「そんなに，それほど」の意味になる。
(2) where to ～で「どこで～したらいいか」の意味。
(3) advise のあとに目的語が２つある。「～を」にあたるのが which 以下。which のあとに名詞が続いているので，「どの～，どちらの～」の意味になる。
(4) 過去の否定文になっていることにも注意する。

3 答 (1) イ (2) ウ (3) ア

考え方 (1) 「昨日この本を辞書なしで読むこと

はとても難しかった」
(2) 「この新しいコンピュータの使い方を私が説明しましょう」
(3) 「あなたがその仕事を次の金曜日までに終えることはそんなに簡単ではないでしょう」 イは過去の文になるので，(3)には使えない。

4 答 (1) you know where to buy
(2) It's important for you to study
(3) to know when to leave home
(4) Is it exciting to watch soccer games

考え方 (1) what が不要。「どこで～したらよいか」は where to ～。
(2) of が不要。不定詞の意味上の主語は for ～で表す。
(3) what が不要。「いつ～したらよいか」は when to ～。
(4) for が不要。for のあとにくる名詞が語群の中にないので，for が不要になる。

5 答 (1) I didn't[did not] know what to say.
(2) Is it easy for you to get up early?
(3) I want to know how to go[get] to the library.
(4) It is[It's] dangerous to go there at night.

考え方 (1) 「何を～したらよいか」は what to ～。
(2) It ... for — to ～. の疑問文になる。
(3) 「どう～したらよいか」は how to ～。
(4) It ... to ～. の文。

セクション 7-5 不定詞・動名詞⑤

▸▸▸ポイント確認ドリル P.81

1 答 イ あなたはピアノを弾き終えましたか。
ウ 野球をすることはとても楽しい。

考え方 イ 動詞の目的語になる動名詞。
ウ 主語になる動名詞。
ア，エは進行形に使われている～ing 形。

2 答 (1) enjoy singing
(2) is collecting

考え方 (1) enjoy ～ing で「～して楽しむ」。
(2) collecting は動名詞で，補語。

3 答 (1) He stopped reading the book.
(2) He is good at running.

考え方 (1) stop のあとに続く～ing 形は，stop の目的語になる動名詞。
(2) be good at ～ing で「～することが得意である」。good の代わりに poor や bad を使うと「～がへたである」の意味。

P.82・83

1 答 (1) watching (2) to see
(3) playing (4) talking
(5) to study (6) eating

考え方 (1) 「私たちは毎日テレビを見て楽しみます」
(2) 「またすぐにあなたに会いたい」
(3) 「彼はサッカーをするのがへたです」
(4) 「話すのをやめて私の話を聞きなさい」
(5) 「私は大学で歴史を勉強したい」
(6) 「食べすぎはやめるべきです」

2 答 (1) ① 彼女は地図を見るのをやめました。② 彼女は地図を見るために立ちどまりました。
(2) ① 彼はさようならを言うために部屋に入って行きました。② 彼はさようならを言わずに部屋を去りました〔出て行きました〕。

考え方 (1) ② 「立ちどまって地図を見た」のような日本語でもよい。
(2) ② without ～ing で「～しないで，～することなしに」という成句として覚えておいてもよい。

3 答 (1) collecting
(2) began[started] raining
(3) Walking

考え方 (1) 「ジェーン，あなたの趣味は何ですか」—「古い硬貨を集めることです」
(2) 「激しく雨が降っていますね」—「ええ。1時間前に降り始めました」
(3) 「あなたは毎朝歩いているのですよね」—「はい。速く歩くことはいい運動になります」

4 答 (1) running (2) to read
(3) playing (4) talking (5) to

考え方 (1) 「彼女は公園を走るのが好きです」
(2) 「彼はその本を読み始めました」
(3) 「ケートは上手にテニスができます」

→「ケートはテニスをするのが得意です」
(4) 「トムはジェーンと話した。トムはそれをとても楽しんだ」→「トムはジェーンと話してとても楽しみました」
(5) 「健は話すのをやめて音楽を聞いた」→「健は音楽を聞くために話すのをやめました」 stop ~ing to ... で「…するために~するのをやめる」の意味になることを確認しておこう。

5 答 (1) Speaking good English is not
(2) I enjoy listening to music on

考え方 (1) 動名詞が主語になっている。
(2) 動名詞が動詞の目的語になっている。on Sundays と複数形にして使うと「日曜日ごとに，日曜日にはいつも」といった意味合いが含まれるようになる。

6 答 (1) He finished reading the difficult book.
(2) My brother decided to be[become] a doctor.

考え方 (1) finish の目的語は動名詞に。
(2) decide の目的語は不定詞で，decide to ~で「~することに決める，~すると決心する」の意味になる。

まとめのテスト③ P.84・85

1 答 1 ア 2 イ 3 ア
4 イ 5 イ

考え方 1 only one ~(たった1つの~)とあるので単数で is。
2 be 動詞の原形は be。
3 finish の目的語は動名詞。
4 want の目的語は不定詞。
5 hope の目的語は不定詞。

2 答 1 (あなたは)ここにいてもよいが，話してはいけません。
2 あなたはその冷蔵庫のあけ方を知っていますか。

考え方 1 may は許可を表し，must not は禁止を表す。
2 how to ~は「~のしかた，どのように~するか」の意味。これを know の目的語として使う。

3 答 1 Shall 2 Is 3 there
4 to do 5 to drink

考え方 1 「窓を開けましょうか」—「はい，お願いします」
2 「あなたのお兄〔弟〕さんはドイツで音楽を勉強するつもりですか」—「はい，そうです」
3 「あなたの市に大学はありますか」—「はい，あります」
4 「あなたは今忙しいですか」—「はい，忙しいです。今すべきことがたくさんあります」
5 「あなたは今のどがかわいていますか」—「はい，とても。私は何か飲むものが必要です」

4 答 1 There are not[There aren't / There're not] any students in the room.
2 I am[I'm] going to do my best.
3 Tom is good at swimming.
4 Jim had a lot of homework to do yesterday.

考え方 1 be動詞のあとに not。否定文なので，some を any に。
2 be going to の文に。
3 be good at ~ing で「~することが得意である，~することが上手だ」。
4 「ジムは昨日しなければいけない宿題がたくさんありました」の意味の文に。

5 答 1 You must not swim in the river.
2 He will be very surprised to hear the news.

考え方 1 must not で禁止を表す。have が不要。
2 be surprised to ~で「~して驚く」。hearing が不要。

6 答 1 How many days are there in August? — There are[There're] thirty-one[31] (days).
2 You must[have to] study hard to be[become] an English teacher.

考え方 1 How many ~のあとに there are の疑問文の語順を続ける。
2 to be[become]は目的を表す副詞的

用法の不定詞。

まとめのテスト④ P.86・87

1 答 1 ア　2 イ　3 ア
4 イ　5 ア

考え方 1 Will you ~? で「~してくれませんか」。
2 主語が you なので Are。
3 enjoy の目的語は動名詞。
4 like の目的語は不定詞・動名詞のどちらもとるが，would like to ~の形では to ~しかとらない。
5 be interested in の in が前置詞で，この目的語になるので動名詞に。

2 答 1 私の兄〔弟〕は歩くのをやめて，何かを食べ始めました。
2 私たちはこの狭い〔小さな〕世界でお互いを理解し合うために外国語を勉強します。

考え方 1 walking, to eat はそれぞれ直前の動詞の目的語になっている。
2 to understand は目的を表す副詞的用法の不定詞。

3 答 1 Must　2 Did
3 many / are　4 Where / are
5 Shall

考え方 1 「私は一日中ここにいなければなりませんか」—「いいえ，その必要はありません」
2 「あなたは車で来なければならなかったのですか」—「はい，そうです」
3 「今年は2月に何日ありますか」—「29日あります」
4 「あなたたちはどこでコンサートを開く予定ですか」—「体育館で開く予定です」
5 「今晩映画を見に行きましょうか」—「ああ，それはいい考えですね。そうしましょう」

4 答 1 He will be able to walk across the desert.
2 Do I have to clean the room?
3 He must write two letters today.
4 Bob went to the library to read the book.

考え方 1 will のあとは原形。「彼は歩いてその砂漠を渡れるでしょう」
2 have を一般動詞として扱う。
3 「彼は今日書かなければならない手紙が2通ある」→「彼は今日手紙を2通書かなければならない」
4 「ボブはその本を読むために図書館へ行きました」という文を作る。

5 答 1 There will be a concert next month.
2 Tom did not stop talking with her.

考え方 1 shall が不要。There is ... の文に will を使って未来の文にしたもの。
2 of が不要。stop の目的語に動名詞 talking を使う。

6 答 1 Ken enjoyed running in[at] the park.
2 What are you going to do next? — — I am[I'm] going to see[meet] her.

考え方 1 enjoyed の目的語に動名詞を使う。running のつづりにも注意しておこう。
2 What will you do next? —— I will [I'll] see[meet] her. でもよい。

セクション 8 会話表現・命令文

ポイント確認ドリル P.89

1 答 (1) イ　(2) ウ　(3) エ

考え方 (1) Hold on. で「そのままお待ちください」の意味。
(2) だれがだれに電話するのかを考える。
(3) May I speak to ~ (, please)? で「~さんをお願いします」の意味。

2 答 (1) How　(2) Who's　(3) take
(4) Don't[Never] be

考え方 (1) 形容詞の前に How がくる。
(2) Who is の短縮形になる。
(3) この場合は buy を使わないのがふつう。
(4) Never を使うと意味が強くなる。

P.90・91

1 答 (1) How　(2) Be
(3) What　(4) walk

考え方 (1) 「なんて美しいのでしょう」
(2) 「ベン，いい子にしていなさい」
(3) 「なんてかわいい人形なのでしょう」
(4) 「今日は歩いて学校へ行きましょう」

2 答 (1) 一生けんめい勉強しなさい，さもないと試験に落ちますよ。

(2) 急ぎなさい，そうすればその列車に間に合いますよ〔乗ることができますよ〕。

考え方 (1) 勉強するか，落ちるかのどちらかだ，と考えればわかりやすい。

(2) Come here and meet my parents. は「こちらに来て私の両親に会ってください」の意味で，命令文を結ぶ and はふつうの「そして」の意味になる。

3 答 (1) This is (2) I'll take

(3) Why don't

考え方 (1) 簡単に Speaking. とも言う。

(2) I'll と短縮形で使うのがふつう。

(3) Why don't you ～? で「～したらどうですか」。

4 答 (1) show (2) long / take

(3) to / take

考え方 (1) 「このシャツは好きではありません。ほかのを見せてください」—「こちらはいかがですか」

(2) 「博物館へ行くのにはどれくらい時間がかかりますか」—「約15分かかります」

(3) 「ジェーンさんをお願いします」—「今外出中です。伝言を受けましょうか」

5 答 (1) Be quiet in this room.

(2) Don't be noisy in the library.

(3) Be more careful.

考え方 (1) 「この部屋では静かにしなさい」

(2) 「図書館で騒がしくしてはいけません」

(3) 「もっと注意しなさい」

6 答 (1) Be a good boy at

(2) Don't be kind to

(3) Be nice to him, and

考え方 (1) be 動詞の命令文になる。

(2) be 動詞の否定の命令文になる。

(3) 「彼にやさしくしなさい，そうすれば彼もあなたにやさしくするでしょう」

7 答 (1) Be a better boy.

(2) Hurry (up)[Be quick], or you will [you'll] be late.

考え方 (2) quick は形容詞なので，quick を使ったら，その前には be が必要。

セクション 9-1 いろいろな文型①

▶▶▶ポイント確認ドリル P.93

1 答 (1) V (2) S (3) C

(4) C (5) S (6) V

考え方 (4) 一般動詞 look の補語になっている。so は beautiful を修飾する副詞。

2 答 (1) brother is

(2) be[become], teacher

考え方 (1) 第 1 文型の文。in 以下は副詞句。

(2) 第 2 文型の文。teacher が補語。

3 答 (1) Ken studies in the library every day.

(2) You look sad today.

考え方 (1) 第 1 文型の文。

(2) 第 2 文型の文。sad が形容詞で補語。

P.94・95

1 答 (1) B (2) A (3) A (4) B

(5) A (6) B (7) B (8) A

考え方 A：鳥たちが森で歌っていました。

B：私の母は先週病気でした。

(1) 「彼は有名な医者になりました」

(2) 「トムはあの会社で働いています」

(3) 「彼女は昨夜よく眠れませんでした」

(4) 「健は昨日とても忙しそうでした」

(5) 「私はいつもは 7 時に起きます」

(6) 「私の母は英語の教師です」

(7) 「彼は私に腹を立てました」

(8) 「私たちの学校は丘の上に建っています」

2 答 (1) このあたりはすぐに〔じきに / 間もなく〕暗くなるでしょう。

(2) あなたのお母さんはとても若く見えます。

(3) 彼女はお姉さん〔妹さん〕よりも楽しそうに〔幸せそうに〕見えました。

考え方 (1) この文の get は「～になる」の意味。

(2) look は「～のように見える」の意味。

(3) happier は happy の比較級。

3 答 (1) strange (2) colder

考え方 (1) 「そのニュースは奇妙に聞こえるかもしれませんが，本当です」

(2) 「明日は今日よりももっと寒くなる

でしょう」

4 答 (1) will become a famous scientist
(2) did not look happy
(3) felt very hungry
(4) opens at ten o'clock every

考え方 (1) 「彼は有名な科学者になるでしょう」
(2) 「ケートはそのとき幸せそうには見えませんでした」
(3) 「私はそのあととても空腹を感じました」
(4) 「その店は毎日10時に開店します」

5 答 (1) They will[They'll] become good friends.
(2) The bike[bicycle] did not[didn't] look new.
(3) It will[It'll] get[become / grow / be] cold tomorrow.
(4) His story did not[didn't] sound true.

考え方 (1) become の代わりに be でもよい。
(2) look のあとに名詞を続けたいときは, like を使って look like ～とするので, ... did not look like a new one. としてもよい。
(3) tomorrow は強調する以外は文末に。
(4) 形容詞 true が補語になる。

セクション 9-2 いろいろな文型②

▸▸▸ポイント確認ドリル P.97

1 答 (1) C (2) O (3) O (4) C (5) O (6) C

考え方 補語なら主語とイコールの関係になり, 目的語は動詞の動作の対象となる。
(1) 「彼は年の割に若く見えます」
(2) 「私は昨日何もすることがありませんでした」
(3) 「彼はおもしろい話をしました」
(4) 「あなたの話は奇妙に聞こえます」
(5) 「毎年多くの人が京都を訪れます」
(6) 「明日はずっと寒くなるでしょう」

2 答 (1) play (2) show (3) give (4) buy

考え方 (1)・(4) 目的語が1つ。
(2)・(3) 目的語が2つ。

3 答 (1) Don't give him a comic book.
(2) I'll make you a doll.

考え方 (1) him が間接目的語で, (a) comic book が直接目的語。
(2) you が間接目的語で, (a) doll が直接目的語。

P.98・99

1 答 (1) A (2) B (3) A (4) B

考え方 A：若い人たちはポップ音楽が好きです。
B：彼は私にすてきなカメラを買ってくれました。
(1) 「私はあなたのお兄〔弟〕さんに通りで会いました」
(2) 「メアリーはジョンにその秘密を話しました」
(3) 「彼女は新しい赤ちゃんを訪問者たちに見せました」 her new baby でひとまとまり。new baby の前に a がないことに注意。
(4) 「中村先生は私たちに英語を教えています」

2 答 (1) ウ (2) ア (3) エ (4) イ (5) オ

考え方 (1) water が目的語。
(2) 「太陽は東から昇ります」の意味。from the east とは言わないので注意。
(3) me が間接目的語で, book が直接目的語。to read は book を修飾する形容詞的用法の不定詞。
(4) 「すぐにもっと暗くなるでしょう」
(5) 「私たちはその少年をジムと呼んでいます」

3 答 (1) 彼女はスープを味見して, その中に塩を少し入れました。
(2) ジェーンのお母さんは, 彼女に新しいドレスを作っています。

考え方 (1) soup, salt が目的語になる。
(2) her が間接目的語で, (a new) dress が直接目的語になる。

4 答 (1) it to you (2) them for my

考え方 直接目的語が代名詞のときは, 〈代名詞＋to[for]＋人〉の語順になる。
(1) 「それをあなたにあげるつもりです」

(2) 「それらを私の家族に作るつもりはありません」

5 答 (1) He gave some flowers to me.
(2) He bought a diamond ring for her.
(3) Mr. Kato teaches us English.
(4) We have much snow here.

考え方 (1) give には to を使う。「彼は私に花をくれました」
(2) buy には for を使う。「彼は彼女にダイヤの指輪を買ってあげました」
(3) 「加藤さんは私たちの英語の先生です」→「加藤先生は私たちに英語を教えています」
(4) 「ここではたくさん雪が降ります」書きかえた文の We は特定の人を指す We ではない。このように，一般の人を指して we や you を使うことがある。

6 答 (1) will show you the picture
(2) will tell an interesting story to

考え方 (1) 「あなたにその写真をお見せしましょう」
(2) 「おもしろい話をあなたにお話ししましょう」

7 答 (1) Will you (please) lend me your dictionary? / Will you (please) lend your dictionary to me?
(2) He told[showed] me the way to the station.

考え方 前置詞を使う場合はどちらも to。
(1) please は文末でもよい。
(2) 「(道を)教える」の動詞には teach は使わない。

セクション 10-1 受動態〔受け身〕①

▶▶▶ポイント確認ドリル P.101

1 答 (1) washed, washed
(2) written (3) made (4) eat
(5) put, put

考え方 (1)以外は不規則動詞。

2 答 (1) spoken (2) is (3) was
(4) are

考え方 (1) speak の過去分詞は spoken。「英語は世界中で話されています」
(2) 主語は単数。「その車は毎日洗われます」
(3) three years ago は過去を表す。「その家は3年前に建てられました」
(4) 主語が複数なので，are。「これらの本は多くの人たちに読まれています」

3 答 (1) This computer is used every day.
(2) These letters were written by Tom.

考え方 (1) 主語が単数で現在の受動態。
(2) 主語が複数で過去の受動態。行為者は by ～で表す。

P.102・103

1 答 (1) cooked (2) spoken
(3) was (4) were

考え方 (1) 「夕食は母によって料理されます(→夕食は母が料理します)」
(2) 「この国では英語が話されています」
(3) 「その洞窟(どうくつ)は何年も前に発見されました」
(4) 「その少年たちは全員パーティーに招待されました」

2 答 (1) その車は毎週日曜日にジムによって洗われます。
(2) 何千という〔非常に多くの〕星が夜に見られます。
(3) 彼の話はすぐに忘れられました〔忘れ去られました〕。

考え方 (2) 現在で主語が複数。
(3) 過去の受動態。

3 答 (1) is used (2) was taught
(3) spoken in (4) were planted
(5) was read (6) is, closed

考え方 書きかえた文の意味は次の通り。
(1) 「この車は父に使われています」
(2) 「数学は昨年伊藤先生によって教えられました」
(3) 「アメリカでは英語が話されています」
(4) 「これらの木はヘレンによって植えられました」
(5) 「その手紙は今日健によって読まれました」
(6) 「その店はたいてい8時に閉店します」 受動態では usually は be 動詞のあとにくることにも注意する。

4 答 (1) Kyoto is visited by a lot of people every year.
(2) The book was read by the student.
(3) Kate opened the windows this morning.
(4) People[They] speak English and French in Canada.

考え方 (1) 「京都は毎年多くの人に訪れられます」
(2) 「その本はその生徒に読まれました」
(3) 「ケートが今朝窓を開けました」
(4) 「カナダの人たちは英語とフランス語を話します」 受動態の文では，by ～がなくてもカナダの人たちとわかるので省いてある。

5 答 (1) CDs are used by our
(2) pictures were found by the

6 答 (1) This book was written by Tom's father last year.
(2) This room is cleaned by Emi every day.

考え方 (1) Tom's father wrote this book last year. を受動態にしたもの。write は wrote — written と変化する。
(2) Emi cleans this room every day. を受動態にしたもの。

セクション 10-2 受動態〔受け身〕②

▶▶▶ポイント確認ドリル P.105

1 答 (1) heard, heard (2) sent, sent
(3) took, taken (4) give, given

2 答 (1) not (2) not
(3) Is (4) written

考え方 否定文は be 動詞のあとに not を置き，疑問文は be 動詞を主語の前に出す。

3 答 (1) Sugar is not sold at that store.
(2) Was this picture taken last year?

考え方 (1) 否定文。not を is のあとに。
(2) 疑問文。was を主語の前に。

P.106・107

1 答 (1) isn't[is not] (2) Was
(3) wasn't[was not] (4) is

考え方 (1) 「この音楽は女の子たちに愛されていません」
(2) 「この電子メールは昨日あなたに送られたのですか」 be 動詞を過去形に。
(3) 「この辞書は昨日使われませんでした」 主語は単数。
(4) 「パーティーにだれが招待されていますか」 Who は単数扱いにする。

2 答 (1) あなたの国では何語が話されていますか。
(2) その箱の中には何も発見されませんでした〔見つかりませんでした〕。

3 答 (1) was not (2) didn't read

考え方 (1) 「この箱はトムによって作られませんでした〔作られたものではありません〕」
(2) 「若い人たちはこの本を読みませんでした」

4 答 (1) Was / was (2) Is / is
(3) When / was (4) many / are

考え方 (1) 「その車はジムによって洗われたのですか」—「いいえ，ちがいます。ボブによって洗われました」
(2) 「この会社ではフランス語が使われているのですか」—「はい，そうです。ここでは英語も使われています」
(3) 「あの家はいつ建てられたのですか」—「5年前に建てられました」
(4) 「何人がそのパーティーに招待されているのですか」—「約50人です」

5 答 (1) The letter wasn't[was not] written by Kate.
(2) Was Jane's mother helped by Tom?
(3) Do Japanese people like this song?
(4) Where was the sound heard?

考え方 (1) 「ケートはその手紙を書きませんでした」→「その手紙はケートによって書かれませんでした」
(2) 「トムはジェーンのお母さんを手伝いましたか」→「ジェーンのお母さんはトムに手伝ってもらいましたか」
(3) 「この歌は日本人に好まれていますか」→「日本人はこの歌が好きですか」
(4) 「その音は森で聞こえました」→「その音はどこで聞こえましたか」

6 答 (1) is not taught in our

(2) many dolls were made by Kate

考え方 (1) 現在の受動態の否定文になる。
(2) How many dolls を主語にする。

7 答 (1) Stars were not[weren't] seen last night.
(2) What was found in the box? —— An[One] old book was (found).

考え方 (1) can の過去形を使って, Stars could not[couldn't] be seen last night. としてもよい。また, No stars を主語にして, No stars were[could be] seen last night. という文も可能。➡ *33*
(2) 「見つける」は find でその過去(分詞)は found。find の代わりに discover でもよい。discover は規則動詞なので, discovered となる。

セクション 10-3 受動態〔受け身〕③

▶▶▶ポイント確認ドリル P.109

1 答 (1) will (2) be (3) be opened
(4) be done

考え方 (1) 「トムは動物園に連れて行かれるでしょう」 助動詞やそれに続く動詞に, 3人称・単数の s がつくことはない。
(2) 「新人の選手が明日スタジアムで見られるでしょう」 原形の be。
(3) 「そのドアは小さな子どもにもあけることができます」 can のあとに be と過去分詞を続ける。

2 答 (1) must (2) may
(3) cannot[can't]

考え方 (1) 「～しなければならない」は must。
(2) 「～かもしれない」は may。
(3) 「～することができない」は cannot [can't]。

3 答 (1) The book will be given to you.
(2) This fruit can be eaten all around Japan.

考え方 (1) given は give の過去分詞。will のあとに be と過去分詞を続ける。
(2) eaten は eat の過去分詞。can のあとに be と過去分詞を続ける。

P.110・111

1 答 (1) will be cooked
(2) will not[won't] be cooked.
(3) curry be cooked

考え方 もとの文は「カレーは明美によって料理されます」。
(1) 「カレーは明美によって料理されるでしょう」
(2) 「カレーは明美によって料理されないでしょう」
(3) 「カレーは明美によって料理されるでしょうか」

2 答 (1) その山の頂上は今日見ることができません〔見られません, 見えません〕。
(2) 彼の年齢は何人かの人たちに知られているかもしれません。
(3) その本は今すぐ彼に送られなければなりませんか。

考え方 (1) can't があるので否定文になる。
(2) may は「～かもしれない」の意味。
(3) must の疑問文になる。

3 答 (1) can (2) Will (3) Where

考え方 (1) 「この動物はあの動物園で見ることができますか」—「はい, 見られます」
(2) 「その本は日本で販売されるでしょうか」—「いいえ, されないでしょう」
(3) 「この種の昆虫はどこで見られますか」—「日本だけで見られます」

4 答 (1) This song will be loved by young people.
(2) This book cannot[can't] be read by children.
(3) Can this drink be made from milk?
(4) Will the windows be opened by Helen?

考え方 書きかえた文の意味は次の通り。
(1) 「この歌は若い人たちに愛されるでしょう」
(2) 「この本は子どもには読むことができません」
(3) 「この飲み物は牛乳から作ることができますか」
(4) 「窓はヘレンによってあけられるのでしょうか」

5 答 (1) them will be invited to
(2) Nothing can be done about

考え方 (1) 主語が Some of them。このあとに will be と過去分詞を続ける。invite ~ to ...で「~を…に招待する」の意味。
(2) 主語は Nothing。このように否定語を主語にした否定文も作ることができる。

6 答 (1) Curry will be cooked today.
(2) This *kanji* cannot[can't] be written by children.

考え方 (1) Curry is cooked ...を will を使って未来の文にしたもの。
(2) 能動態にすると，Children cannot [can't] write this *kanji*. になる。write の過去分詞は written。

まとめのテスト⑤ P.112・113

1 答 1 イ　2 ア　3 イ
4 イ　5 ア

考え方 1 quiet は形容詞なので Be で始める。
2 補語になるのは形容詞。
3 〈Don't＋動詞の原形 ...〉の形。
4 受動態。tell の過去分詞は told。
5 現在も英語はオーストラリアで話されているから be 動詞は現在形。

2 答 1 あの山を見てごらん。なんて美しいのでしょう。
2 あの店では高価なアクセサリーだけが売られています。

考え方 1 〈How＋形容詞〔副詞〕!〉で，「なんと~でしょう」と驚いたり感嘆する表現。
2 現在の受動態の文。

3 答 1 make, sad　2 and
3 calling　4 was put
5 were sent

考え方 1 〈SVOC〉の文で，V に make がくる文。
2 命令文のあとの and は「そうすれば」。
3 please は省かれることもある。
4 過去の受動態。put は過去も過去分詞も同じ形の put。
5 主語が複数の過去の受動態。

4 答 1 Be a good boy.
2 Don't be noisy in class.
3 The bike wasn't[was not] used by the boys.
4 Was the doghouse made by the boy?

考え方 1 Be で始まる命令文になる。
2 Don't で始める。
3 過去の否定文であることに注意。
4 過去の疑問文であることに注意。

5 答 1 Why don't you go to the movies?
2 Were the dishes washed by Jane?

考え方 1 do が不要。
2 was が不要。主語が dishes で複数。

6 答 1 She did not[didn't] look sad yesterday.
2 Was this fish caught by your father?
—— Yes, it was.

考え方 1 sad が補語になる第 2 文型の文。
2 Your father caught this fish. を受動態にすると This fish was caught by your father. になり，これを疑問文にしたものが解答になる。

まとめのテスト⑥ P.114・115

1 答 1 ア　2 ア　3 イ
4 ア　5 イ

考え方 1 give には to を使う。
2 補語になるのは形容詞。「彼女の声は今朝とても奇妙に聞こえました」
3 受動態の否定文。
4 受動態の疑問文。
5 yesterday があるから過去の文。

2 答 1 急ぎなさい，さもないと(その)バスに乗り遅れますよ。
2 長い手紙がヘレンによって彼に書かれるでしょう。

考え方 1 命令文のあとの or は「さもないと」。
2 Helen will write a long letter to him. を受動態にしたもの。

3 答 1 Be kind　2 for me
3 long, take　4 isn't sold
5 were found

4 答 1 Tom told an interesting story to me.

2 He will buy a new hat for her.

3 When was the tall tower built?

4 Everyone loves this song.

考え方 1 tellはtoを使う動詞。

2 buyはforを使う動詞。

3 下線部は時を表しているので，Whenで始まる受動態の疑問文にする。

4 「この歌はみんなに愛されています」→「みんながこの歌を愛しています」

5 答 1 Will you lend me your computer?

2 Math is not taught by Mr. Yamada.

考え方 1 forが不要。

2 teachingが不要。受動態の文。

6 答 1 Who taught you English? / Who taught English to you?

2 English is not[isn't] used in the [that] country. Spanish is used there.

考え方 1 taughtはteachの過去(分詞)形。teachにはtoを使う。

2 第1文は受動態の否定文になる。

セクション 11-1 代名詞・名詞・数量形容詞・副詞①

▸▸▸ポイント確認ドリル P.117

1 答 (1) myself (2) our

(3) himself (4) herself (5) yours

(6) themselves (7) itself

考え方 左から順に，主格—所有格—目的格—所有代名詞(〜のもの)—再帰代名詞(〜自身)になっている。

2 答 (1) me (2) myself

(3) one (4) ones

考え方 (2) 強調用法の再帰代名詞。

(3) aがあるので単数になる。

(4) aがないので複数になる。

3 答 (1) Did you enjoy yourself at the party?

(2) I didn't read any of his books.

考え方 (1) enjoy oneselfで「楽しむ」の意味。

(2) 形容詞のanyと同じように，否定文では「1つも〔ひとりも〕〜ない」の意味。

P.118・119

1 答 (1) know (2) yourself

(3) ones (4) its

考え方 (1) 主語は3人称・複数。

(2) 主語のYouを複数と考えて，yourselvesとしてもよい。

(3) theseが複数を表すのでonesに。

(4) it'sはit isの短縮形で，itsはitの所有格。

2 答 (1) ① 私は昨日自分のカメラをなくしてしまいました。私に1台貸してくれませんか。 ② 私は新しいカメラを買いました。それをあなたに貸してあげましょう。

(2) ① 私は部屋の中の少女の何人かを知っていました。 ② 私は部屋の中の少女のだれも知りませんでした。

考え方 (1) ① oneは不定代名詞。a cameraに置きかえられる。特定のカメラを指しているわけではない。② itは私が買った新しいカメラを指している。

(2) ① someが不定代名詞。肯定文では「何人か，いくつか」の意。② anyが不定代名詞。否定文で「だれも(〜ない)」。

3 答 (1) myself (2) nothing

(3) one (4) themselves

考え方 (1) 「あなたは鏡で何を見ているのですか」—「自分(自身の姿)を見ています」

(2) 「その男の人について何か知っていますか」—「いいえ。私は彼について何も知りません」 anything, nothingが不定代名詞。

(3) 「この青いシャツはすてきですね。どう思いますか」—「そうですね，あの赤いのはもっといいですよ」

(4) 「彼らはみなパーティーで楽しみましたか」—「はい，とても。彼らはすばらしい時を過ごしました」 enjoy oneselfで「楽しむ」の意味。

4 答 (1) to (2) None (3) Some

(4) by (5) Each

考え方 (1) say to oneselfで「心の中で思う」。

(2) 「だれも〜ない」を1語の不定代名詞で表すとnone。人だけでなく物にも使うことができる。

(3) someが不定代名詞。

(4) by oneselfで「ひとりで」= alone。
(5) eachは形容詞としての用法のほかに，この文のように不定代名詞としても使える。= Each boy has his guitar.(←この文のEachは形容詞)

5 答 (1) All of them looked
(2) you do it yourself

考え方 (1) 「彼らの全員が幸せそうでした」allが不定代名詞。
(2) 「あなたは自分でそれをしたのですか」

6 答 (1) I lost my pen yesterday. I must[have to] buy one.
(2) Tom solved the problem (for, by) himself.

考え方 (1) oneはa penのこと。
(2) for[by] oneselfで「ひとりで，独力で」の意味だが，for, byはこの文ではなくてもよい。

セクション 11-2 代名詞・名詞・数量形容詞・副詞②

ポイント確認ドリル P.121

1 答 (1) A (2) B (3) B
(4) A (5) A (6) B (7) A
(8) B (9) B (10) A

2 答 (1) teeth (2) women
(3) knives (4) children (5) sheep
(6) feet (7) men (8) fish

考え方 いずれも不規則な変化をするもの。sheep, fishは単数と複数が同じ形。

3 答 (1) A (2) B (3) B
(4) A (5) A (6) B

考え方 (1) 「私のベッドはかたい。あなたのはやわらかい」
(2) 「彼はテストのために一生けんめい勉強しました」
(3) 「私は彼の絵がとても好きです」
(4) 「6月にはたくさんの雨が降ります」
(5) 「彼はすぐに元気になるでしょう」
(6) 「あなたは上手に英語が話せますか」

P.122・123

1 答 (1) paper (2) shoes (3) water
(4) coffee

考え方 (1) paperにはpieceを使うこともある。
(2) 「一足(そく)のくつ」の意。
(3) waterやmilkにはglassを使う。
(4) coffeeやteaにはcupを使う。

2 答 (1) ① 空に星がいくつかあります。
② 空に星がほとんどありません。
(2) ① コップに少し牛乳があります。
② コップに牛乳はほとんどありません。

考え方 (1) (2) aがあると「少しある」，ないと「ほとんどない」の意味になる。

3 答 (1) few (2) much
(3) Men, women (4) either

考え方 (1) dayが数えられる名詞なのでfew。
(2) saltもsugarも数えられない名詞。
(3) man, womanの複数形はそれぞれmen, womenになる。
(4) 否定文の「～も(ない)」はeither。

4 答 (1) drank two glasses of milk
(2) is a lot of milk in the bottle
(3) are many churches in my town
(4) always goes to church on Sunday

考え方 (1) glassが不要。
(2) milksが不要。
(3) muchが不要。
(4) manyが不要。頻度の副詞alwaysは一般動詞goesの前に置く。

5 答 (1) Won't[Will] you have[drink] a cup of tea?
(2) There were few girls at the party.
(3) This shirt is too small for me.
(4) I have a lot of[lots of / much / plenty of] time to do it[that].

考え方 (1) How about a cup of tea?でもよい。
(3) 形容詞や副詞の前のtooは「～すぎる，あまりに～」の意。
(4) muchの代わりにmanyは使えない。

セクション 12-1 接続詞・前置詞①

ポイント確認ドリル P.125

1 答 (1) and (2) but (3) but
(4) and (5) but

考え方 (1) 「トムとケートは」
(2) 「でも彼女は」 (3) 「でも本当だ」
(4) 「白い犬と黒い犬」

(5) 「でも乗れなかった」

2 答 (1) so (2) or (3) or (4) so (5) or

考え方 (1) 「それで早く寝た」
(2) 「リンゴかオレンジか」
(3) 「それともいっしょにいるか」
(4) 「それで乗り遅れなかった」
(5) 「私が電話しましょうか，それとも私に電話してくれますか」

3 答 (1) Hurry up, or you will be late.
(2) Hurry up, and you will be in time.

考え方 (1) 「急ぎなさい，さもないと遅刻しますよ」と考える。
(2) 「急ぎなさい，そうすれば間に合いますよ」と考える。

P.126・127

1 答 (1) and (2) or (3) but (4) so

考え方 (1) この and は時間の順序を表す。

2 答 (1) すぐに起きなさい，さもないと学校に遅れますよ。
(2) もっと一生けんめい勉強しなさい，そうすれば試験に合格するでしょう。
(3) とても寒かったが，彼はオーバーを着ないで外出しました。
(4) 私は頭痛がして，それで学校へ行きませんでした。

考え方 (3) It は寒暖を表す特別用法の It。
(4) 「頭痛がしたので行かなかった」も可。

3 答 (1) and (2) so (3) but (4) or

4 答 (1) オ (2) イ (3) エ (4) ア (5) ウ

考え方 (5) 疑問文が or の前後にあることに注意。are we のあとに wrong を補う。

5 答 (1) dog and two small dogs in the garden
(2) and I'll give you some cookies

考え方 (1) one があるので dog。このあとに and で two small dogs を続ける。
(2) 命令文のあとの and になる。

6 答 (1) Tom is not[isn't] tall, but he is[he's] very good at (playing) basketball.
(2) The store[shop] opens at ten (o'clock), and closes at eight (o'clock).

考え方 (1) but 以下は，but he plays basketball very well でもよい。

セクション 12-2 接続詞・前置詞②

ポイント確認ドリル P.129

1 答 (1) when (2) that (3) that (4) when (5) that

考え方 (1) 「ひまなときに」
(2)・(3)・(5) that 以下が直前の動詞の目的語になる。
(4) 「子どものときに」

2 答 (1) because (2) if (3) because (4) if (5) because

考え方 (1) 「たくさんあったので」
(2) 「もし必要ならば」
(3) 「重病だったので」
(4) 「もし明日雨ならば」
(5) 「疲れていたので」

3 答 (1) Call me when you get to the station.
(2) I didn't know that she was sick.

考え方 (1) 「いつ？」と時をたずねる疑問詞とは異なるので，when のあとはふつうの語順になる。
(2) that 以下の動詞が was でも，日本語ではふつう「だった」とはならないことにも注意。

P.130・131

1 答 (1) that (2) If (3) When (4) because

考え方 (1) 「彼はその仕事を受けると私は思います」
(2) 「明日雨が降れば試合はありません」
(3) 「ジェーンが帰宅したとき，私は夕食を食べていました」
(4) 「天候がひどかったので私は行きませんでした」

2 答 (1) ヘレンは親切なのでみんなに愛されています。
(2) もし忙しいなら，あなたを手伝いましょう。

(3) 彼女はきっとパーティーに来ると(私は)思います。

(4) 私たちがそこに着いたときはすっかり暗くなっていました。

3 答 (1) When (2) because
(3) If (4) that

4 答 (1) エ (2) ア (3) オ
(4) イ (5) ウ

考え方 (1) if に続く文の中は，未来のことでも現在形になっていることに注意する。

5 答 (1) sick because he ate too much
(2) help you if you ask him

考え方 (2) He will ask ... とするとあとが続かなくなる。

6 答 (1) I know (that) he is[he's] honest.
(2) When he was a child, he was not [wasn't] happy. / He was not[wasn't] happy when he was a child.

考え方 (2) when ～をあとに置く場合は，その前にふつうコンマは打たない。

セクション 12-3 接続詞・前置詞③

ポイント確認ドリル P.133

1 答 (1) on (2) at (3) in
(4) in (5) on

考え方 (1) 曜日の前。 (2) 時刻の前。
(3) 季節の前。 (4) morning の前。
(5) 日にちの前。

2 答 (1) by (2) on (3) near
(4) in (5) about

考え方 (5) 数字の前の about は「約」の意味だが，このときの about は副詞になる。

3 答 (1) The meeting starts at eight on Saturday.
(2) He came here late at night.

P.134・135

1 答 (1) in (2) at (3) on
(4) bike

考え方 (1) 月の前には in。
(2) at night で「夜に」。
(3) 特定の morning には on。
(4) 交通手段の by のあとは無冠詞。

2 答 (1) after (2) Without
(3) with (4) by car

考え方 (1) 「水曜日は木曜日の前にくる」→「木曜日は水曜日のあとにくる」
(2) 「辞書なしではこの本は読めません」「～なしで」は without。
(3) 「～を持って」は with。
(4) 「～へ運転して行く」→「～へ車で行く」。

3 答 (1) on (2) under (3) over
(4) on (5) in

考え方 (1) 「壁に絵がかかっています」
(2) 「テーブルの下に犬がいます」
(3) 「テーブルの上方に電灯があります」
(4) 「ピアノの上に時計があります」
(5) 「花びんの中に花が２本あります」

4 答 (1) 私の家で会って，そこから映画を見に行きましょうか。
(2) その船は明日の５時までには着くでしょう。
(3) 私は明日の10時までここにいます。
(4) そのかわいい〔小さい〕女の子は両親の間に(はさまれて)すわっていました。
(5) バターは牛乳から作られます。

考え方 (2)・(3) by と until の区別は重要なのでしっかりと確認しておこう。
(5) from は「～から」の意味。

5 答 (1) a party on Friday evening
(2) waited for Kate until ten

考え方 (2) wait for ～で「～を待つ」。

6 答 (1) I bought[got] this toy at Umeda in Osaka.
(2) Write your name with a pen[in pen].

考え方 (2) with も多くの意味があるので，辞書で調べておこう。

セクション 12-4 接続詞・前置詞④

ポイント確認ドリル P.137

1 答 (1) and (2) to (3) on
(4) on

考え方 (1) 「私は英語と数学の両方とも好きです」 both ～ and ...「～と…の両方とも」
(2) 「私たちは全員音楽を聞きました」 listen to ～「～を聞く」
(3) 「健は昨日その電車に乗りました」 get on ～「～に乗る」

(4) 「私は学校へ行く途中で彼女を見かけました」 on the way (to ～)「(～へ行く)途中で」 the の代わりに所有格の代名詞を使って on his[her] way のように言うこともある。

2 答 (1) and (2) at (3) for

考え方 (1) 「～と…の間に〔の〕」は between ～ and ...。
(2) 「～に着く」は arrive at ～。空港や駅など比較的狭いものには at を，都市など比較的広いものには in を使う。
(3) 「～に遅れる」は be late for ～。

3 答 (1) London is famous for its fogs.
(2) At first I didn't like swimming.

考え方 (1) be famous for ～で「～で有名である」。
(2) at first で「最初は」の意味。「最初は～だったが，今はそうではない」ということを暗に示す言い方になる。

P.138・139

1 答 (1) or (2) like (3) from
(4) of

考え方 (1) 「私はコーヒーか紅茶のどちらかを飲みたい」 either ～ or ...の文に。
(2) 「絵美は母親によく似ています」 look like ～の文に。
(3) 「あなたの考えは私のとは違います」 be different from ～の文に。
(4) 「雪のために彼はここに来ることができませんでした」 because of ～の文に。

2 答 (1) to (2) of

考え方 (1) 「～に着く」は arrive at ～か get to ～で表すことができる。
(2) 「～の世話をする」は look after ～か take care of ～で表すことができる。

3 答 (1) absent from (2) on time
(3) Get off (4) famous for
(5) good at

考え方 (1) 「～を休む」は be absent from ～。
(2) 「時間通りに」は on time。
(3) 「～を降りる」は get off ～。
(4) 「～で有名だ」は be famous for ～。
(5) 「～が得意だ」は be good at ～。

4 答 (1) だれかそこでバスに乗りましたか。
(2) 私は最初彼とそのパーティーに行きたくありませんでした。
(3) 私が家に着くとすぐに雨が降り始めました。
(4) 私は長い間ここにいたくありません。
(5) 話すのをやめて私の言うことを聞きなさい。

考え方 (1) get on ～で「～に乗る」。
(2) at first で「最初は」。
(3) as soon as ～で「～するとすぐに」。
(4) for a long time で「長い間」。同じ意味で for long も用いられるが，疑問文や否定文に好んで使われる。
(5) listen to ～で「～を聞く」。～に人がくるときは「～の話を聞く」の意味になることが多い。

5 答 (1) speak both English and French[French and English]
(2) Thanks to your help I

考え方 (1) both ～ and ...を使う。
(2) thanks to ～を使う。

6 答 (1) Did you meet her for the first time?
(2) He is [He's] fond of playing the piano.

考え方 (1) 「初めて」は for the first time。初対面の人には see ではなく meet を使うことが多い。
(2) fond を使う指定があるので，「～が好きだ」は be fond of ～を使う。前置詞のあとに続く動詞は～ing 形の動名詞にする。

セクション 13 いろいろな疑問詞

▸▸▸ポイント確認ドリル P.141

1 答 (1) What (2) Who (3) Where

考え方 (1) 「机の上にあるあれは何ですか」―「消しゴムです」
(2) 「向こうにいるあの女性はだれですか」―「私たちの新しい英語教師の佐野先生です」
(3) 「あなたはどこに住んでいますか」―「私は福岡に住んでいます」

2 答 (1) Why　(2) How old
(3) Which book

考え方 (1) 「なぜ」と理由をたずねるには Why を使う。
(2) 「何歳」と年齢をたずねるには How old を使う。
(3) 「どの～，どちらの～」とたずねるには Which ～を使う。

3 答 (1) How much is this dictionary?
(2) How long is that bridge?

考え方 (1) How much のあとは疑問文の語順になる。
(2) 同じように How long のあとは疑問文の語順になる。

P.142・143

1 答 (1) エ　(2) イ　(3) オ
(4) ア　(5) ウ

考え方 答えの文の意味は次の通り。
(1) エ「私は黄色が好きです」
(2) イ「彼はここに自転車で来ました」
(3) オ「私はそれを今朝見ました」
(4) ア「それらは私のものです」
(5) ウ「私が洗いました」

2 答 (1) How many　(2) How far
(3) How[What] about　(4) How old
(5) Whose pen　(6) Who cooks[makes]
(7) What song

考え方 (1) 数をたずねるのは How many。このあとには名詞の複数形を続ける。
(2) 距離をたずねるのは How far。
(3) 「～はどうですか」と相手の意見などをたずねるのは How[What] about ～?。
(4) How old は人の年齢に限らず，樹齢や(創立)～年などにも使われる。
(5) 所有者をたずねるのは Whose。
(6) 「だれが」とたずねるのは Who。Who は3人称・単数扱いにするので，現在形の文では動詞に -s がつく。
(7) 「何の～」には What ～を使う。

3 答 (1) What did Kate eat for breakfast this morning?
(2) How many people came to the party?
(3) Why did he go to America?
(4) How did Amy solve the problem?

考え方 (1) 「何を」の What を文頭に置いて過去の疑問文を続ける。
(2) 数をたずねるのは How many。people は形は単数形でも複数扱いにするので，peoples とはしない。また，この文では How many people をそのまま主語として使っている。
(3) to 以下は目的を表す副詞的用法の不定詞なので，「なぜ」Why で始まる疑問文にする。
(4) in this way は「このように(して)」の意味なので，「どのようにして」と方法をたずねる How を使う。

4 答 (1) How long are you going to stay
(2) and where did you see

考え方 (1) How long のあとに be going to の疑問文を続ける。
(2) When and where と疑問詞が2つ続く形になる。

5 答 (1) How old was your grandmother last year?
(2) How long is this river?

考え方 (1) be 動詞の過去形 was を使う。
(2) 長さをたずねるのは How long。

セクション 14-1 現在完了①

ポイント確認ドリル　P.145

1 答 (1) used　(2) known
(3) had　(4) read　(5) been
(6) studied　(7) eaten　(8) heard
(9) seen　(10) gone　(11) written
(12) taught

考え方 (4) 過去・過去分詞の発音は[réd]。

2 答 (1) for　(2) since　(3) has
(4) times

考え方 (1) many years は期間を表すので for。
(2) last year は過去の開始時点を表すので since。
(3) 主語が3人称・単数で has。
(4) many は複数を表すので times。

3 答 (1) I have visited the city twice.
(2) I have been busy since yesterday.

考え方 (1) twice などの回数を表す語句は文末。

P.146・147

1 答 (1) known　(2) read
(3) used　(4) visited
(5) written　(6) gone

考え方 (1) 「私は彼を長年知っています」
(2) 「私はその本を何回も読んだことがあります」
(3) 「彼らはその車を長い間使っています」
(4) 「健はたびたびニューヨークを訪れたことがあります」
(5) 「私はちょうどその手紙を書いたところです」
(6) 「父は中国へ行ってしまいました」

2 答 (1) クリスマス以来とても穏(おだ)やかな気候が続いています。
(2) 私の父は以前仕事でドイツに行ったことがあります。
(3) 私は腕時計を買いましたが，それをなくしてしまいました。
(4) 私はその男の人に以前どこかで会った〔見た〕ことがあります。

3 答 (1) been, since　(2) has, for
(3) gone

4 答 (1) It has been sunny for five days.
(2) He has wanted a new glove since last month.
(3) I have[I've] heard about global warming many times.
(4) I have[I've] just finished doing my homework.

考え方 (1) 「5日間ずっといい天気です」
(2) 「彼は先月から新しいグローブをほしがっています」
(3) 「私は地球温暖化について何回も聞いたことがあります」
(4) 「私はちょうど宿題をし終えたところです」

5 答 (1) has stayed in Tokyo for two
(2) has already got dark

6 答 (1) Emi has been absent from school since yesterday.
(2) I have[I've] been to[visited] London twice.

考え方 (2) 「1回」は once,「2回」は twice, 3回以上には～ times を使う。

セクション 14-2 現在完了②

▶▶▶ポイント確認ドリル P.149

1 答 (1) just　(2) never　(3) yet
(4) ever　(5) yet　(6) once

考え方 (6) 「たった1回だけ」は only once。

2 答 (1) あなたは今までに〔これまで〕イングランドに行ったことがありますか。―― はい，あります。
(2) 彼らは昨日からお互いに口をきいていません。

考え方 (2) 継続の否定文は「～ない」状態が続いていることを表すことに注意。

3 答 (1) I have never heard the song.
(2) Have you been busy this week?

P.150・151

1 答 (1) ウ　(2) イ　(3) イ

考え方 (1) 「あなたはまだ新聞を読んでいるのですか」―「いいえ。もう読んでしまいました」
(2) 「京都へ行くのは今回が初めてですか」―「はい。私は京都へこれまで一度も行ったことがありません」
(3) 「あなたはアメリカのどこの出身ですか」―「ニューヨークです。あなたはそこへ行ったことがありますか」―「いいえ，まだありません。来年行きたいと思っています」

2 答 (1) ever taught
(2) haven't visited

考え方 (1) 「経験」の疑問文で表す。
(2) 「長い間京都を訪れていません」という日本語に置きかえてみる。

3 答 (1) long　(2) did　(3) Where

考え方 (1) 「あなたはここ東京にどれくらいの

間〔いつから〕いますか」―「先週からです」
(2) 「あなたはいつどこでその絵を見たのですか」―「先月あの美術館でです」現在完了の文ならseenになる。
(3) 「あなたは今朝からずっとどこにいたのですか」―「自分の部屋のここにいました」

4 答 (1) I have not[haven't] washed the car yet.
(2) Have you ever eaten *sashimi*?
(3) He has never heard about global warming.
(4) How many times[How often] has Tom visited Nara?

考え方 (1) I have not yet washed .... とすることもあるが，yet は文末と覚えておこう。
(4) 回数をたずねるのはHow many times か How often。

5 答 (1) you cleaned the room yet
(2) you ever visited the museum

考え方 (1) 「あなたはもう部屋をそうじしてしまいましたか」
(2) 「あなたは今までにその博物館〔美術館〕を訪れたことがありますか」

6 答 (1) I have not[haven't] visited my uncle in Sendai yet.
(2) How long have you known him? —— (I have[I've] known him) For two years.

考え方 (1) 「完了」の否定文になる。
(2) Since two years ago. とも言うが，for ～. のほうがふつう。

まとめのテスト⑦ P.152・153

1 答 1 ア　2 イ　3 ア　4 ア　5 イ

考え方 1 rain は数えられない名詞。
2 「あなた自身を知る」が主語。
3 日にちの前はon。
4 主語がIでhave。
5 seeの過去分詞はseen。

2 答 1 私の父は仕事でロンドンへ行ってしまいました(→今ここにいません)。
2 私の父はロンドンに3回行ったことがあります。

考え方 1 「結果」の用法。 2 「経験」の用法。

3 答 1 glass of　2 few
3 None　4 used, for
5 been, since

考え方 1 水や牛乳にはglassを使う。
2 数えられる「ほとんど～ない」はfew。
3 「だれも〔何も〕～ない」はnone。
4 期間を表すのはfor。
5 開始時点を表すのはsince。

4 答 1 and　2 myself
3 If, don't　4 has been, since
5 many times

考え方 1 命令文に続くand。
2 oneselfは主語がIなのでmyself。
3 「このコートを着ていないと，かぜをひきますよ」の意味にする。
4 「継続」の用法。
5 回数をたずねる言い方になる。

5 答 1 I know that he will come here on Sunday morning.
2 Have you ever written a letter in French?

考え方 1 inが不要。 2 hasが不要。

6 答 1 There was a little snow here yesterday, but there is[there's] little (snow) today.
2 Have you ever played *shogi* with Mr. Yamada? —— No, I have not[haven't]. / No, I never have.

考え方 1 snowは数えられない名詞。
2 「経験」の用法。

まとめのテスト⑧ P.154・155

1 答 1 イ　2 ア　3 ア
4 イ　5 イ

考え方 1 money は数えられない名詞。
2 「～まで(ずっと)」は until。
3・4 期間は for，開始時点は since。
5 否定文の「～も」は either。

2 答 1 110歳まで生きる人はまずほとんどいません〔ごく少数です〕。
2 あまりに寒かったので，私たちは外に長くはいませんでした。

考え方 1 few に a がついていないことに注意。
2 この文の long は副詞。形容詞や副詞の前の too は「あまりにも～」。

3 答 1 by, or by　2 Have, ever
3 has already　4 nothing about
5 by yourself

考え方 1 交通手段を表すのは by。
2 「経験」の疑問文。ever の位置に注意。
3 already の位置に注意。
4 目的語になる不定代名詞 nothing。
5 「ひとりで」= by oneself

4 答 1 Because it was raining, I stayed home. / I stayed home because it was raining.
2 Come here on Sunday morning.
3 How long has Mr. Suzuki taught English?
4 How many times[How often] has Ken climbed Mt. Asama?

考え方 1 so は「それで，だから」の意味。
2 in が on になる。
3 期間をたずねる疑問文に。
4 回数をたずねる疑問文に。

5 答 1 Give him a cup of coffee when he comes back.
2 My uncle has lived in Yamagata for fifteen years.

考え方 1 piece が不要。　2 since が不要。

6 答 1 If you want to see[meet] her, you must come here by six (o'clock). / You must come here by six (o'clock) if you want to see[meet] her.
2 Have you finished your homework yet? —— No, not yet. / No, I have not [haven't].

考え方 1 「～までに」という期限は by。must の代わりに have to でもよい。
2 「完了」の疑問文の「もう」には yet を文末に置いて使う。

総合テスト① P.156・157

1 答 1 × 2 △ 3 ○

考え方 1 [iː]と[e]と[ei]。 2 [ʌ]と[ɑ]。
3 [au]。

2 答 1 yourself 2 made
3 fifth 4 feet 5 little
6 better

考え方 1 再帰代名詞に。 2 過去形に。
3 序数に。 4 複数形に。
5 数えられない名詞につく数量形容詞に。
6 比較級に。

3 答 1 going to 2 was listening
3 most beautiful 4 There are
5 glass of 6 Don't be

考え方 1 be going to の文。 ➲ *15*
2 過去進行形。 ➲ *5*
3 most を使った最上級。 ➲ *9*
6 be の否定の命令文。 ➲ *27*

4 答 1 and 2 as[so], as

考え方 1 命令文のあとの and。 ➲ *37・27*
2 as ～ as の否定文に。 ➲ *6*

5 答 1 Tom will have to stay there.
2 English and French are spoken in Canada.
3 He enjoyed listening to the music.

考え方 1 have to の未来形。 ➲ *16・20*
2 by them は省く。 ➲ *30*
3 目的語になる動名詞。 ➲ *25*

6 答 1 Will you give me something to eat?
2 I will tell you an interesting story.

考え方 1 eating が不要。 ➲ *18・23*
2 for が不要。 ➲ *29*

7 答 1 I went to the station to meet my uncle.
2 Tom will be able to swim next year.

考え方 1 目的を表す不定詞。 ➲ *22*
2 will can とはできない。 ➲ *20*

総合テスト② P.158・159

1 答 1 △　2 ×　3 ○

考え方 1 [ʌ]と[au]。 2 [id]と[d]と[t]。
3 [ai]。

2 答 1 meet　2 written
3 theirs　4 could　5 happiest
6 late

考え方 1 同じ発音の語。 2 過去分詞に。
3 所有代名詞に。 4 過去形に。
5 最上級に。 6 反意語に。

3 答 1 Shall I　2 better than
3 look happy　4 When, was
5 had to　6 to read

考え方 1 申し出る言い方。➡ 18
2 比較級。➡ 11
3 補語が形容詞の文。➡ 28
4 接続詞と過去進行形。➡ 38・5
6 形容詞的用法の不定詞。➡ 23

4 答 1 must not　2 to hear

考え方 1 禁止を表す must not。➡ 17
2 原因を表す不定詞。➡ 22

5 答 1 There were two old dogs in the house.
2 Mt. Fuji is the highest mountain in Japan. / Mt. Fuji is the highest of all the mountains in Japan.
3 Bob broke the windows.

考え方 1 複数を表す形に。➡ 3・13
2 「日本でいちばん高い山 / 日本のすべての山でいちばん高い」とする。➡ 8
3 過去の文になる。➡ 30

6 答 1 What were you doing then?
2 Will you show me the pictures?

考え方 1 are が不要。➡ 5
2 shall が不要。➡ 18・29

7 答 1 This is the most important problem[question] of all.
2 You don't have[need] to go to the party.

考え方 1 most を使った最上級の文。➡ 9
2 don't have to ～の文。➡ 20

2102R1